看图学汽车电气系统维修技能

付国泰 编

机 械 工 业 出 版 社

本书内容浅显易懂，理论知识以够用为度，少理论分析，多技能指导，主要介绍了汽车电气系统维修基础知识以及蓄电池、交流发电机、起动系统、点火系统、照明系统、信号系统、电子仪表与报警装置、辅助电气设备、空调系统、警告系统的维修技能，并对典型车系电路图的识读作了简要介绍。

本书可作为汽车维修人员自学用书，也可作为各类职业鉴定培训机构的培训教材，还可供职业院校师生参考。

图书在版编目（CIP）数据

看图学汽车电气系统维修技能/付国泰编. —北京：机械工业出版社，2014.6（2017.3重印）

ISBN 978-7-111-46220-0

Ⅰ.①看… Ⅱ.①付… Ⅲ.①汽车－电气系统－检修－图解 Ⅳ.①U472.41－64

中国版本图书馆CIP数据核字（2014）第055456号

机械工业出版社（北京市百万庄大街22号　邮政编码100037）
策划编辑：王华庆　责任编辑：王华庆
版式设计：赵颖喆　责任校对：佟瑞鑫
封面设计：陈　沛　责任印制：李　洋
北京天时彩色印刷有限公司
2017年3月第1版第2次印刷
140mm×203mm・9.375印张・286千字
3 001-4 500册
标准书号：ISBN 978-7-111-46220-0
定价：29.80元
凡购本书，如有缺页、倒页、脱页，由本社发行部调换

电话服务　网络服务
服务咨询热线：010-88361066　机 工 官 网：www.cmpbook.com
读者购书热线：010-68326294　机 工 官 博：weibo.com/cmp1952
010-88379203　金 书 网：www.golden-book.com

教育服务网：www.cmpedu.com

前　言

随着汽车不断地走入普通家庭，我国的汽车保有量迅速增加，使得汽车维修、保养市场急剧增大，汽车维修行业正焕发着勃勃生机，亟须大量的从业人员充实进来。为了使汽车维修人员能够快速掌握汽车维修技能，达到快速上岗的目的，我们组织了长期工作在汽车维修和教学一线的专家编写了本书。

本书以《国家职业标准》为依据，从汽车维修实际出发，紧紧围绕汽车电气系统维修一线所需的操作技能，将交流发电机、起动系统、点火系统、照明系统、信号系统、电子仪表与报警装置、辅助电气设备、空调系统等汽车电气系统维修知识体系划分为66个技能项目，以技能为核心，辅以必要的理论知识用于指导实践。在内容安排上，以大众捷达、宝来和丰田卡罗拉等市场保有量较大的典型车辆为例进行拆解展示、读图分析，使该书更具实用性和指导性。

本书在语言表达上力求简明，没有过于追求理论知识的深度，确保具有初中文化程度的读者即能读懂学会，稍加训练就可掌握基本操作技能，以突出本书快速上手的特点。本书以照片图、线条图、表格为主要编写形式，突出“图解”和“操作技能”两大特点，并采用双色印刷，对操作重点、难点和注意事项进行着重标识，力求使汽车维修人员能够更好地掌握汽车电气系统维修技能。

由于编者水平有限，书中难免存在不妥和错误之处，恳请广大读者批评指正。

编　者

目　录

第 1 章
汽车电气系统维修基础知识

技能 1 认识汽车电气设备的组成与特点

1. 汽车电气设备的组成

随着科学技术的不断发展，汽车电气设备的结构和性能在不断进步，电子技术在汽车上已广泛应用，电气设备的种类和数量也在不断增多，在解决排放污染、提高燃油经济性和确保行车安全方面起着至关重要的作用。

汽车电气设备可以分为四大部分，即汽车电源、用电设备、汽车线路和配电装置。

名称	图　示	说　明
汽车电源		包括蓄电池和发电机
用电设备		包括起动机、汽车照明系统、汽车电喇叭、音响系统、发动机电控装置、汽车仪表等

（续）

名称	图　示	说　明
汽车线路	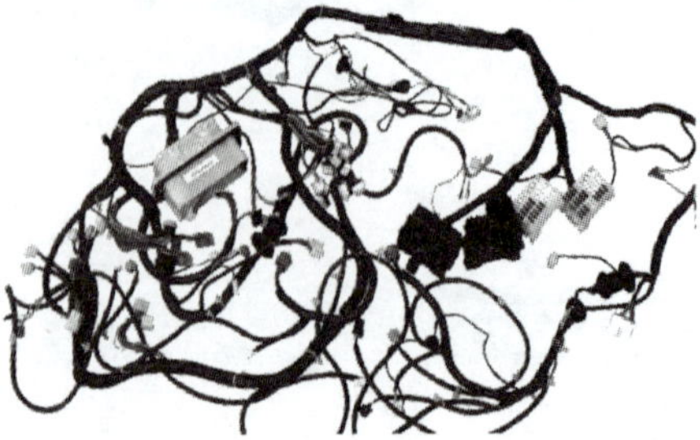	汽车线束用于连接电源、用电设备、信号装置和控制单元等，根据导线的功能不同可以分为高压导线、普通导线和屏蔽线等
配电装置		包括继电器盒、熔丝盒和接线盒等

2. 汽车电气设备的特点

（1）单线制　单线制是指将发动机、底盘和金属车身，作为汽车用电设备的共用连接线。单线制的优点是节省导线材料，简化线束结构，便于安装和检修。当然，为了确保信号精确、提高抗干扰能力，汽车电气系统中一些电子信号电路也采用了双线制，比如水温传感器。

（2）负极搭铁　采用单线制的车辆，将蓄电池的负极用导线连接到发动机和车身上，也称为接地或搭铁。用电设备的电源只需一根导线，当用电设备工作时，电流从蓄电池的正极出发，经过导线到达用电设备，然后通过车身或发动机本身搭铁，最后通过蓄电池与车身或发动机的连接导线回到蓄电池负极，构成回路。这样的设计可以提高其可靠性，简化线束，符合轻量化的设计要求。

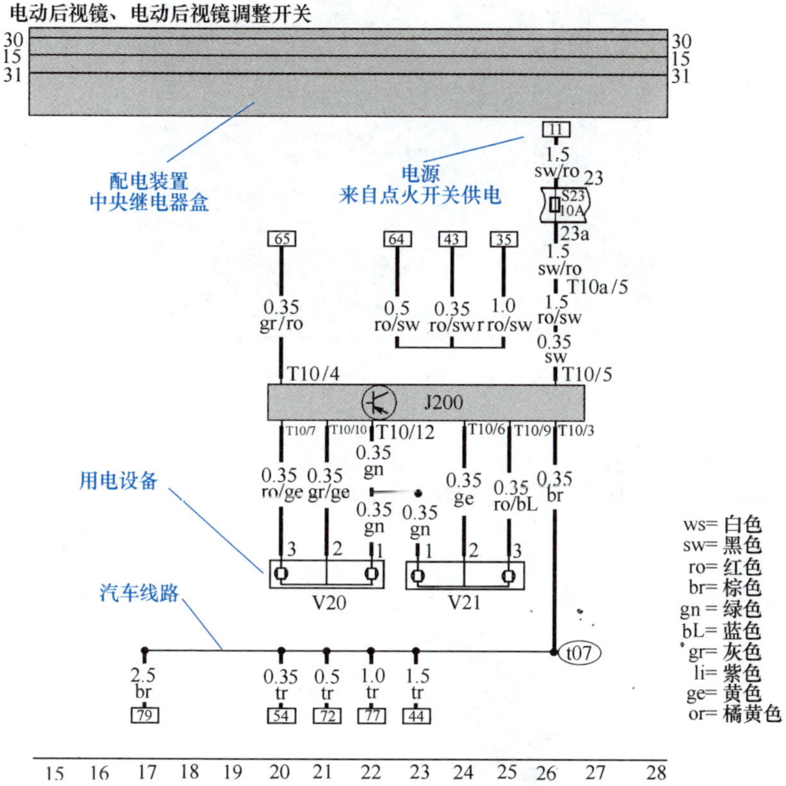

▲汽车电气设备组成示例

（3）两个电源　两个电源是指发电机和蓄电池。蓄电池是辅助电源，只在发动机起动时为起动机供电或在发动机未起动时向用电设备供电。发电机是主电源，在发动机起动，并达到规定的发电转速后，开始向用电设备供电，同时为蓄电池充电。

（4）用电设备并联　汽车上各种用电设备采用并联的方式与电源连接，每个用电设备都有单独的开关或控制器与其串联，用电设备之间彼此互不干扰。

（5）低压直流　汽车电气设备均采用低压直流供电，汽油机多采用 12V 直流电，柴油机多采用 24V 直流电。

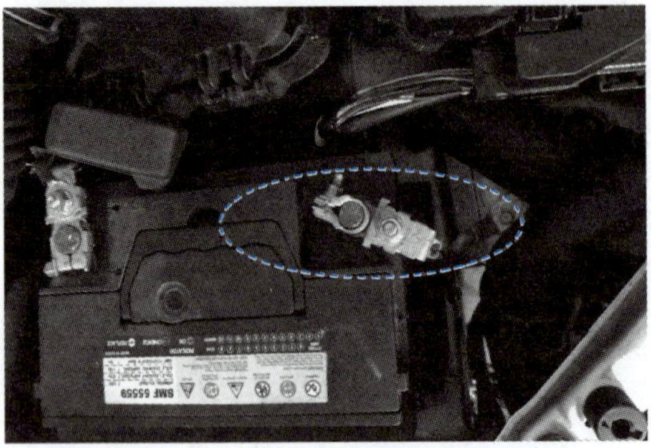

▲蓄电池与车身接线图（单线制-负极搭铁）

技能 2　认识汽车电气系统维修常用工、量具

名称	图　示	说　明
数字式万用表		数字式万用表是一种多用途电子测量仪器，一般具有安培计、电压表、欧姆计等功能，有时也称为万用计，可用来检测线路通断，测量电压值、电阻值、电流值。有些数字式万用表还可以检测晶体管的好坏，测量电容器的容量
指针式万用表		指针式万用表是一种多功能、多量程的测量仪表，一般可测量直流电流、直流电压、交流电流、交流电压、电阻和音频电平等，有的还可以测量交流电流、电容、电感及半导体的某些参数

（续）

名称	图示	说明
试灯和验电器	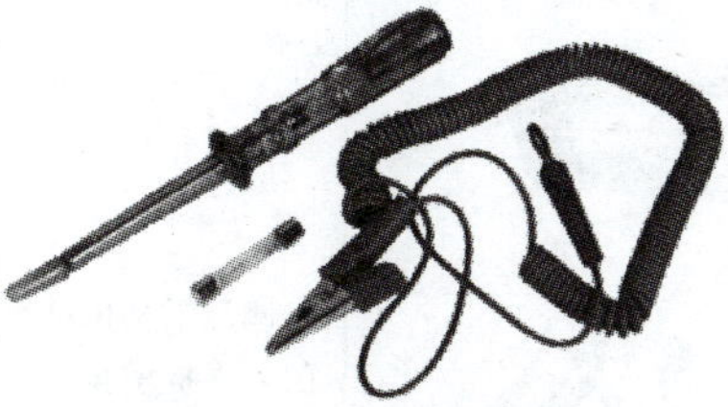	可用来检查电路系统的供电情况
蓄电池高率放电计	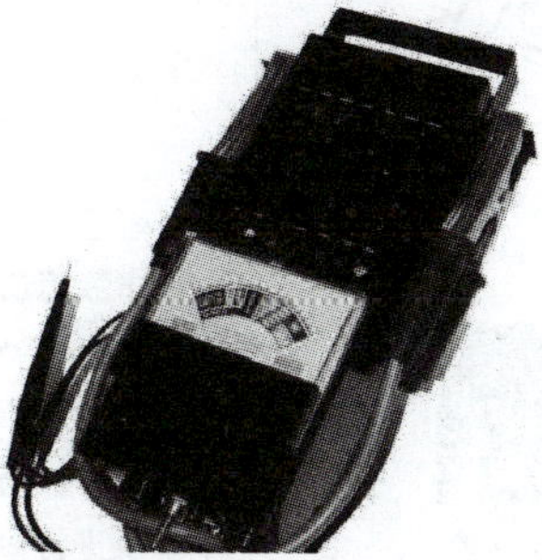	测量蓄电池端电压，通过放电测试可判断蓄电池的性能好坏
电解液密度计	 	测量蓄电池电解液密度
塞尺		测量火花塞电极间隙

（续）

名称	图　示	说　明
正时枪	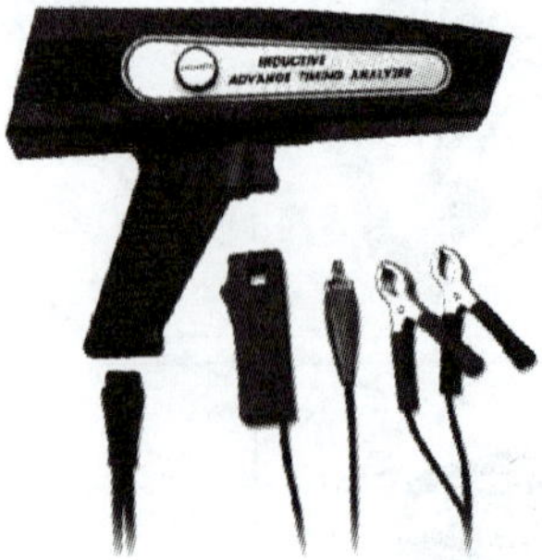	测量发动机动态点火系统的点火提前角
汽车故障诊断仪	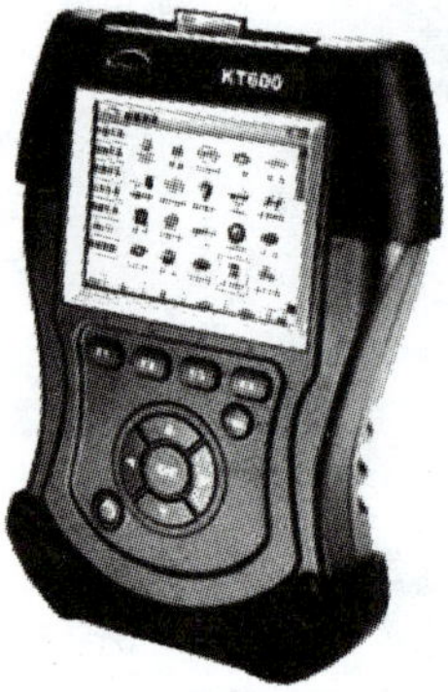	汽车故障诊断仪可分为专用型和通用型：专用型一般在4S店使用，诊断的车型品牌单一；通用型可以对多个车系进行诊断。诊断仪需要定期升级，以确保对新功能和新车型的诊断。其主要用来读取发动机故障码，清除发动机故障码，读取动态数据流，对控制单元编码和基本设定
剥线钳	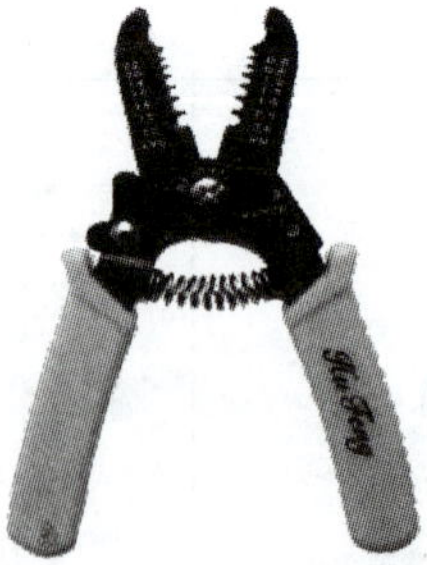	线路维修使用，可用来剥除导线绝缘皮，切断导线

（续）

名称	图　示	说　明
电烙铁	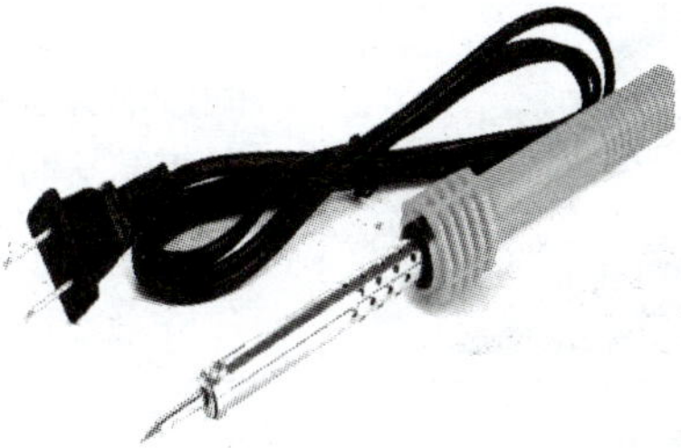	用于电路导线的焊接和电子元器件的焊接
示波器	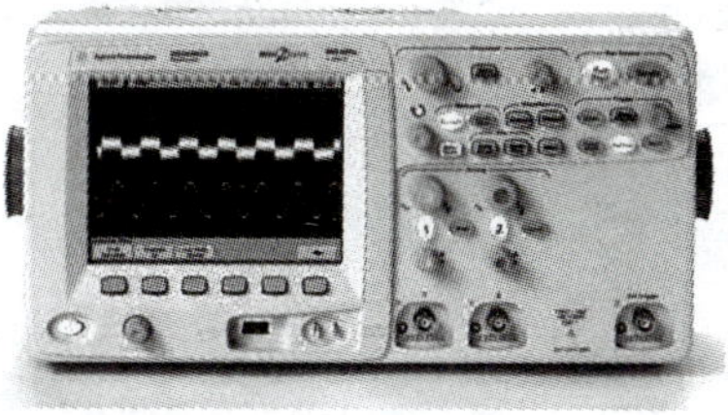	示波器是一种用途十分广泛的电子测量仪器。它能把肉眼看不见的电信号变换成看得见的图像，便于人们研究各种电现象的变化过程。利用示波器能观察信号幅度随时间变化的各种波形曲线，还可以用它测试各种电量，如电压、电流、频率、相位差等

技能 3　掌握汽车电路识图基础

能够识读汽车电路图是维修汽车电气设备，对汽车电路故障进行诊断的基本技能。通过对汽车电路图的识读，能够了解汽车电路的特点与组成，熟悉各电器部件间的电路关系。虽然各品牌车辆的电路图不尽相同，但是它们仍然存在着一定的共性。

1. 汽车导线

（1）分类　汽车导线可以分为低压导线、高压导线两种。其中，低压导线进一步分为普通导线、数据传输线、信号屏蔽线；高压导线可以进一步分为普通铜芯线和高压阻尼线两种。为了便于布线和安装，一般用线束套或防水绝缘胶带将汽车导线包裹成线束。

名称	图　示	说　明
低压普通导线		电器部件之间的连接线，用于传输信号和供电
信号屏蔽线		使用导电布、网状编织导线把信号线包裹起来，可以避免外界电磁信号对传输信号的干扰
数据传输线	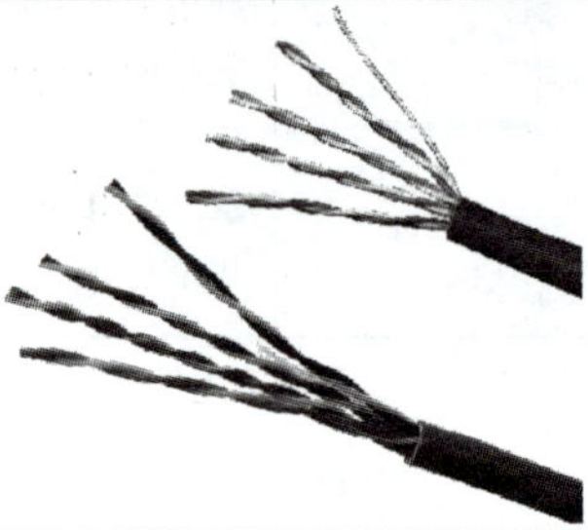	两条相互绝缘的导线按照一定的规格互相缠绕在一起而制成的一种通用配线，属于信息通信网络传输介质，用于控制单元间的信息数据传输
高压阻尼线	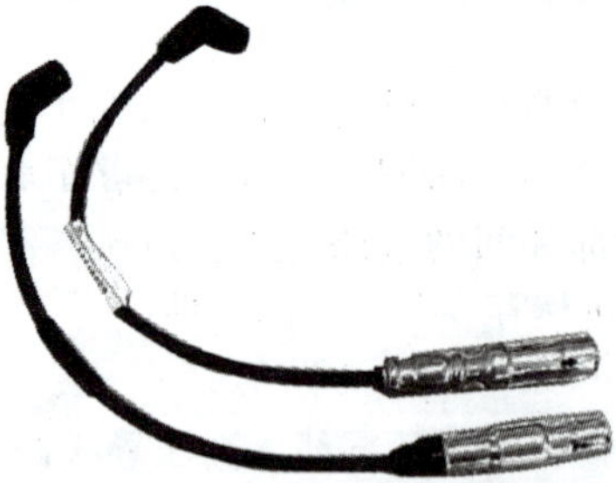	汽车发动机点火系统高压电导线

（2）规格　汽车低压导线的横截面积是根据所连接电气设备的工作电流大小决定的，选择的导线既要满足通电电流需要，也要有

足够的强度。

▼汽车导线规格

标称横截面积/mm^2	1.0	1.5	2.5	3.0	4.0	6.0	10	13
导线额定电流/A	11	14	20	22	25	35	50	60

（3）颜色　为了便于区分和维修，汽车电气设备各系统导线采用不同的导线颜色加以区分。各国汽车厂家的导线颜色有着不同的规定。我国标准规定，导线横截面积在 $4mm^2$ 以下的均采用双色线，即在主色基础上加上辅助颜色（主色线横截面积大，辅色线横截面积小），导线横截面积在 $4mm^2$ 以上的采用单色线。

▼我国汽车电气系统低压导线主色规定

导线主色	颜色代号	用　　途
红	R	电源系统
白	W	点火系统和起动系统
蓝	Bl	车外照明系统
绿	G	灯光信号系统
黄	Y	车内照明系统
棕	Br	仪表报警系统、汽车电喇叭
紫	V	电子钟、音响、点烟器等辅助电气设备
灰	Gr	电动机及汽车电器操纵系统
黑	B	搭铁（接地）

▼欧洲汽车电气系统常用导线颜色规定

颜　　色	用　　途	颜　　色	用　　途
红	蓄电池总线	黑白	左转向信号灯
白黑	前照灯到灯光开关	黑绿	右转向信号灯
白	前照灯远光	灰黑	左示宽灯
黄	前照灯近光	灰红	右示宽灯
黄黑	燃油喷射	黑绿	点火控制电源
黑红	制动灯	棕白	接地
黑白	左转向指示灯	棕	接地
黑绿	右转向指示灯		

2. 熔丝

熔丝与用电设备串联，起到过载保护和短路保护的作用。当汽车用电设备发生过载或短路时，熔丝会发热熔断，切断电路，避免用电设备损坏和线路烧毁。

▲熔丝

为了区分不同额定电流的熔丝，将熔丝的外壳加工成不同的颜色，汽车上应用较多的是插片式熔丝。

▼插片式熔丝外壳颜色与额定电流

颜色	深绿	灰	紫红	紫	粉红	棕黄	金	褐	橘红	红	黑	淡蓝	黄	白	淡绿
额定电流/A	1	2	2.5	3	4	5	6	7.5	9	10	14	15	20	25	30

3. 插接器

插接器用于汽车导线、汽车线束的快速连接。为了满足不同用电设备的需要，插接器的尺寸、端子数目和外部形状各不相同。同时，为了便于区分和检修，通过颜色和外形对插接器进行标识和区分，可有效防止插错；为了防止松脱，还设置有锁止机构。

4. 开关

开关用于控制用电设备电路的通断。汽车上有多种开关，如点火开关、灯光开关、空调开关等。

5. 继电器

根据结构和控制原理的不同，可将继电器分为常开式继电器、常闭式继电器和切换式继电器。常开式继电器的触点在线圈通电后闭合，将控制电路接通；常闭式继电器的触点在线圈通电后断开，

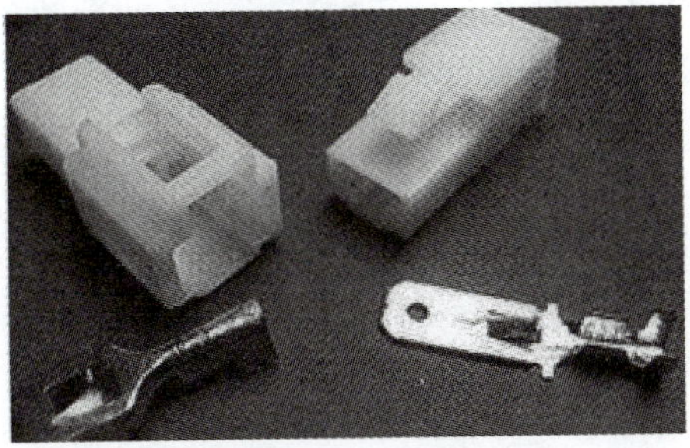

▲插接器

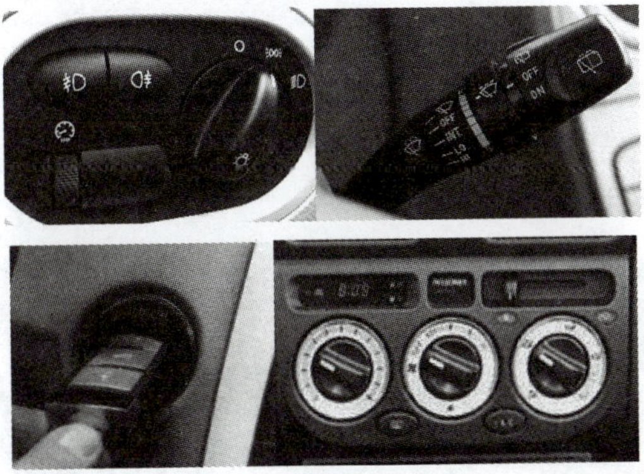

▲开关

将控制电路切断；切换式继电器内部有两个触点，线圈通电后闭式触点断开，开式触点闭合，切换控制电路。

▲常开式继电器

▲切换式继电器

常开式继电器线圈通电，产生磁场，吸动衔铁动作，克服弹簧力使触点闭合，接通控制电路。

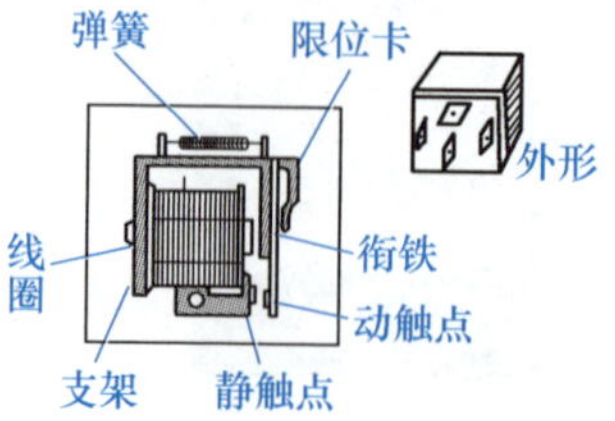

▲继电器的结构

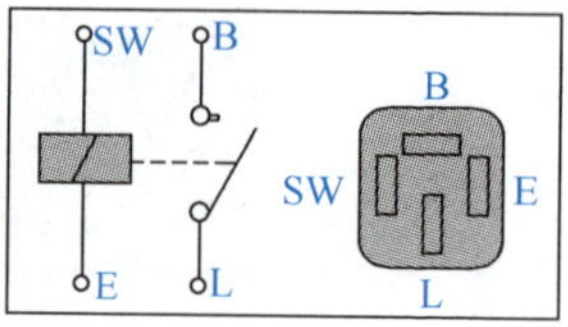

▲灯光继电器

6. 接线盒和继电器盒

为了布线和后续检修电路方便，汽车继电器和熔丝都集中在接线盒中。继电器盒的上部安装有熔丝和继电器，继电器盒盖背面印有熔丝和继电器位置说明。

▲继电器盒

7. 汽车电路图中常用电气符号

图形符号是用于表示电气项目或概念的一种图形、标记或字符，是看懂电路图的基础。维修人员必须熟悉各种图形符号，了解其含义和内容。

（1）常用基本符号

序号	名　称	图形符号	序号	名　称	图形符号
1	直流		6	中性点	N
2	交流		7	磁场	F
3	交直流		8	搭铁	
4	正极		9	交流发电机输出接柱	B
5	负极		10	磁场二极管输出端	D_+

（2）导线端子和导线连接符号

序号	名　称	图形符号	序号	名　称	图形符号
1	接点		8	插头和插座	
2	端子		9	多极插头和插座（示出的为三极）	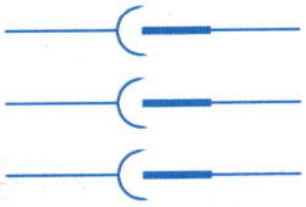
3	导线的连接				
4	导线的分支连接				
5	导线的交叉连接		10	接通的连接片	
6	插座的一个极		11	断开的连接片	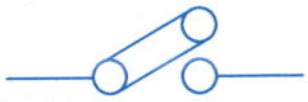
7	插头的一个极		12	屏蔽导线	

（3）开关符号

序号	名称	图形符号	序号	名称	图形符号
1	动合（常开）触点		10	拉拔操作	
2	动断（常闭）触点		11	旋转操作	
3	先断后合的转换触点		12	推动操作	
4	中间断开的转换触点		13	一般机械操作	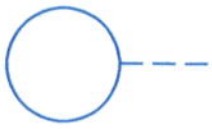
5	双动合触点		14	钥匙操作	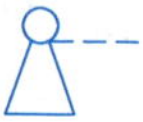
6	双动断触点		15	热执行器操作	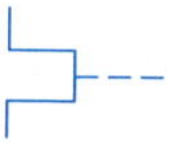
7	单动断双动合触点	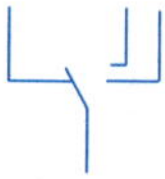	16	温度控制	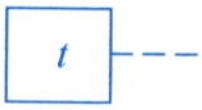
8	双动断单动合触点		17	压力控制	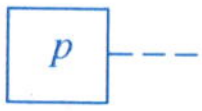
9	一般情况下手动控制		18	制动压力控制	
			19	液位控制	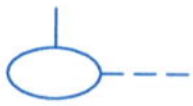
			20	凸轮控制	

（续）

序号	名　称	图形符号	序号	名　称	图形符号
21	联动开关	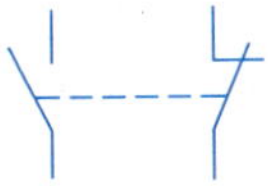	31	热敏开关动断触点	
22	手动开关的一般符号		32	热敏断路器的动断触点	
23	定位开关（非自动复位）		33	热继电器触点	
24	按钮		34	旋转多挡开关位置	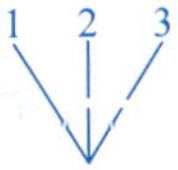
25	能定位的按钮		35	推拉多挡开关位置	
26	拉拔开关		36	钥匙开关（全部定位）	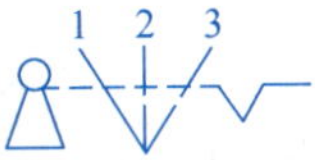
27	手动旋转开关		37	多挡开关、点火、起动开关，瞬时位置为2，能自动返回到1（即2挡不能定位）	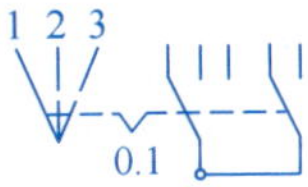
28	液位控制开关	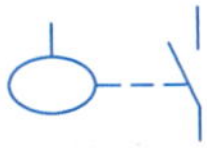	38	节流阀开关	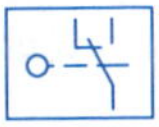
29	机油滤清器报警开关	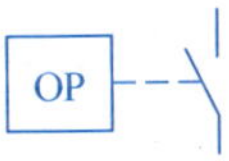			
30	热敏开关动合触点				

（4）电气元器件符号

序号	名　称	图形符号	序号	名　称	图形符号
1	电阻器		10	电热元件	
2	可调电阻器	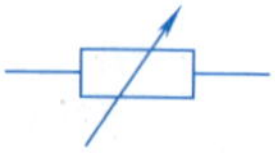	11	电容器	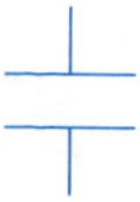
3	压敏电阻器	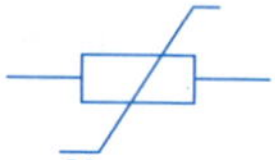	12	可调电容器	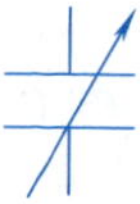
4	热敏电阻器	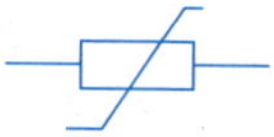	13	极性电容器	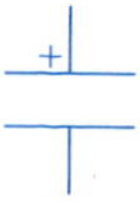
5	带滑动触点的变阻器	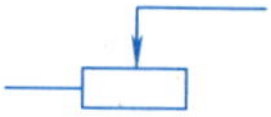	14	穿心电容器	
6	分路器		15	半导体二极管一般符号	
7	带滑动触点的电位器	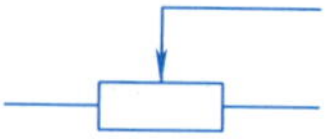	16	稳压二极管	
8	仪表照明调光电阻器	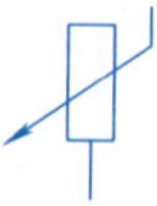	17	发光二极管	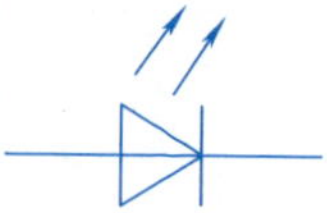
9	光敏电阻	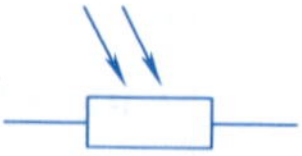	18	双向二极管（变阻二极管）	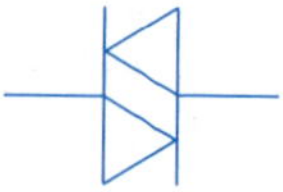

（续）

序号	名　称	图形符号	序号	名　称	图形符号
19	三极晶体闸流管	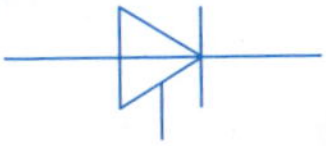	29	永久磁铁	
20	光电二极管	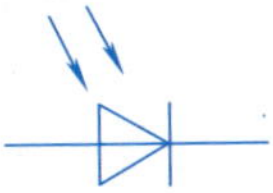	30	操作器件一般符号	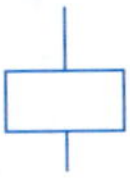
21	PNP 型晶体管		31	一个绕组电磁铁	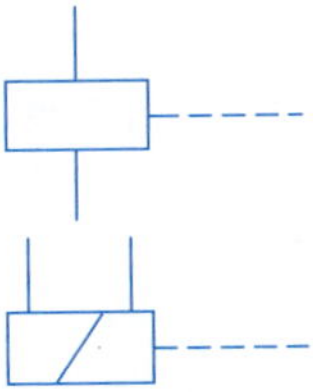
22	集电极接管壳晶体管（NPN 型）		32	两个绕组电磁铁	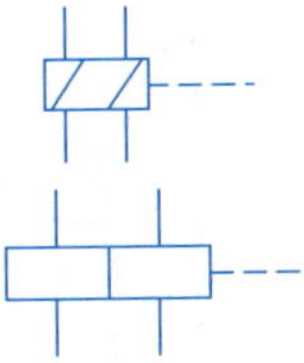
23	具有两个电极的压电晶体	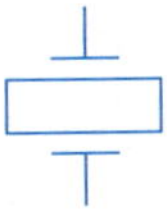	33	不同方向绕组电磁铁	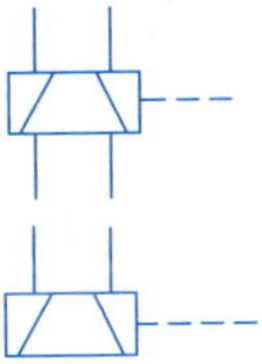
24	电感器、线圈、绕组、扼流圈		34	触点常开的继电器	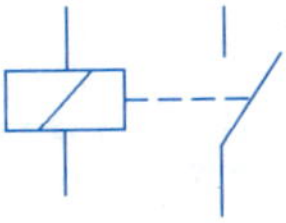
25	带铁心的电感器	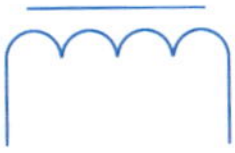	35	触点常闭的继电器	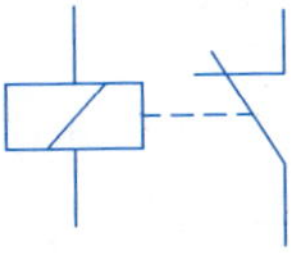
26	熔断器				
27	易熔线				
28	电路断电器				

（5）仪表符号

序号	名　称	图形符号	序号	名　称	图形符号
1	指示仪表	*	8	转速表	n
2	电压表	V	9	温度计	Θ
3	电流表	A	10	燃油表	Q
4	电压、电流表	A/V	11	车速里程表	V
5	欧姆表	Ω	12	电钟	
6	电功率表	W	13	数字式电钟	
7	油压表	OP			

（6）传感器符号

序号	名　称	图形符号	序号	名　称	图形符号
1	传感器的一般符号	*	8	空气流量传感器	AF
2	温度传感器	t°	9	氧传感器	λ
3	空气温度传感器	t°_{n}	10	爆燃传感器	K
4	冷却液温度传感器	t°_{w}	11	转速传感器	n
5	燃油传感器	Q	12	速度传感器	v
6	油压传感器	OP	13	空气压力传感器	AP
7	空气质量传感器	m	14	制动压力传感器	BP

（7）电气设备符号

序号	名称	图形符号
1	照明灯、信号灯、仪表灯、指示灯	
2	双丝灯	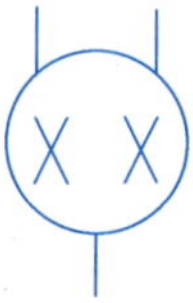
3	荧光灯	
4	组合灯	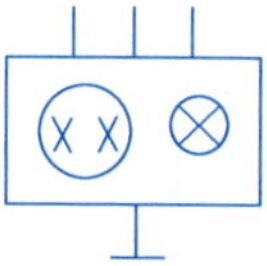
5	预热指示器	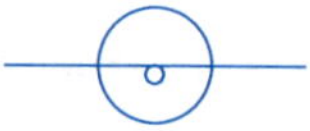
6	电喇叭	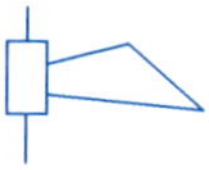
7	扬声器	
8	蜂鸣器	
9	报警器、电警笛	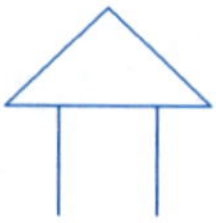
10	信号发生器	
11	脉冲发生器	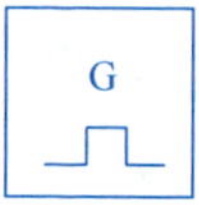
12	闪光器	
13	霍尔信号发生器	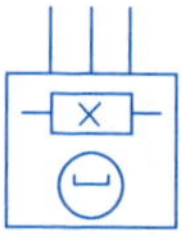
14	磁感应信号发生器	
15	温度补偿器	
16	电磁阀一般符号	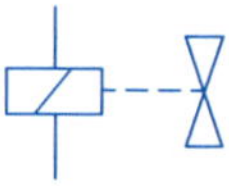
17	常开电磁阀	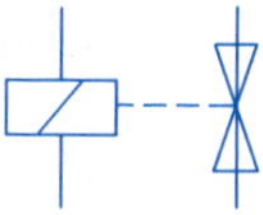
18	常闭电磁阀	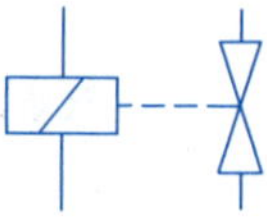

（续）

序号	名　称	图形符号	序号	名　称	图形符号
19	电磁离合器	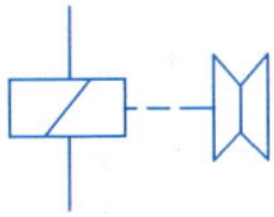	28	滤波器	
20	用电动机操纵的怠速调整装置		29	稳压器	
21	过电压保护装置	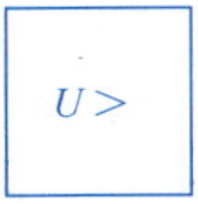	30	点烟器	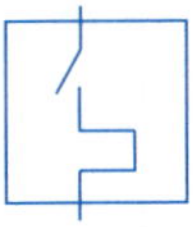
22	过电流保护装置		31	热继电器驱动器件	
23	加热器（除霜器）	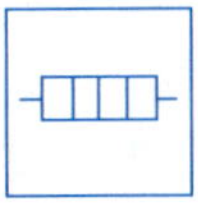	32	间歇刮水器继电器	
24	振荡器		33	防盗报警系统	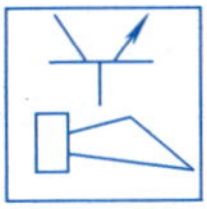
25	变换器、转换器	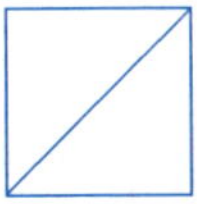	34	天线一般符号	
26	光电发生器	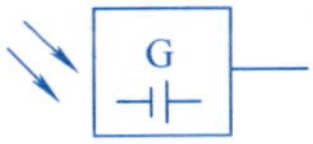	35	发射机	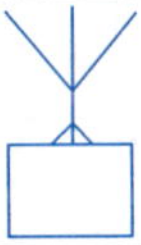
27	空气调节器		36	收放机	

（续）

序号	名　称	图形符号	序号	名　称	图形符号
37	内部通信联络及音乐系统	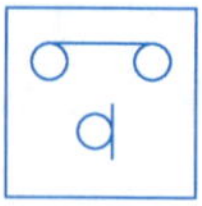	47	串励绕组	
38	收放机		48	并励或他励绕组	
39	电话机	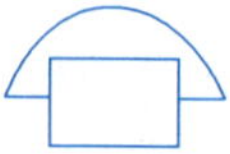	49	集电环或换向器上的电刷	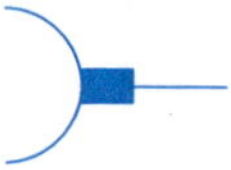
40	传声器	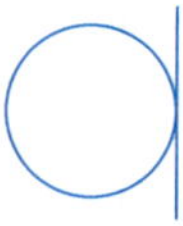	50	直流电动机	
41	点火线圈		51	直流串励电动机	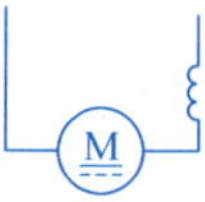
42	分电器		52	直流并励电动机	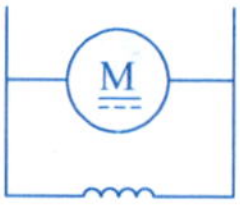
43	火花塞		53	永磁直流电动机	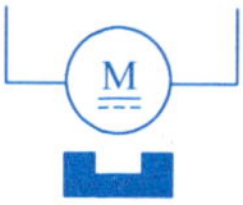
44	电压调节器		54	起动机（带电磁开头）	
45	转速调节器	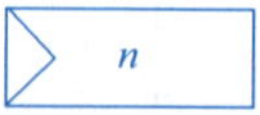	55	燃油泵电动机、洗涤电动机	
46	温度调节器		56	晶体管电动汽油泵	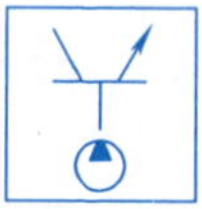

（续）

序号	名　称	图形符号	序号	名　称	图形符号
57	加热定时器	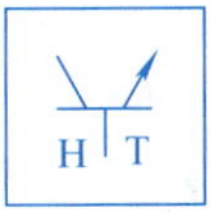	64	星形联结的三相绕组	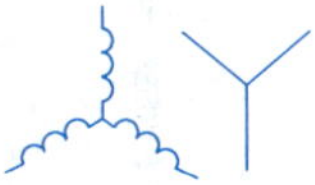
58	点火电子组件	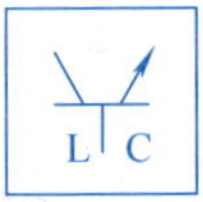	65	三角形联结的三相绕组	
59	风扇电动机		66	定子绕组为星形联结的交流发电机	
60	刮水器电动机		67	定子绕组为三角形联结的交流发电机	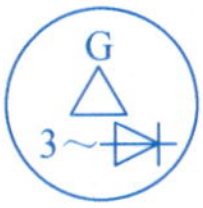
61	电动天线		68	外接电压调节器与交流发电机	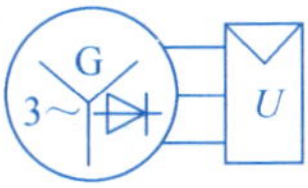
62	直流伺服电动机		69	整体式交流发电机	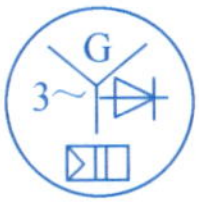
63	直流发电机		70	蓄电池	

8. 汽车电路图的种类

汽车电路图按照使用功能的不同可以分为电气原理图、电气线路接线图、电气线路线束图和元件位置图共四种。

（1）电气原理图　能够帮助读者迅速了解电气部件的组成和工作过程，便于迅速排除故障。

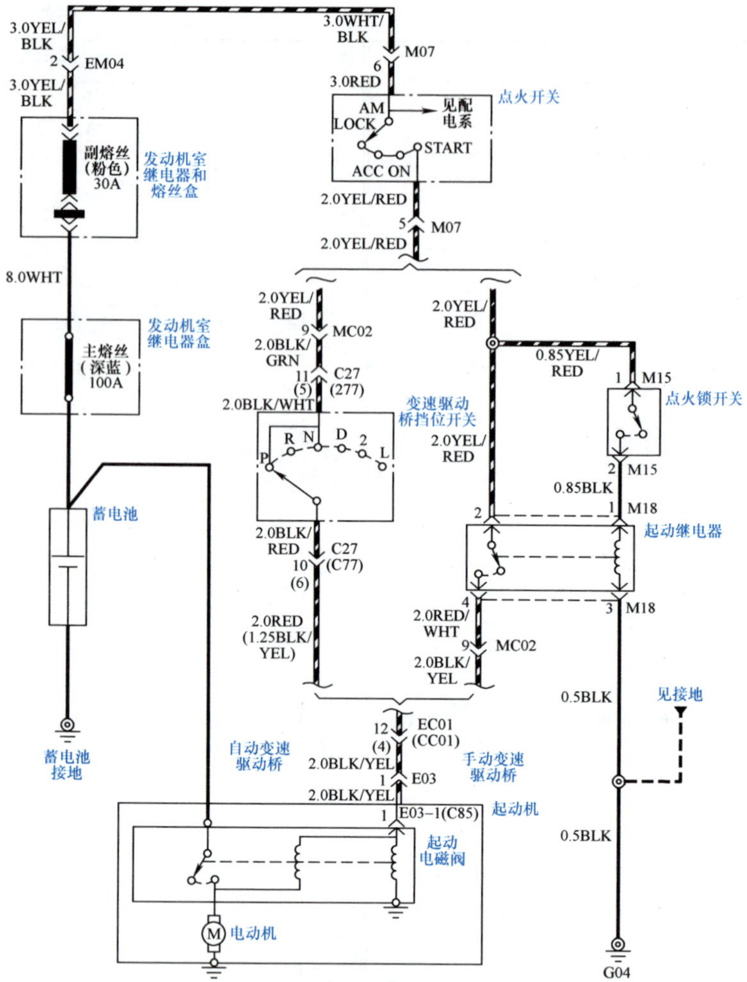

▲电气原理图

注：（ ）内仅用于3.0L发动机。

（2）电气线路接线图　便于线路的装配和线束故障的诊断。

（3）汽车电气线路线束图　标识不同系统中电气线路线束的走向和相互关系，用于指导线束安装和故障查找。

（4）汽车元器件位置图　用于表明各元器件在车辆中的安装位置。

警报灯开关、警告灯、空调系统内循环风扇、行李箱灯开关、行李箱灯

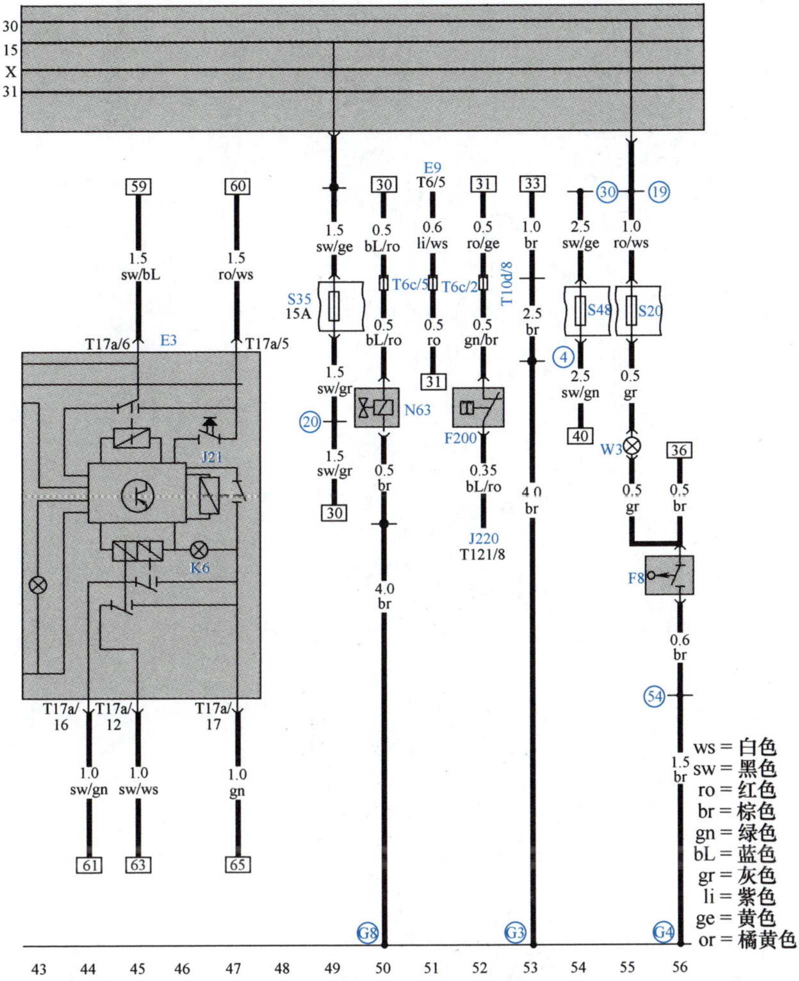

▲大众轿车接线图

E3—遇险警告灯开关　E9—鼓风机开关　F8—行李箱灯开关　F200—温度开关　J21—警报闪光继电器　J220—发动机控制单元　K6—警告灯　N63—空调内循环风扇　S20—熔丝支架上的 20 号熔丝　S35—熔丝支架上的 35 号熔丝　S48—熔丝支架上的 48 号熔丝　T6c—6 孔棕色插头，在继电器支架上　T10d—10 孔红色插头，在继电器支架上　W3—行李箱照明灯　Ⓖ3—接地点，在继电器支架旁车身处　Ⓖ4—接地点，在行李箱左侧　Ⓖ8—接地点，在左前翼子板（A 柱下）　④—接地连接，在前照灯线束内　⑲—螺栓联接（30），在继电器支架上　⑳—连接，在车内线束内　㉚—正极连接点，在车内线束内　54—接地连接点，在车内线束内

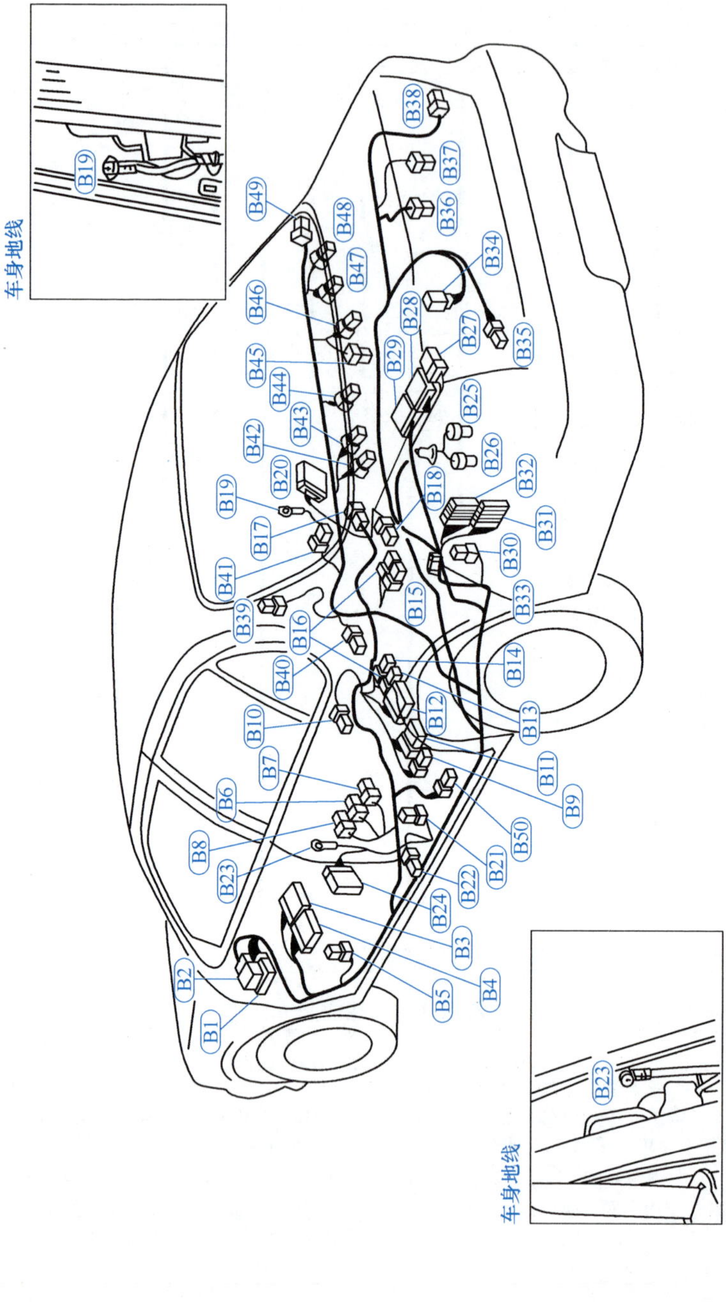
车身地线
B19
B1
B2
B3
B4
B5
B6
B7
B8
B9
B10
B11
B12
B13
B14
B15
B16
B17
B18
B19
B20
B21
B22
B23
B24
B25
B26
B27
B28
B29
B30
B31
B32
B33
B34
B35
B36
B37
B38
B39
B40
B41
B42
B43
B44
B45
B46
B47
B48
B49
B50
车身地线
B23

▲汽车电器线路线束图

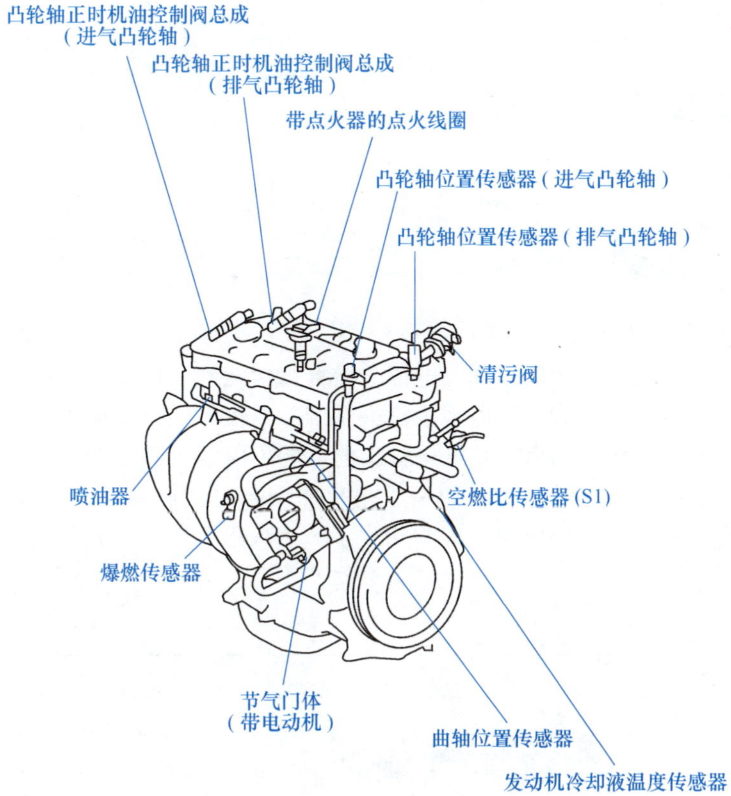
凸轮轴正时机油控制阀总成
（进气凸轮轴）
凸轮轴正时机油控制阀总成
（排气凸轮轴）
带点火器的点火线圈
凸轮轴位置传感器（进气凸轮轴）
凸轮轴位置传感器（排气凸轮轴）
清污阀
喷油器
空燃比传感器 (S1)
爆燃传感器
节气门体
（带电动机）
曲轴位置传感器
发动机冷却液温度传感器

▲汽车元件位置图

第 2 章

蓄电池的维修

技能 4　认识蓄电池的分类、作用与结构

1. 蓄电池的作用

蓄电池是一种低压直流电源，能将化学能和电能相互转换。在汽车发动机起动时，蓄电池为点火系统、电控系统、起动机提供电能。在发动机起动后，发电机输出的电能不能满足需要时，蓄电池为其提供补充电能，并可以将发电机的剩余电能储存起来。另外，蓄电池在汽车整个电路系统中相当于一个大电容器，可起到稳定电压的作用。

2. 蓄电池的类型

名称	图　示	说　明
普通铅蓄电池	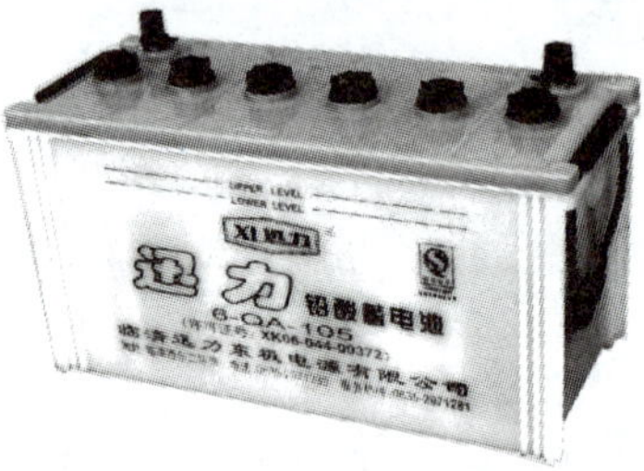	蓄电池极板的主要成分是铅，电解液是稀硫酸。第一次使用时需进行一次初充电，充电后方可使用，在使用过程中需要定期检查其电解液液位、密度，适时补充蒸馏水
干式荷电铅蓄电池	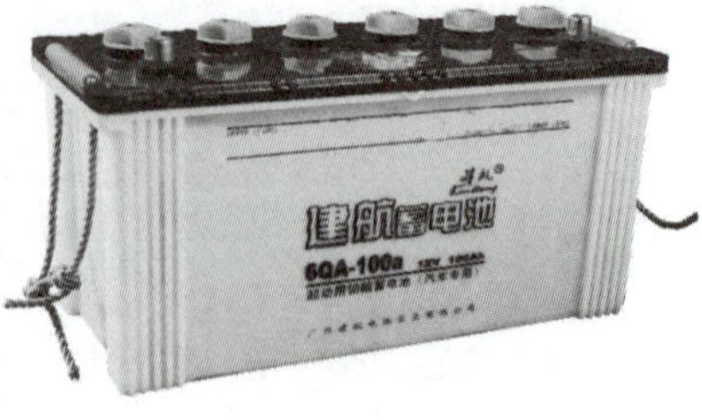	在极板组干燥的状态下，可以较长时间保存制造时所获得的电荷，保存期限可长达两年，使用时只需注入标准电解液，静置 20min 即可

（续）

名称	图　示	说　明
免维护铅蓄电池		与普通铅蓄电池工作原理相同。所谓免维护是指在蓄电池的整个使用寿命周期内，不需要对蓄电池进行加注蒸馏水，检测电解液液位、密度等维护作业

3. 蓄电池的组成

蓄电池主要由极板、壳体、极桩、电解液、蓄电池盖等组成。

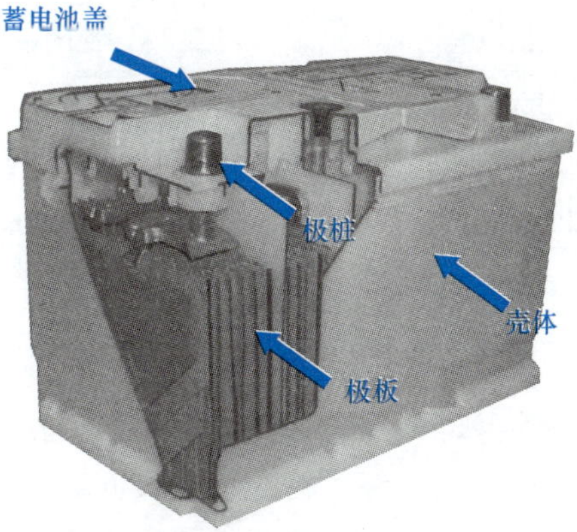

▲ 蓄电池的组成

蓄电池的极板分为正极板和负极板。极板主要由栅架和活动物质组成。为了避免正、负极板直接接触而导致短路，在正、负极板间用隔板隔开。极板是蓄电池的关键部件。在蓄电池的充放电过程中，化学能与电能的转换就是通过正、负极板上的活性物质与电解液中的硫酸进行电化学反应来实现的。

蓄电池的外壳用于盛放极板和电解液。壳体材料一般为聚丙烯塑料，其无论是强度还是耐酸、耐热性能，都优于过去使用的橡胶材料。蓄电池盖用来封闭蓄电池上部。蓄电池盖上安装有加液盖和极桩。对于免维护铅蓄电池，其上盖有观察蓄电池电量的电眼（可根据电眼颜色识别蓄电池的性能和使用状况），而没有加液盖。

蓄电池各单格电池串联后，两端的正、负极桩穿出蓄电池盖，用于连接外电路。极桩使用铅锑合金浇注而成。为了便于区分，正极桩标注“+”或涂以红色，负极桩标“-”或涂以绿色、蓝色。

电解液在蓄电池的化学反应中，起到离子导电的作用，并参与蓄电池的化学反应。电解液由纯硫酸（H_2SO_4）与蒸馏水按一定比例配制而成，其密度一般为1.24～1.31g/cm³。

4. 蓄电池的工作原理

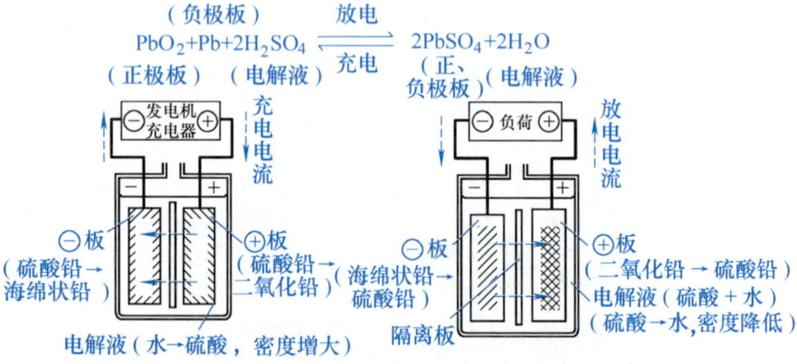

▲蓄电池的工作原理

当铅蓄电池的正、负极板浸入电解液中时，在正、负极板间就会产生约2.1V的静止电动势。此时若接入负载，在电动势的作用下，电流就会从蓄电池的正极经外电路流向蓄电池的负极，这一过程称为放电。蓄电池的放电过程是化学能转变为电能的过程。放电时，正极板上的PbO_2和负极板上的Pb，都与电解液中的H_2SO_4反应生成硫酸铅（$PbSO_4$），沉附在正、负极板上。电解液中H_2SO_4不断减少，密度下降。

充电时，蓄电池的正、负极分别与直流电源的正、负极相连，当充电电源的端电压高于蓄电池的电动势时，在电场的作用下，电流从蓄电池的正极流入，从负极流出，这一过程称为充电。蓄电池充电过程是电能转换为化学能的过程。充电时，正、负极板上的$PbSO_4$还原成PbO_2和Pb，电解液中的H_2SO_4增多，密度上升。当充电接近终了时，$PbSO_4$ 已基本还原成 PbO_2 和 Pb，这时，过剩的充电电流将水电解，使正极板附近产生 O_2 并从电解液中逸出，负极板附近产生 H_2 也从电解液中逸出，电解液液位降低。因此，铅蓄电池需要定期补充蒸馏水。

技能 5　蓄电池的合理使用与维护

普通铅蓄电池的使用寿命一般为 2 年左右，如果能合理地使用及定期进行维护，就能够延长其使用寿命。

1. 蓄电池的合理使用

1）使用起动机时不宜时间过长，一般每次起动持续时间不超过 5s，两次起动的间隔时间应在 15s 以上。这样做是避免因蓄电池长时间大电流放电而导致活性物质脱落。

2）对蓄电池充电时，应注意其充电电压不可过高。

3）定期观察和检测蓄电池的电量情况，若亏电，则应及时充电，避免使蓄电池长时间工作在亏电状态下。

2. 蓄电池的维护

1）要保持蓄电池外部的清洁，及时清理外壳和上盖表面上的污垢、尘土，对于极桩上的白色氧化物也应及时清除。如果发现蓄电池外部出现渗液，则应及时查找原因并加以排除。

▲保持蓄电池外部清洁

2）对于普通铅蓄电池，应定期检查加液盖上的通气孔是否堵塞。

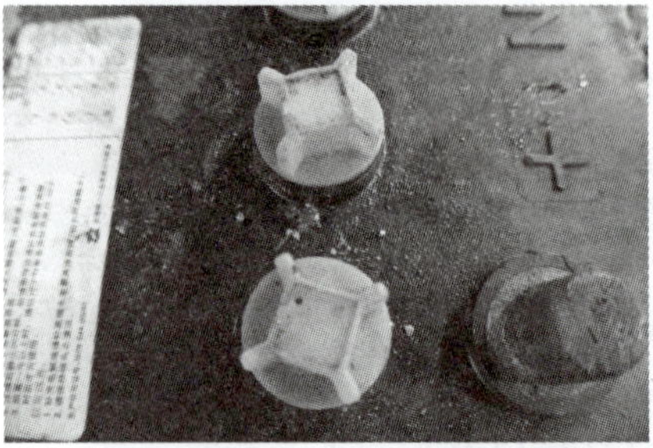

▲检查加液盖上的通气孔是否堵塞

3）对于普通铅蓄电池，应定期检查电解液的液位是否合格，如果缺少则应及时补充。

▲检查电解液的液位是否合格

4）定期检查蓄电池极桩接线是否松动，检查蓄电池固定是否牢靠。

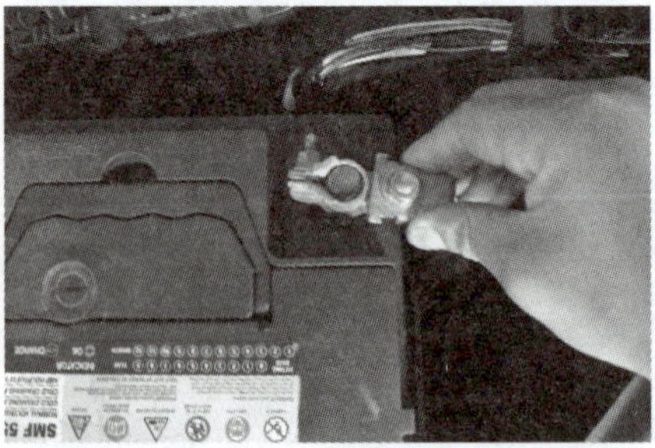

▲检查蓄电池极桩接线是否松动

5）对于免维护铅蓄电池，在整个使用寿命期内无需日常维护。对该蓄电池技术状况的检查，可通过观察电眼（上盖观察孔）的颜色来进行：若为绿色，则说明技术状况良好；若为黑色，则说明电解液浓度降低，需补充充电；若为浅黄色或红色，则说明电解液液位过低，蓄电池应予以报废。

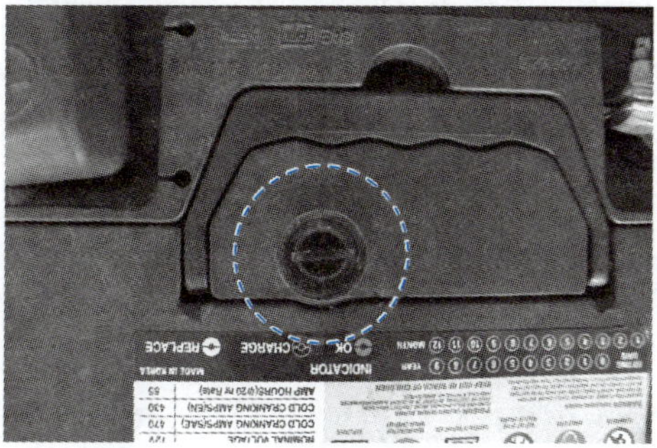

▲观察电眼（上盖观察孔）的颜色

技能 6 蓄电池的充电

目前蓄电池大多使用硅整流充电机充电。硅整流充电机通过内部变压器降压后，将交流电整流为直流电，供蓄电池充电使用。其因体积小、操作简单而得到广泛使用。

▲硅整流充电机

（1）蓄电池的充电方法　蓄电池的充电方法有定电压充电、定电流充电和快速充电三种。

1）定电压充电：在蓄电池充电时，加在蓄电池两端的电压应保持恒定，随着充电过程的不断进行，蓄电池的电动势不断提高，充电电流逐渐变小，充电终了，充电电流自动减小到零。这种方法的优点是充电速度快，不需专人看管；缺点是不能确保蓄电池充满，只适合补充充电。

2）定电流充电：在蓄电池充电时，充电电流保持恒定不变，随着充电过程的进行，蓄电池电动势不断提高，此时需要调整充电电压，以保持充电电流恒定。对于12V的蓄电池来说，当单格电压达到2.4V且出现气泡时，应将充电电流减少到原来的1/2，直到蓄电池完全充足。这种方法的优点是具有较大的适用性，可对蓄电池进行初充电和去硫化充电；缺点是充电时间长，需专人调节充电电流。

（2）定电压充电步骤

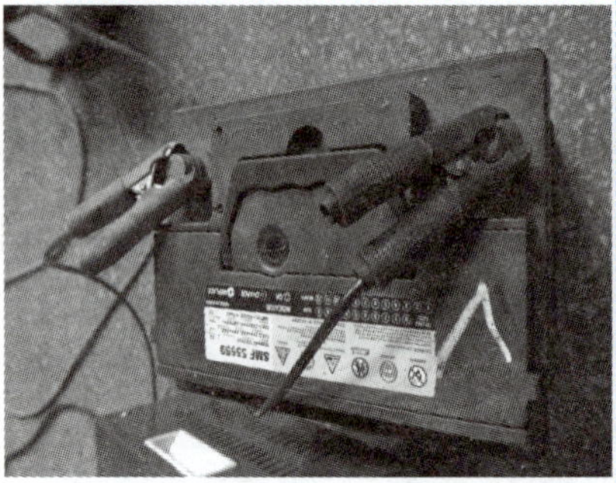

1. 将充电机的正极与蓄电池正极相连，负极与蓄电池的负极相连

2. 插上充电机电源线

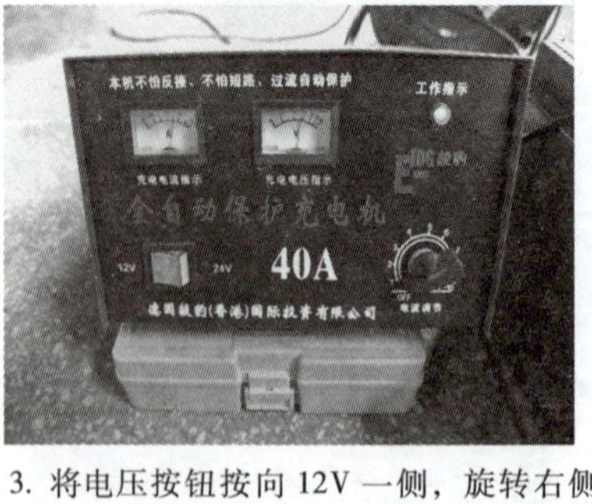

3. 将电压按钮按向12V一侧，旋转右侧电流旋钮，充电电流为额定容量的1/10

4. 充电结束时应先将充电机关闭，即将电流选择旋钮旋至“OFF”，然后断开充电机电源，取下鳄鱼夹

注意事项

1）严格遵守操作规范，操作前工作人员应做好劳动保护。

2）对于普通铅蓄电池，在补充充电前需检查电解液液位。在充电过程中应注意电解液的温度，如果温度升高超过45℃，则应停止充电。

3）在充电操作期间应严禁烟火，并做好通风，以免有害气体发生爆炸和危及人身生命安全。

4）对于普通铅蓄电池，在充电时应将加液盖拆下，使充电时产生的氧气和氢气能够顺利排入大气中。

5）在免维护蓄电池补充充电后，应观察电眼，确定是否充足。

技能 7 蓄电池电解液液位的检查

1. 玻璃管测量法

使用一个带有刻度的空心玻璃管，将玻璃管插入蓄电池电解液极板上平面处，用大拇指密封上口，取出玻璃管读数，液位标准值为 10 ~ 15mm，若数值过低时应补充蒸馏水。

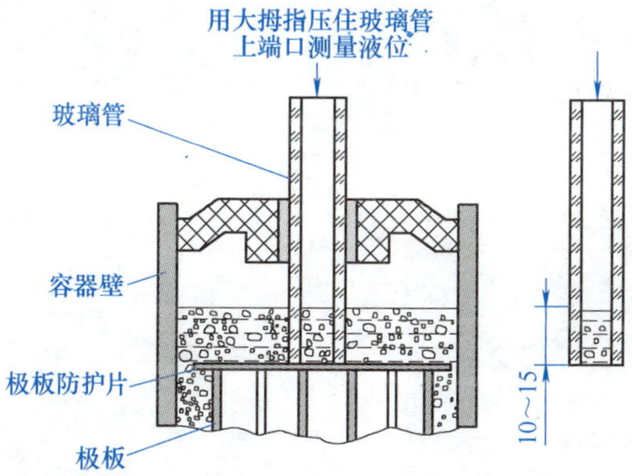

▲玻璃管测量法

2. 液位刻线检查法

为了检查电解液液位，在壳体外壁上刻有两条液位指示线，正常液面应该在两条刻线之间，若低于下线，则应补充蒸馏水。

▲液位刻线检查法

技能8　蓄电池放电性能和端电压的检测

使用高率放电计检测蓄电池的放电性能和端电压。

1. 外置电阻式放电计，在测量前需拆下高率放电计的放电电阻，内置电阻则可直接测量

2. 将测量端的鳄鱼夹夹在蓄电池极桩上，此时高率放电计指针指示蓄电池端电压

3. 向右侧扳动进行放电检测，待电压稳定后读数，持续时间不得超过10s

4. 观察高率放电计图标，根据被测蓄电池容量查看蓄电池性能情况，若放电时指针在绿区，则证明蓄电池性能良好

技能 9　蓄电池电解液密度的检查

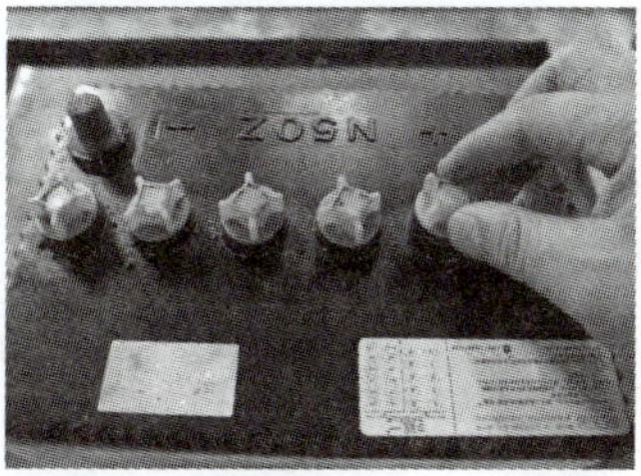

1. 打开蓄电池加液口

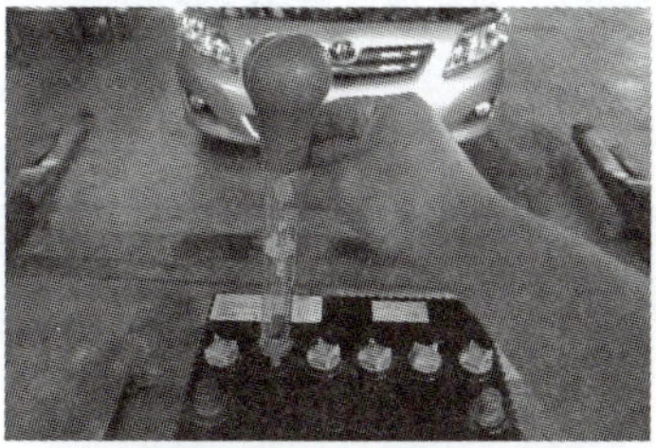

2. 将密度计下端的橡胶管插入单格电池的加液口内

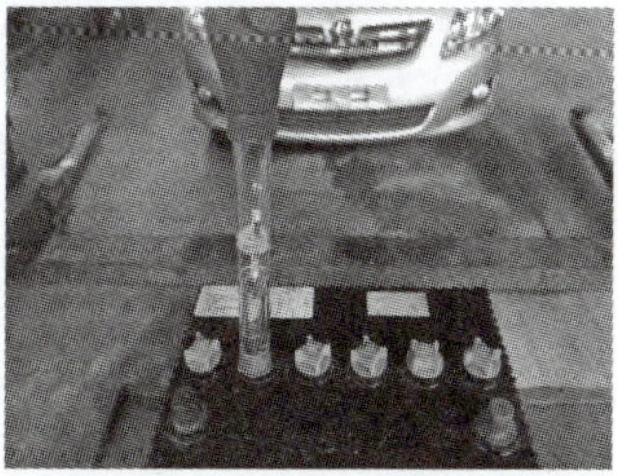

3. 用手捏一下上端的橡胶球，缓慢松开，将电解液吸入玻璃管中

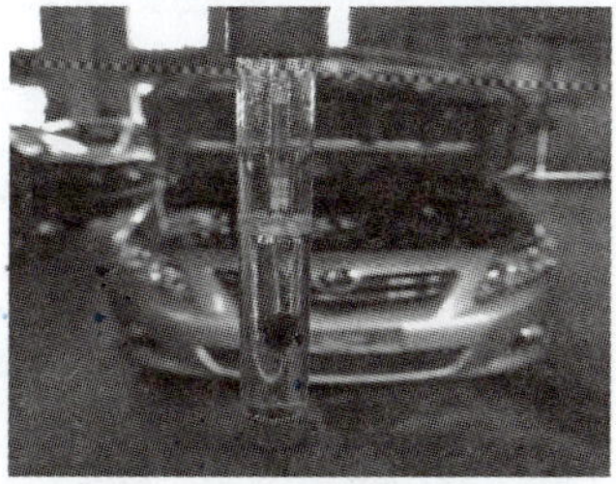

4. 让浮子浮在玻璃管中央，不可与玻璃管上端和玻璃管的侧壁接触，眼睛与刻度线平齐读数，将读数与标准温度25℃时的密度值进行换算

5. 将所测量的密度值与上次充电终了的密度值相比较，根据密度值的差值来判断蓄电池的放电程度

注意事项

1）电解液具有强腐蚀性，不要溅到皮肤、衣物上或眼睛里，一旦溅到皮肤上或眼睛里，应立即用大量清水冲洗，并及时送医院救治。

2）测量时应注意蓄电池上盖的清洁，不要使污垢、杂质落入蓄电池内部，以防短路。

第 3 章

发电机的维修

技能 10　认识交流发电机的类型、作用与结构

1. 交流发电机的作用

交流发电机与蓄电池均为汽车的电源，其中交流发电机为主要电源，除起动机由蓄电池供电外，其他电器设备的电能均由发电机提供，并向蓄电池充电。

2. 发电机的类型

按照总体结构的不同，发电机可分为普通式、整体式、无刷式和带真空泵式四种类型。

名称	图　示	说　明
普通式		外置电压调节器
整体式		整体式的结构与普通式相同，电压调节器内置在发电机中

（续）

名称	图　　示	说　　明
带真空泵式		主要应用于柴油机。在发电机后部安装有真空泵，作为制动系统真空装置。真空泵芯与发电机轴一同转动，在发动机工作后旋转便可产生真空
无刷式		发电机的励磁绕组不随磁极转动，无需电刷输入励磁电流

3. 发电机的组成

交流发电机主要由定子、转子、电刷、整流器、壳体、前后端盖、风扇及带轮等组成。整体式交流发电机在其后端盖内还安装有电压调节器。

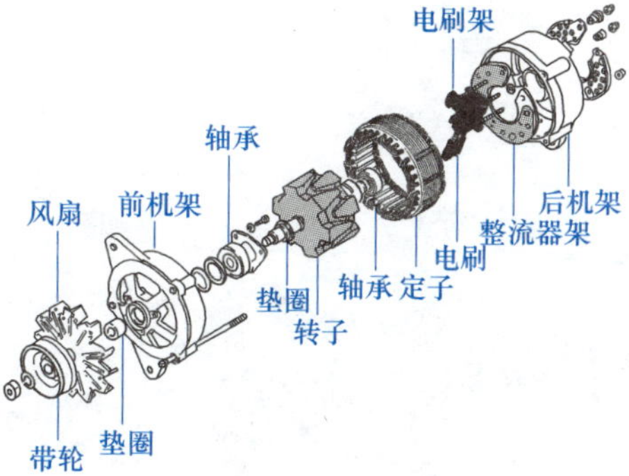

▲发电机的组成

名称	图示	说明
定子	 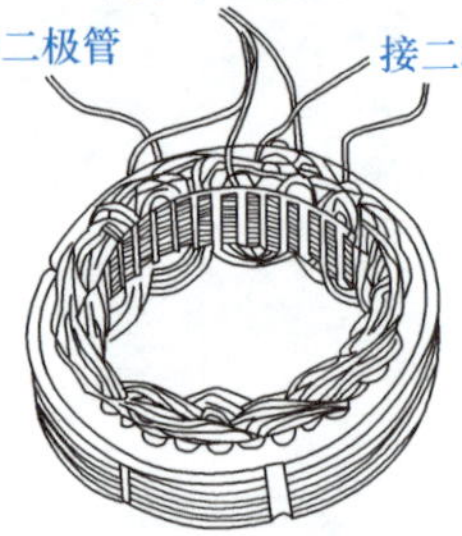	产生和输出交流电，又叫做电枢，由定子铁心和定子绕组组成
转子	 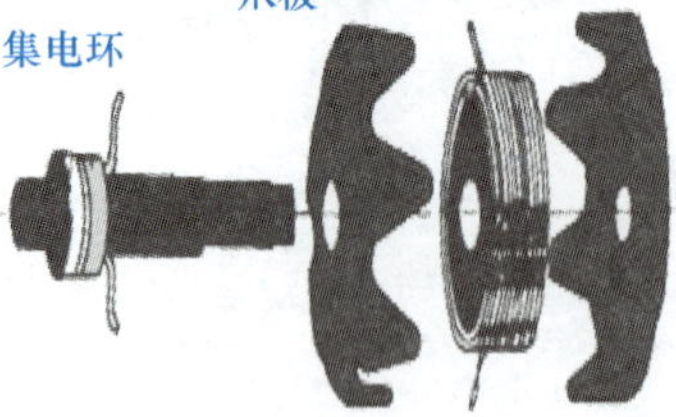	发电机的励磁部分，用于产生磁场，主要由爪极、励磁绕组、集电环、转子轴组成

（续）

名称	图示	说明
电刷、电刷架	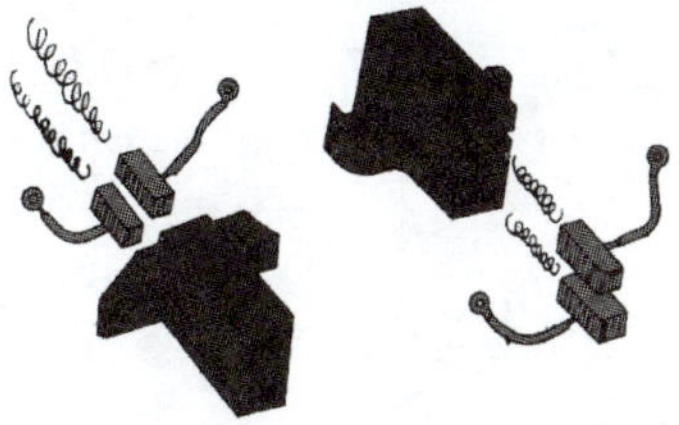 	电刷分为内装式和外装式，通过集电环向励磁绕组供电。电刷安装在电刷架内，通过弹簧使电刷与集电环紧密接触
风扇		由钢片冲压而成，有的也采用塑料制成，安装在转子轴上，用于发电机风冷
壳体及前后端盖	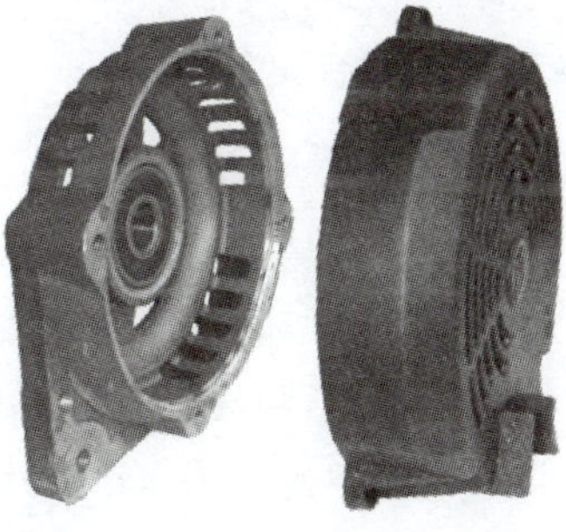	支撑转子和定子总成，并封闭内部构造。它由铝合金制成，轻便，具有散热和阻磁的作用

（续）

名称	图　示	说　明
整流器	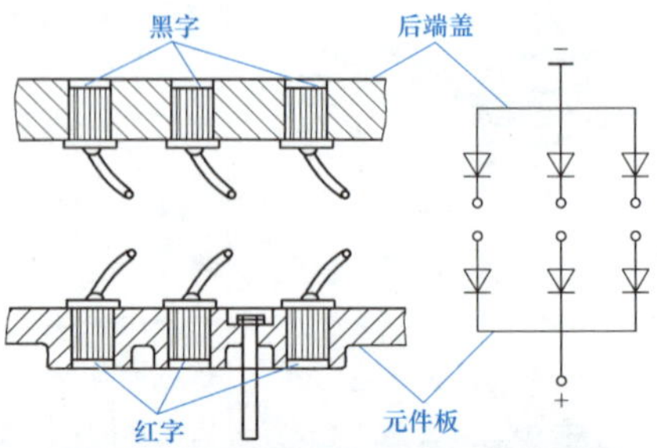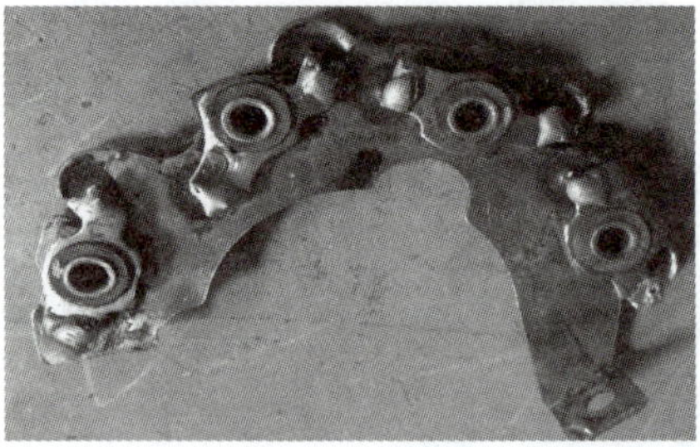	由正整流板、负整流板组成，其作用是将定子绕组输出的三相交流电，通过三相桥式整流转变成脉冲直流电并加以输出 一般6管交流发电机由6只硅整流二极管组成，除此之外，还有8管（其中6只为整流管，另外2只是中性点二极管）、9管（其中6只为整流二极管，另外3只为磁场二极管）、11管（3只为磁场二极管，2只为中性点二极管，6只整流二极管）交流发电机

4. 发电机的工作原理

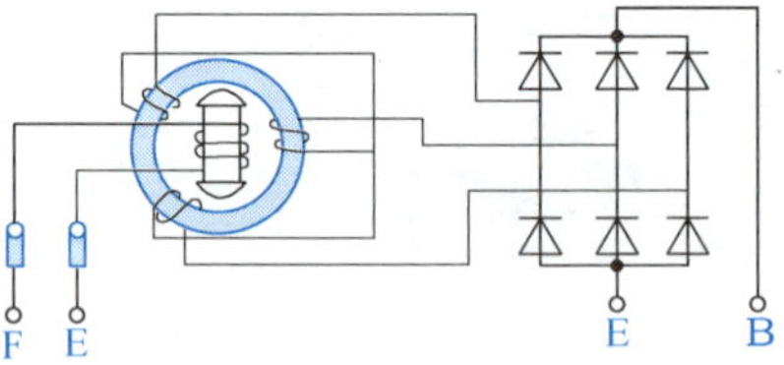

▲发电机的接线

当外加的直流电压作用在励磁绕组两端点的接线柱F-E之间时，励磁绕组中便有电流通过，产生轴向磁场，两块爪形磁极磁化。由于转子共有6对磁极，所以形成了6对相间排列的磁极。磁极的磁力线经过转子与定子之间的气隙、定子铁心形成闭合磁路。当转子旋转时，磁力线和定子绕组之间产生相对运动，在三相绕组中产生交流电动势。

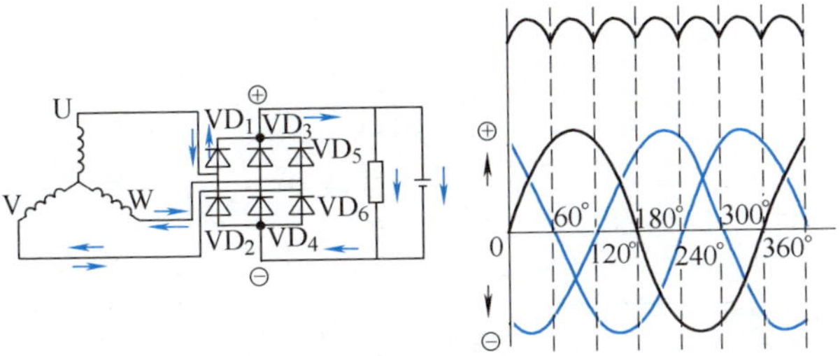

▲发电机的工作原理

交流发电机定子绕组 A、B、C 中感应产生的交流电，是靠 6 只二极管 $VD_1 \sim VD_6$ 组成的三相桥式全波整流电路变为直流电的。利用二极管的单向导电特性，便可把交流电变为直流电。

5. 励磁方式

根据汽车发动机的工作特点，要求发电机在发动机转速较低时就应具备向用电设备供电的能力，因此在发动机刚刚发动和转速较低时，发电机采用他励方式，即由蓄电池提供励磁电流，增强磁场。当发电机输出电压高于蓄电池电压时，励磁方式便由他励变成自励，励磁电流由发电机自己供给。因此，发电机的励磁方式有他励和自励两种。

6. 电压调节器

由于发电机具有空载特性，即随着发电机转速的提高，端电压上升较快，很快便由他励变为自励，因此为了保护其他电气设备正常工作，并防止蓄电池过充电，交流发电机必须配备电压调节器，以保持稳定地输出电压。

根据发电机工作原理可知，要实现对其输出电压的调节，只能改变发电机的转速和磁通量，因此发电机输出电压的调节一般是通过控制转子线圈（彩色方框中）励磁电流的大小来实现的，而该电流的调节是由电压调节器（彩色圆框）完成的。

电压调节器按其结构的不同可分为机械式、晶体管式和集成电路式，其中机械式已经淘汰，晶体管式也很少采用，现代轿车中应用最为广泛的是集成式电压调节器；按其安装位置的不同可以分为外置式和发电机内置式，内置式也被称为整体式交流发电机；按其检测电压方式的不同可以分为发电机电压检测、蓄电池电压检测，

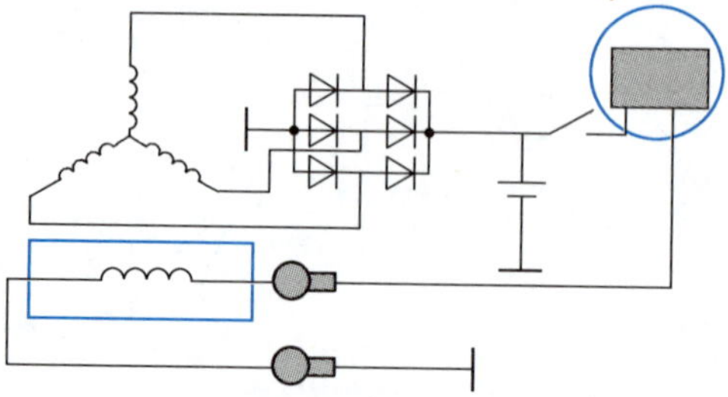

▲电压调节器的工作原理

蓄电池电压检测需要额外给电压调节器一根电压信号线。

电压检测方式		说　明
发电机电压检测	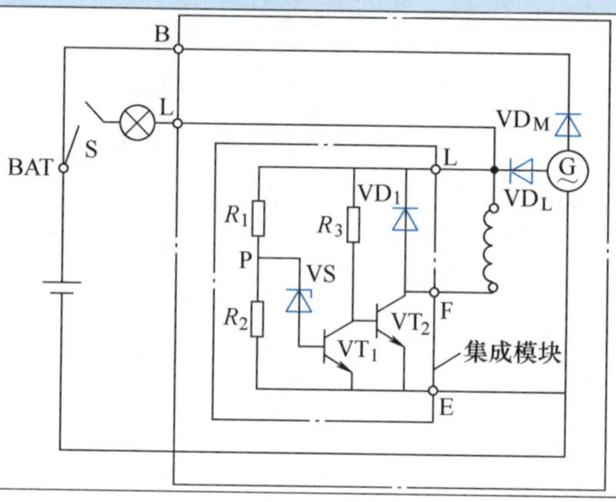	发电机电压检测电路特点：发电机引出线可少一根，但当发电机B点与蓄电池之间的电压降较大时，蓄电池充电电压会偏低，使蓄电池充电不足
蓄电池电压检测	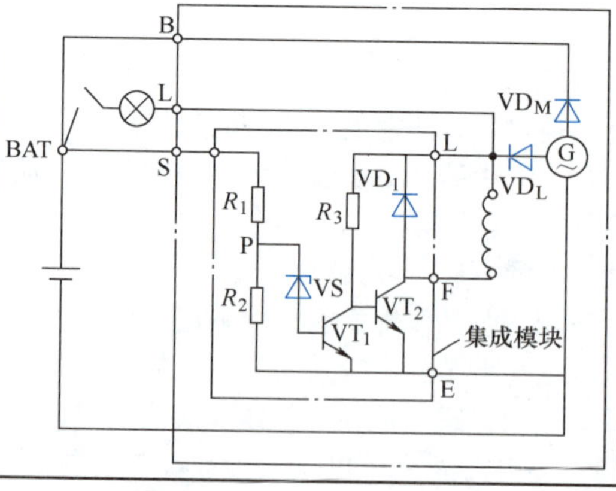	直接检测蓄电池端电压来控制发电机的输出，可使蓄电池的充电电压有保证，如果B点与蓄电池正极或S点断开，发电机电压检测不到而会导致失控，因此有些电压调节器加入了保护电路

接下来以丰田轿车采用的典型电压调节器为例，分析集成式电压调节器的控制过程。

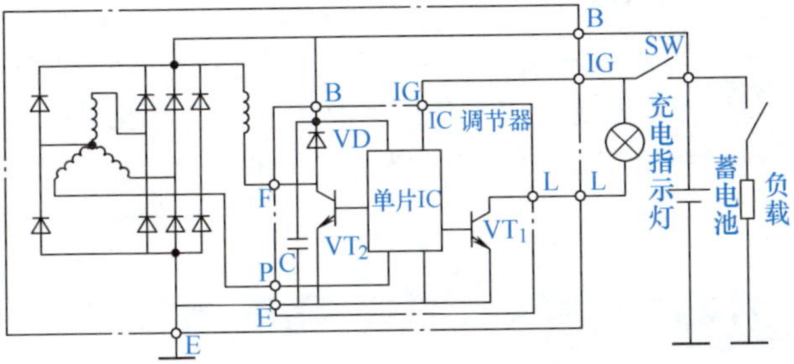

▲集成式电压调节器的控制过程

上图中的交流发电机为 8 管整体式交流发电机，6 只二极管为整流二极管，另外 2 只为中性点二极管，作用是当发电机转速超过 2000r/min 时，可将发电机功率提高 11% ~15%。该发电机外部共四根接线，分别是 B（发电机电源输出接线）、IG（点火开关供电）、L（充电指示灯控制）和 E（发电机电压调节器搭铁）。

电压调节器的外部接线端子共 6 个，分别是 L（充电指示灯控制）、IG（点火开关供电）、B（调节器供电和 VT_2 保护）、F（励磁绕组）、P（电压监测）、E（电压调节器搭铁）。

如果蓄电池与发电机连接线路 B 出现断路，调节器通过 IG 检测到电压低于 13V，会控制 VT_1 导通，点亮充电指示灯以示异常。

集成式电压调节器的工作过程如下：

1）打开点火开关 SW，当发电机没有转动时，蓄电池端电压经过接线柱 IG 信号输入集成电路，集成电路使 VT_1 和 VT_2 导通。VT_2 导通，接通励磁电流 F 点搭铁，励磁电流通过蓄电池接线桩 B 进入发电机给励磁绕组供电；VT_1 导通，电流由蓄电池经过点火开关 SW，充电指示灯通过 VT_1 搭铁，充电指示灯点亮，表明发电机未发电。

2）起动发动机后，发电机低速运转，此时发电机输出电压高于蓄电池电压，但是小于调节器调节电压，VT_2 仍然导通，此时 P 点电压信号输入调节器，调节器接受此信号后，控制 VT_1 截止，充电指示灯熄灭，表明发电机已经发电。

3）发电机转速继续升高，发电机输出电压也继续升高，当输出电压达到调节器调节电压时，调节器检测到该电压，使 VT_2 截止，励磁电流中断，发电机电压下降，当电压下降到略低于调节电压时，调节器使 VT_2 导通。如此反复，保持输出电压始终稳定在调节电压范围内。

技能 11　交流发电机车上拆装

1. 交流发电机的车上拆卸（以丰田卡罗拉车型为例，具体车型可能有所区别）

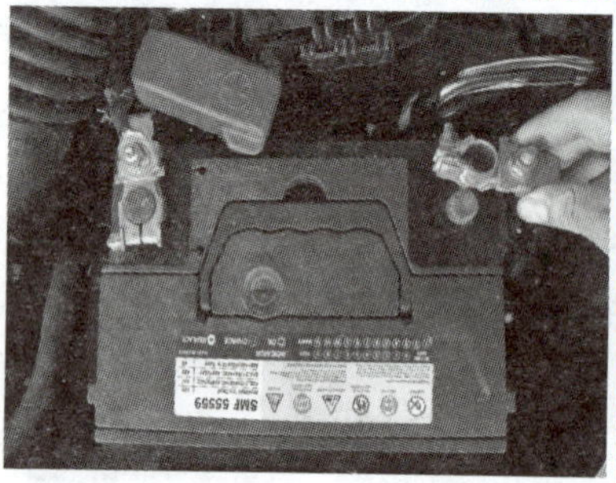

1. 拆下蓄电池负极。拆卸前应注意记录音响密码

2. 旋松发电机调整臂锁紧螺栓

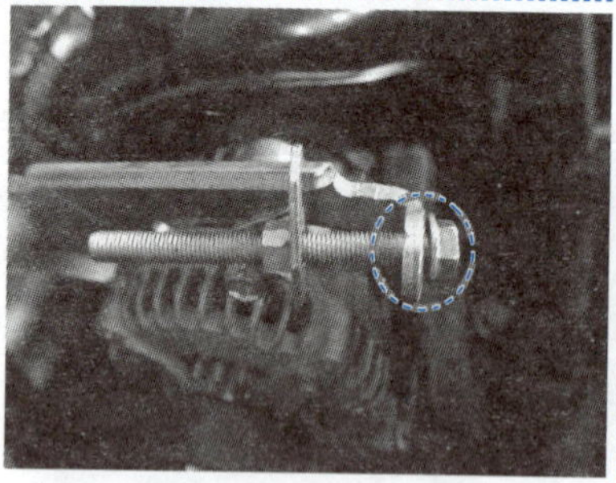

3. 逆时针旋转调整螺杆，放松传动带

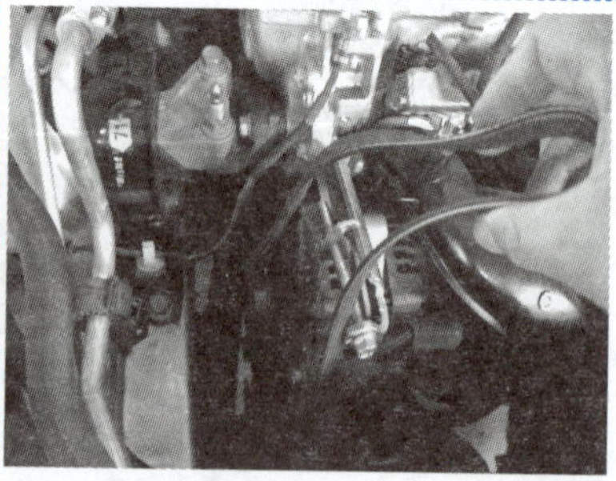

4. 将发电机向驾驶室方向推，取出发电机传动带

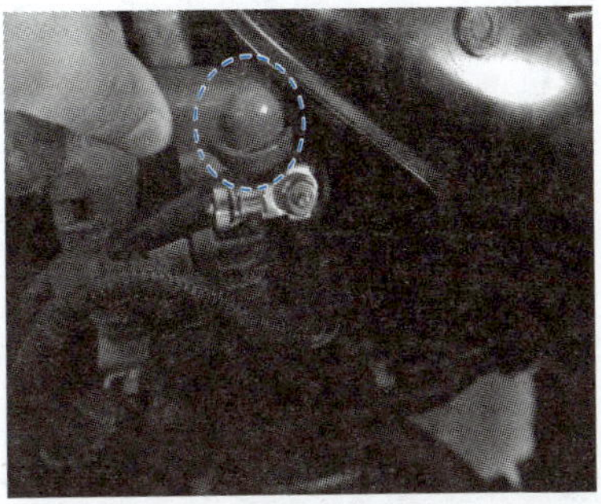

5. 拆下“+B”防护套

6. 拆下发电机“+B”接线桩和插头

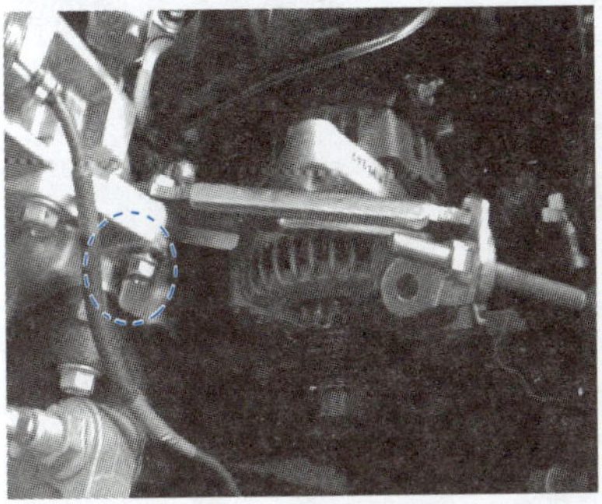

7. 拆下发电机上的固定螺栓，取下调整臂支架

8. 拆下发电机下部固定螺栓

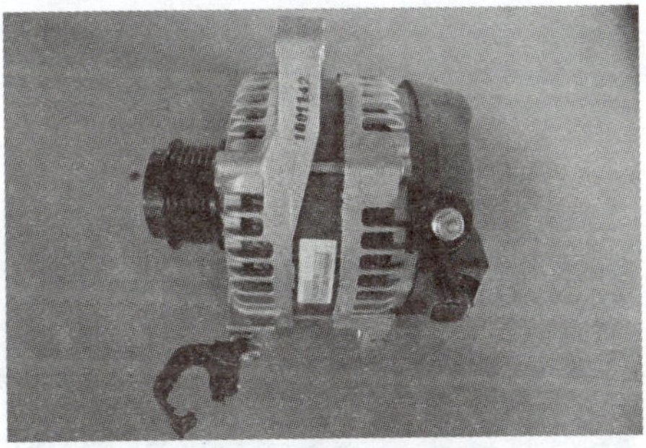

9. 取下发电机总成

2. 交流发电机的车上安装

发电机车上安装顺序与拆卸顺序相反，在此不再赘述。

注意事项

1）断开蓄电池前如果汽车音响带有密码功能，则应保留好汽车音响的密码。

2）发电机应在车下进行运行试验和外部测试，合格后再进行车上安装。

3）在发电机安装完毕后，应对记录的收音机电台和座椅记忆进行恢复。

4）若有必要，在发电机安装后，需对发动机系统进行基本设定。

5）安装时螺栓应按规定力矩拧紧，发电机下部固定螺栓的拧紧力矩为25N·m，上部固定螺栓的拧紧力矩为20N·m，调整臂紧固螺栓的拧紧力矩为20N·m。

6）调整好发电机传动带的张紧力。

技能12 交流发电机不解体检查及发电机的拆装

1. 发电机不解体检查

通过发电机不解体检查可以初步判断整流二极管的好坏：使用指针式万用表，将挡位置于 $R\times100\Omega$ 或者 $R\times1k\Omega$，将黑表笔与“+B”接线桩相接，红表笔与发电机壳体相接，电阻值应大于10kΩ，将两表笔对调，电阻值应在40Ω以上，若小于该值，则说明有失效的二极管。

▲发电机不解体检查

2. 发电机的拆装

对发电机维护或者发电机出现内部故障时，需对发电机进行解体检修。

1. 拆下带轮紧固螺栓。应使用专用工具拆卸，切不可将带轮夹紧拆卸，以免损坏带轮

2. 取下带轮和垫片

3. 拆卸“+B”接线桩螺母、“+D”接线桩螺母和后防护盖紧固螺栓

4. 取下后防护盖

5. 拆下电压调节器、电刷总成

6. 拆下整流器紧固螺栓，共三颗

7. 使用电烙铁，将整流器与定子绕组的焊点断开

8. 继续拆下两颗固定螺栓，取下整流器

9. 拆下后端盖

10. 抽出励磁绕组

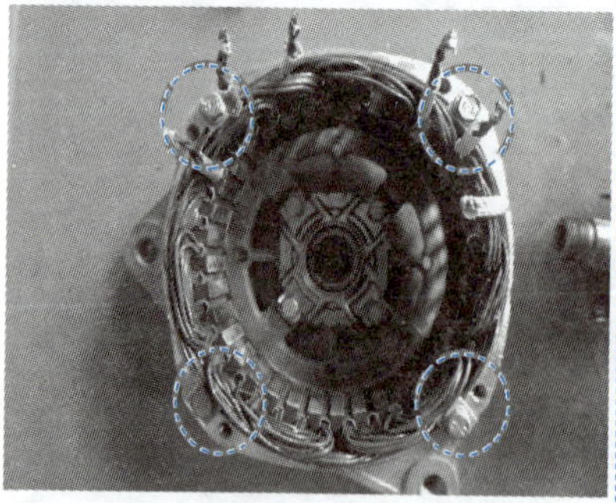

11. 拆卸定子绕组固定螺栓，共四颗

12. 取出定子绕组。至此，发电机分解完毕

交流发电机的安装与拆卸顺序相反，在此不再赘述。

注意事项

1）安装时应在滑动轴承部位涂抹适量机油。

2）安装前应保证各零件清洁，切不可用有机溶液清洗定子绕组和转子绕组。

3）各部位所装配的垫片要按原位装回，切不可漏装、错装。

4）安装电刷时应将电刷先压回电刷架内。

5）安装后应检查各转动部位是否能够灵活转动。

6）各螺栓应按维修手册要求的力矩拧紧。

技能 13　发电机转子的检查

1. 励磁绕组断路的检查

检查励磁绕组是否断路：使用万用表欧姆挡测量两集电环之间的电阻值，正常值为 3Ω 左右。如果阻值过小，则说明短路；如果阻值为无穷大，则说明断路。

2. 励磁绕组搭铁的检查

检查励磁绕组是否与搭铁短路，使用万用表欧姆挡测量电刷和励磁绕组壳体的电阻，正常值为无穷大，若为 0Ω，则说明短路。

▲励磁绕组断路的检查

▲磁场绕组搭铁的检查

技能 14　发电机定子的检查

1. 电枢（定子）绕组断路的检查

检查电枢绕组是否断路：使用万用表欧姆挡检测定子绕组的三

个接线端子，两两一组进行测量，规定值为小于1Ω。

2. 电枢绕组搭铁的检查

检查电枢绕组是否与搭铁短路，使用万用表欧姆挡检测定子绕组接线端子与铁心间的绝缘情况（定子绕组与铁心是否搭铁），规定状态为无穷大。

▲电枢（定子）绕组断路的检查

▲电枢（定子）绕组搭铁的检查

技能15 发电机整流器和电刷的检查

1. 整流器的检查

使用指针式万用表检查整流器二极管的正反向电阻。为了保证测量结果准确，最好将二极管的焊点断开测量。分别测量各正极管和负极管：将黑表笔与二极管的正极相连接，红表笔与二极管的负极相连接，测量正向电阻值，如果阻值为 0Ω，则说明二极管短路，如果为无穷大，则说明二极管断路；将黑表笔与二极管的负极相连接，红表笔与二极管的正极相连接，测量反向电阻值，如果指示值为无穷大或接近无穷大，则说明整流二极管正常。

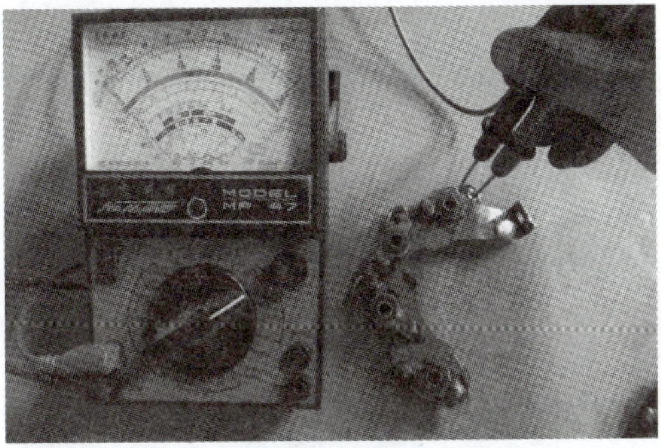

▲整流器的检查

2. 电刷的检查

电刷表面不得有油污，且应在电刷架中活动自如，电刷磨损不得超过原尺寸的 1/2（标准长度为 10.5mm），电刷架应无烧损、破裂或变形现象。

▲电刷的检查

技能16 发电机电压调节器的检查

检查发电机电压的调节器时，首先应该确定各引脚的功能与含义，然后通过可调直流电源试验法检测电压调节器。在此以大众轿车和丰田轿车整体式交流发电机电压调节器为例，说明调节器的检查过程。

1. 大众轿车电压调节器的检查

使用可调节直流电源，将其正极与B相连接，负极与E相连接，在电刷F与E之间串联一个试灯（25W/12V），试灯的另一端与E相连接，随后调节电压值至12V，试灯点亮，随后调节电压缓慢上升，到某一值时试灯熄灭，说明电压调节器正常。如果试灯常亮，则说明调节器内部短路；如果试灯始终不亮，则说明调节器内部断路。

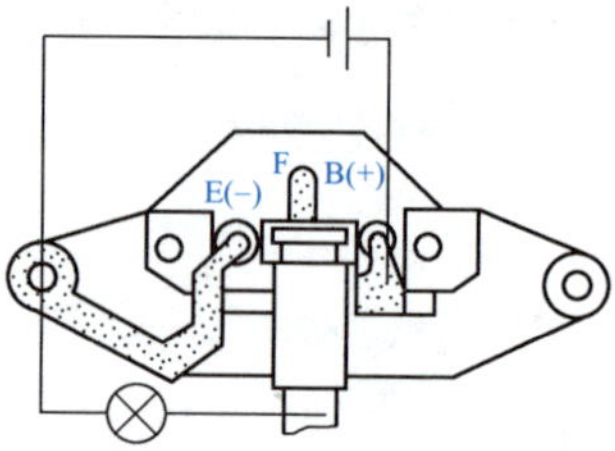

▲大众轿车电压调节器的检查

2. 丰田轿车电压调节器的检查

电压调节器外部接线桩的名称：B为发电机电枢接线，IG为点火开关接线，L为发电机充电指示灯接线，F为励磁绕组接线，P为定子线圈信号电压接线，E为电压调节器接地线。

使用可调直流电源来模拟发电机的输出电压，将电源按照发电机电路接线。下图（一）中使用试灯L（2W/12V）表示励磁线圈，调节可调电源输出电压，直到试灯L熄灭，以此来检查调节器的调节电压值是否符合要求，否则，说明调节器已经损坏。

下图（一）中P为定子线圈信号电压接线，当发电机发电时，该信号电压传给调节器IC，IC检测到该信号后，会使VT_2截止，指

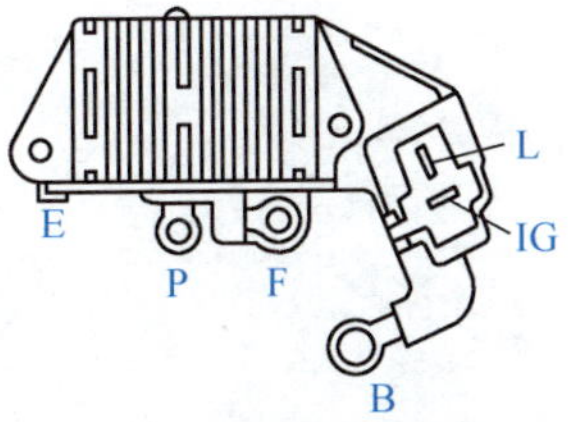

▲电压调节器外部接线桩

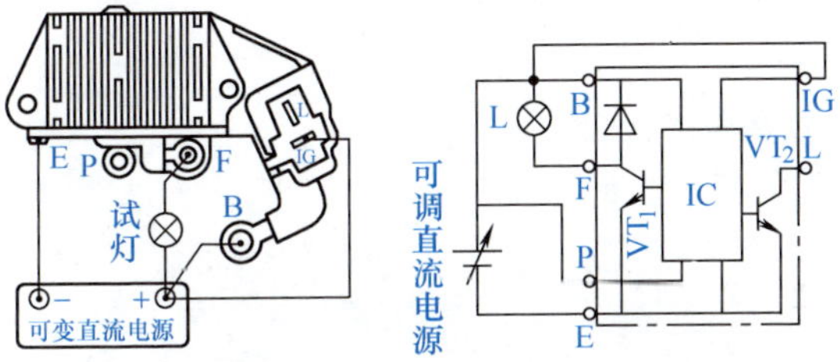

▲丰田轿车电压调节器的检查（一）

示灯熄灭，表明发电机发电。按照下图所示连接好可调直流电源和蓄电池，随后调节可调电源输出电压，输出电压为零，试灯亮；随着输出电压的升高，试灯应熄灭，否则，说明调节器已经损坏。

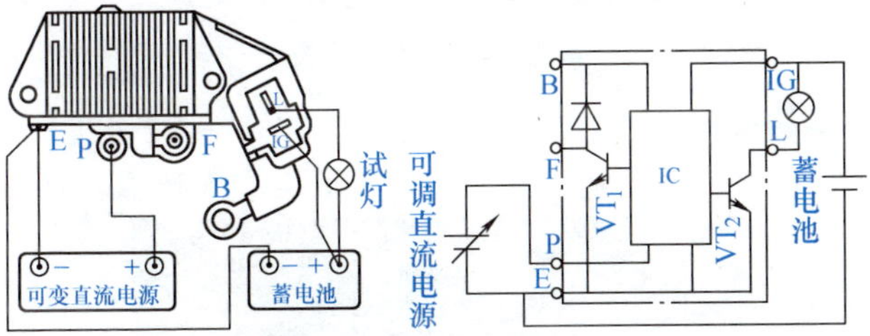

▲丰田轿车电压调节器的检查（二）

技能 17　发电机轴承、壳体、风扇的检查

1. 散热风扇的检查

金属风扇叶片应无变形现象，塑料叶片应无折断现象。

▲散热风扇的检查

2. 前、后端盖的检查

前、后端盖应无裂损和变形现象。

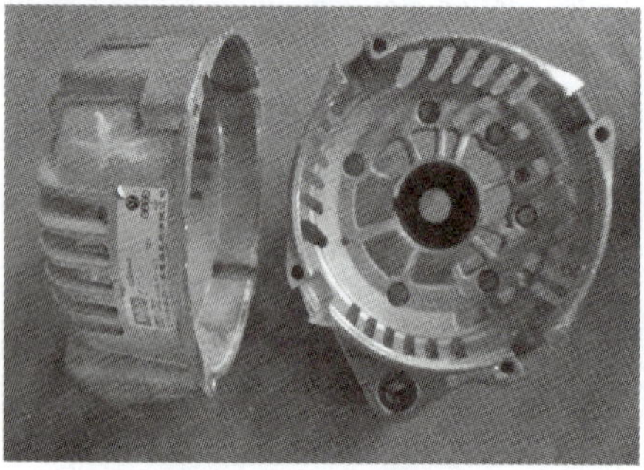

▲前、后端盖的检查

3. 轴承的检查

轴承应转动自如，无异响，滚珠和滚道均无斑点，轴向间隙和

▲轴承的检查

径向间隙均在0.20mm以内。

技能18 电源系统控制电路分析

1. 大众轿车起动机控制电路分析

（1）控制电路示意图　发电机外部接线分别是与蓄电池正极连接的B、与仪表板连接的充电指示灯接线L、与发动机ECU连接的发电机DFM信号。打开点火开关，但不起动发动机，蓄电池电压到达点火开关30接线，点火开关打至第一挡与15线接通，到达仪表板充电指示灯电路，经过电阻和充电指示灯（发光二极管），到达发电机接线L，为发电机提供（他励）励磁供电，充电指示灯点亮，表明发电机发电。起动发动机，发电机输出电压，此时发电机L接线有电压输出，使充电指示灯（发光二极管）因等电位而熄灭，表明发电机已经发电。发动机工作后发动机ECU会收到发电机向其输出的DFM信号，该信号的作用是检测发电机的负荷状况，在发电机负荷较大时控制怠速的提升。

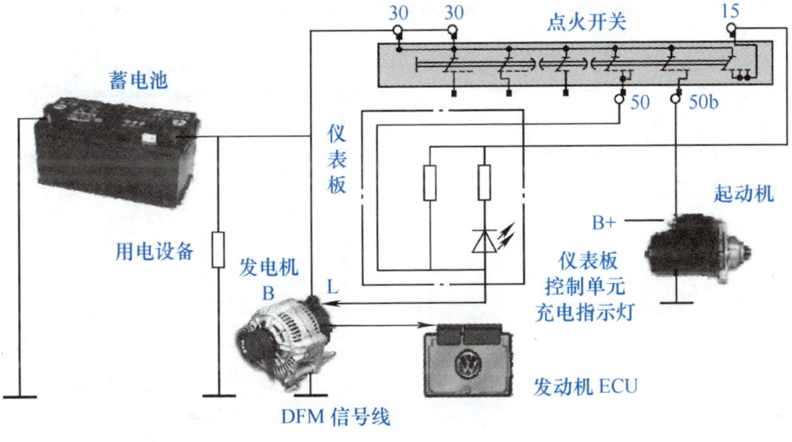

▲控制电路示意图

（2）实车电路图

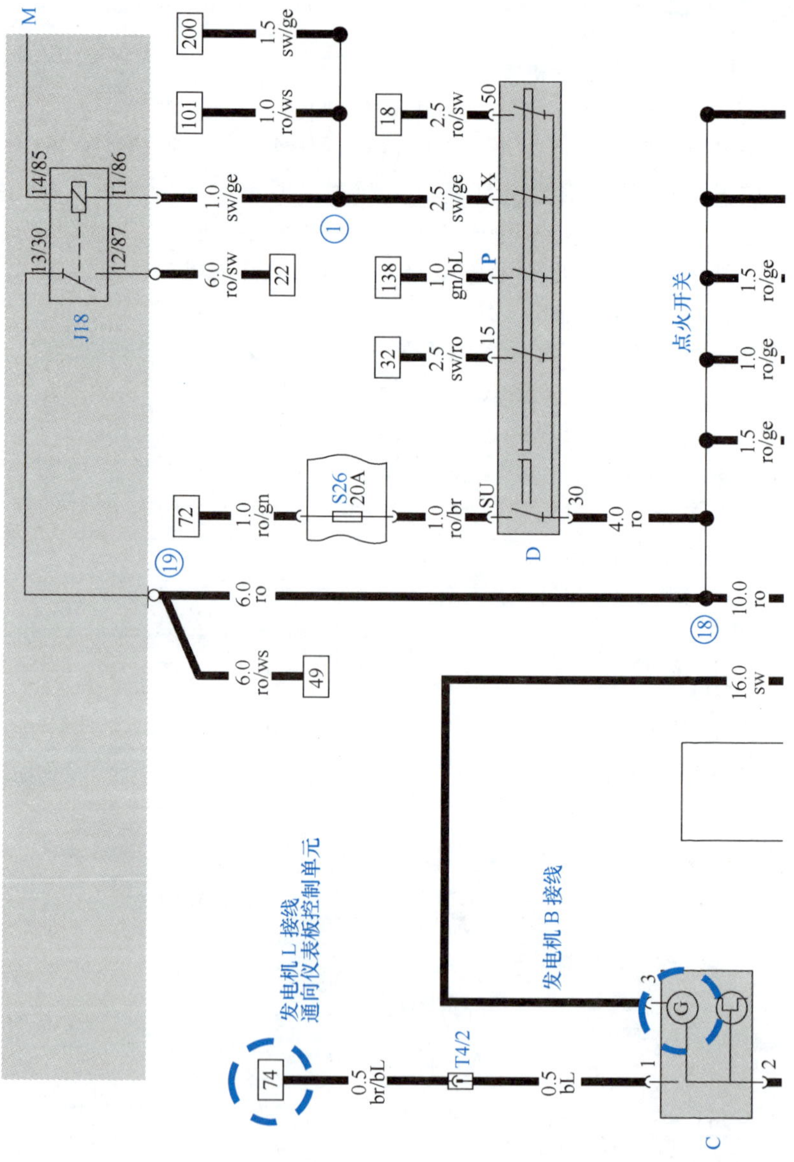
M
J18
14/85
11/86
13/30
12/87
S26
20A
D
点火开关
发电机 B 接线
发电机 L 接线
通向仪表板控制单元
T4/2
C

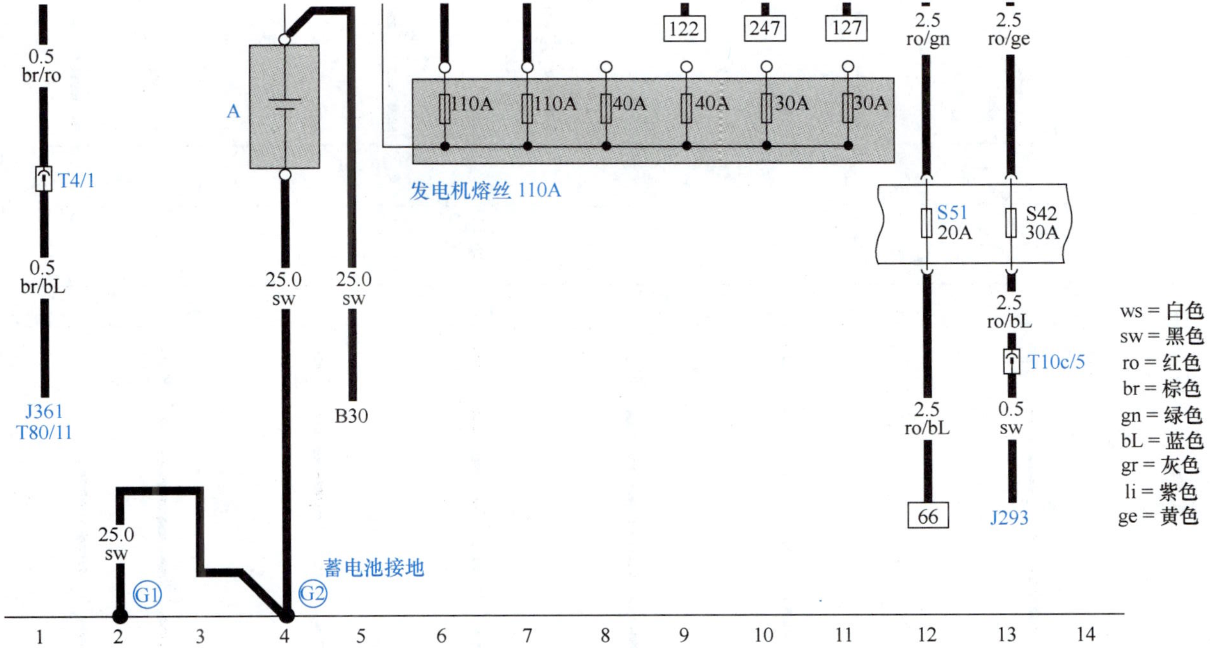

▲蓄电池、发电机、点火开关、X 卸荷继电器电路

A—蓄电池 B—起动机 C—发电机 D—点火开关 J18—X 触点卸荷继电器 J293—冷却风扇控制单元 J361—Simos 发动机控制单元 P—主熔丝盒，位于蓄电池上方 S26—熔丝支架上的 26 号熔丝 S42—熔丝支架上的 42 号熔丝 S51—熔丝支架上的 51 号熔丝 T4—4 孔插头 T10c—10 孔黑色插头，在继电器支架上 T80—80 插头连接 ①—连接，在车内线束内 ⑱—螺栓联接（30），在继电器支架上 ⑲—正极连接，在仪表线束内 Ⓖ1—接地点，蓄电池 Ⓖ2—接地线，变速器

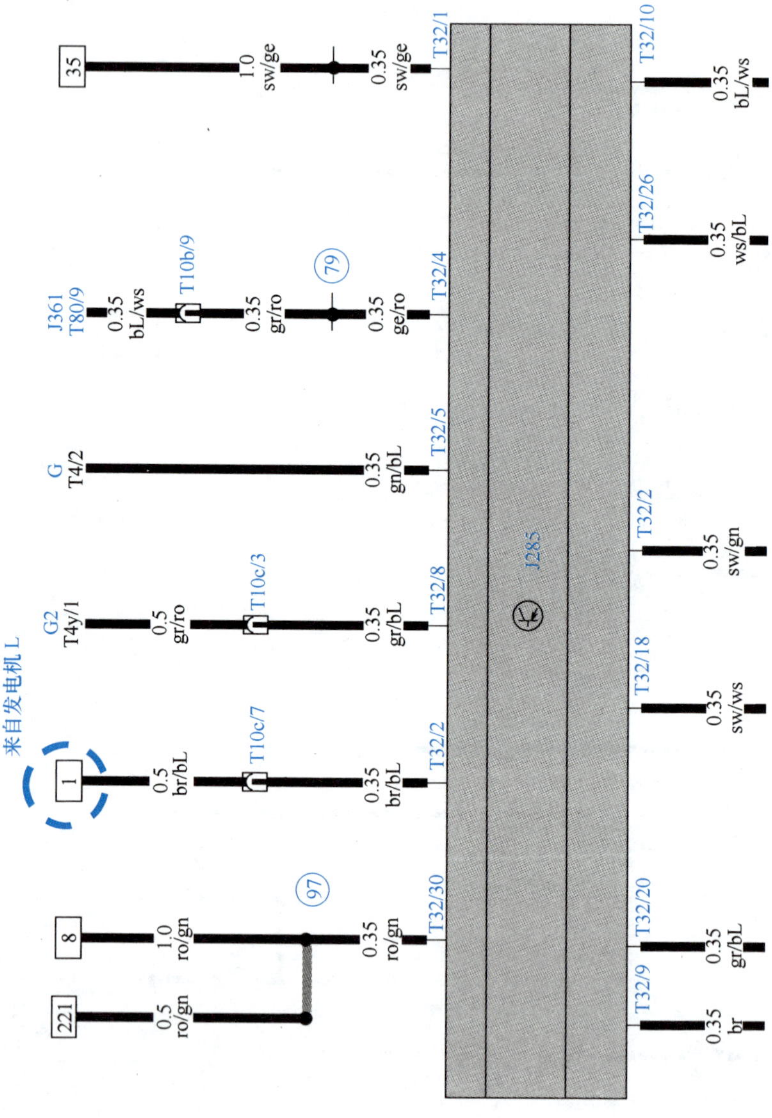
35
1.0 sw/ge
0.35 sw/ge
T32/1
T32/10
0.35 bL/ws
J361 T80/9
0.35 bL/ws
T10b/9
0.35 gr/ro
79
0.35 ge/ro
T32/4
T32/26
0.35 ws/bL
G T4/2
0.35 gn/bL
T32/5
T32/2
0.35 sw/gn
J285
G2 T4y/1
0.5 gr/ro
T10c/3
0.35 gr/bL
T32/8
T32/18
0.35 sw/ws
来自发电机L
1
0.5 br/bL
T10c/7
0.35 br/bL
T32/2
97
8
1.0 ro/gn
0.35 ro/gn
T32/30
T32/20
0.35 gr/bL
221
0.5 ro/gn
T32/9
0.35 br

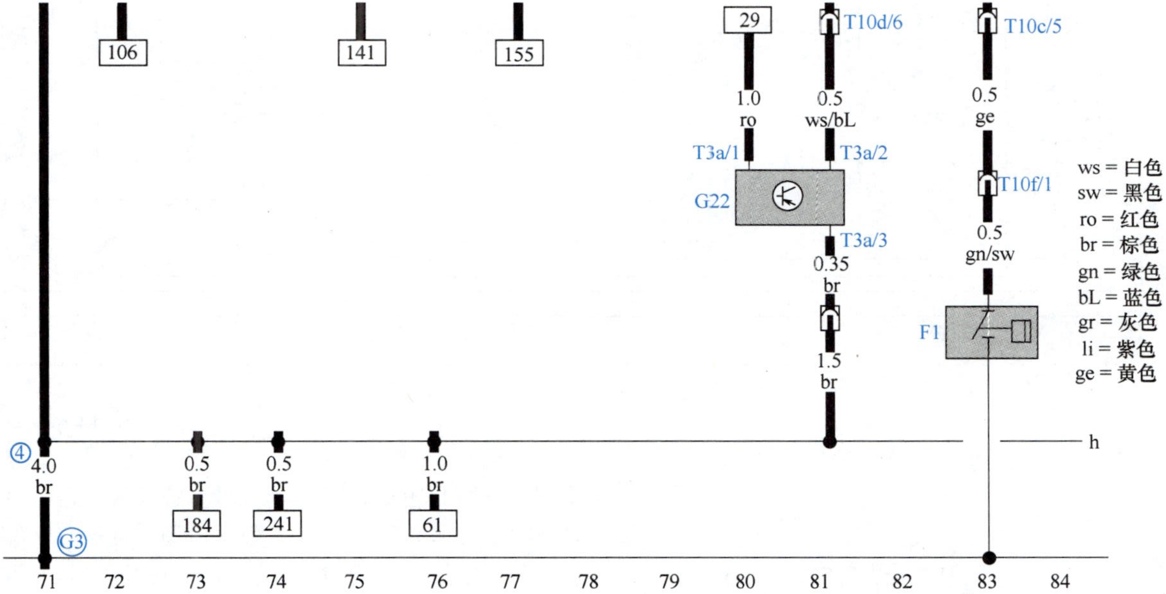

▲组合仪表、转速传感器、油压开关电路

F1—油压开关　G22—转速传感器　G—燃油存量传感器　G2—冷却液温度传感器　J285—组合仪表　J361—Simos 发动机控制单元　T3a—3 孔插头连接　T10c—10 孔黑色插头，在继电器支架上　T10b—10 孔棕色插头，在继电器支架上　T10d—10 孔红色插头，在继电器支架上　T10f—10 孔插头连接　T32—蓝色 32 孔插头，在仪表板内　T80—80 孔插头连接　④—接地连接，在车身线束内　⑲—线束连接，在仪表板线束内　⑰—正极连接，在仪表板线束内　Ⓖ3—接地点，在继电器支架旁车身处

2. 丰田轿车电源系统控制电路分析

（1）控制原理示意图　B_1 引脚为点火开关的供电端，当点火开关打至第一挡时，B_1 与 IG_1 相连通，IG_1 通过充电指示灯到达发电机 L 引脚，通过 10A 熔丝到达发电机 IG_2 引脚，为发电机调节器供电。S 为蓄电池电压检测线，之前分析的大众电源系统为发电机电压检测，所以没有该线。在发动机起动后，发电机电压调节器控制 L 引脚高电位，使充电指示灯熄灭，表明发电机发电；当发电机 B 输出端断路时，电压调节器检测到 S 引脚电位低，使充电指示灯点亮，示意系统有故障。

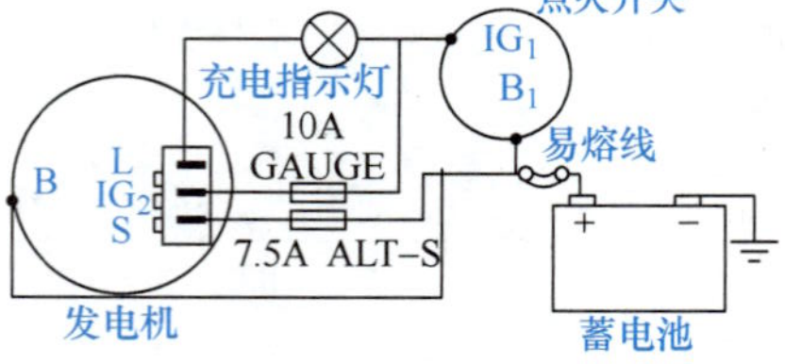

▲控制原理示意图

（2）实车电路图

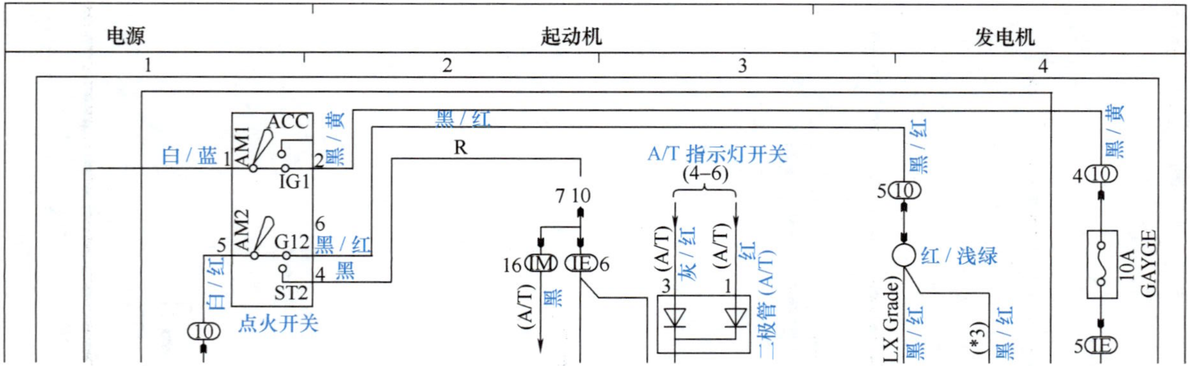

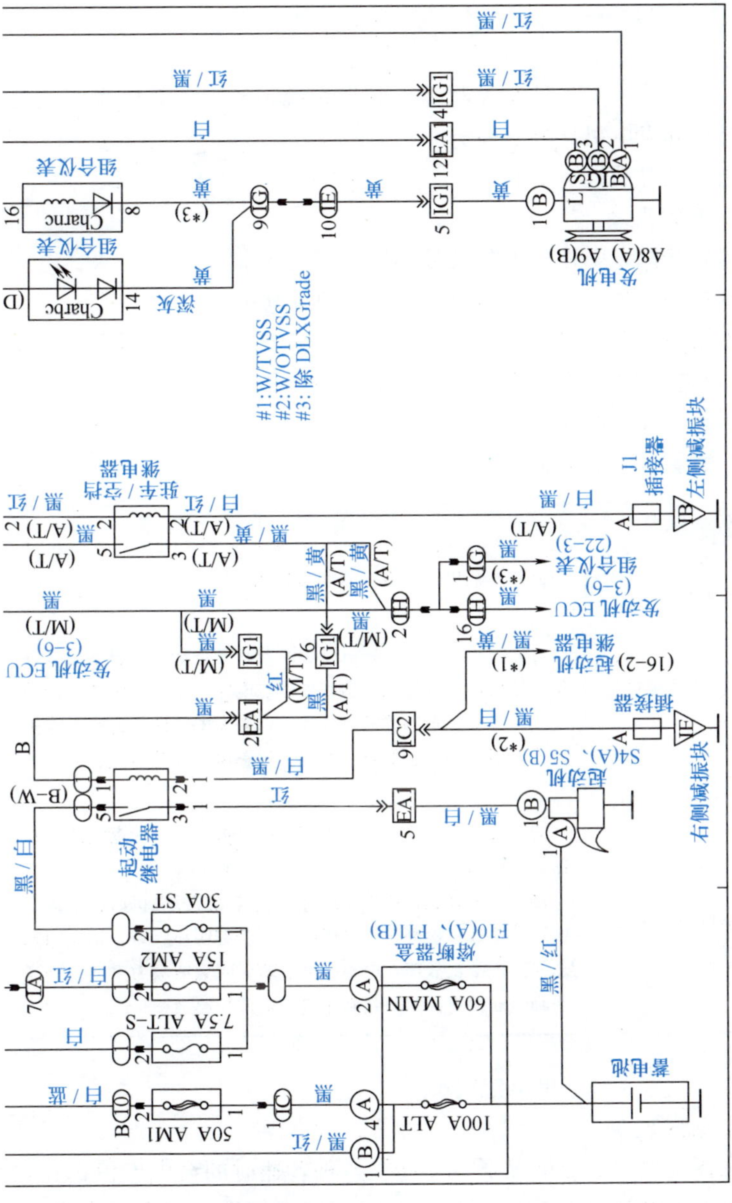
发电机
蓄电池
熔断器盒
F10(A)、F11(B)
100A ALT
60A MAIN
50A AM1
7.5A ALT-S
15A AM2
30A ST
起动继电器
起动机
S4(A)、S5(B)
组合仪表
发动机 ECU
驻车/空挡继电器
插接器
右侧减振块
左侧减振块
A8(A) A9(B)
#1:W/TVSS
#2:W/OTVSS
#3:除 DLXGrade

▲实车电路图

技能19　电源系统常见故障的诊断与排除

汽车交流发电机的常见故障有充电系统不充电、充电系统充电电流过小和发电机异响三种。

一、充电系统不充电

1. 故障现象

当发动机以中速以上的速度运转时，充电指示灯不熄灭，电压表指示在13V以下，汽车蓄电池处于长期亏电状态。

如果该汽车没有电流表或电压表，仅有充电指示，则应该使用30～50A电流表进行验证，并测量输出电压值，测量时可将其串接在总熔断器或易熔线插接处。

2. 故障原因及排除方法

故障原因	排除方法
发电机传动带太松或沾油打滑	调整发电机传动带张紧度，清除油污
发电机励磁回路不通	首先检查发电机励磁电路熔断器有无烧断、接触不良等现象，然后再用试灯依次检查外励磁电路连线和电压调节器的接线是否存在短路和断路故障；检查发电机内部电刷是否折断，励磁线圈是否短路或断路；检查电压调节器是否损坏
发电机不能发电	清洁发电机各接线柱，检查导线是否松脱，检查线路熔断器是否烧断 接通点火开关，用锯条或螺钉旋具靠近发电机后轴承盖或传动带轮处，探测转子电磁吸力，若有明显吸力，则说明励磁回路正常，故障在电枢回路；若无吸力或吸力微弱，则说明励磁回路有断路、接触不良或局部短路故障

二、充电系统充电电流过小

1. 故障现象

在蓄电池亏电的情况下，发动机各种转速时的充电电流都比较小，或者蓄电池经常存电不足，前照灯灯光偏暗，电喇叭声音小，起动机运转缓慢无力。

2. 故障原因及排除方法

故障原因	排除方法
充电线路接触不良，接触电阻大	检查蓄电池接线柱是否松动，是否有大量氧化物；检查发电机与蓄电池之间的线路是否接触不良或断路
发电机传动带打滑，发电机转速过低	检查传动带是否过松，传动带是否沾油打滑，清洁发电机接线柱，查看接线是否可靠
个别二极管损坏	对发电机进行不解体检查
集电环脏污或损坏，电刷与集电环接触不良，导致励磁电流过小	检查集电环是否损坏，检查电刷是否与集电环接触不良或接触压力过小，检查电刷架是否损坏
发电机定子绕组连接不良，有短路或断路故障；转子绕组局部短路	测量定子绕组阻值，检查定子绕组是否搭铁短路；检查转子绕组的电阻值以及转子绕组的与转子轴之间是否搭铁短路
电压调节器故障	在确保发电机外电路正常的情况下，如果充电电流小，则可以进行电压调节器试验，观察其调节电压值是否正常

三、发电机异响

1. 故障现象

发电机工作时有异响，出现“吱吱”声或“哗哗”声，随着转速的升高，响声越加明显。

2. 故障原因及排除方法

故障原因	排除方法
发电机传动带打滑	检查发电机传动带的张紧度；检查发电机传动带上是否有污物，检查发电机传动带是否老化
发电机轴承损坏	起动发动机后，用听诊器进行外部听诊，判断异响的规律以及出现的部位；在确定是轴承异响后，可将发电机从车上拆下，将其分解检查后更换

典型故障案例分析

故障现象：一辆2007年捷达伙伴轿车出现充电指示灯常亮故障，驾驶人反映发动机起动困难。

故障分析：根据电路图分析，该车在起动和发动机转速较低时，由蓄电池通过仪表板的充电指示灯电路供电，当发电机输出电压超过蓄电池电压时，充电指示灯因等电位而熄灭，表明充电系统正常，而该车发动机正常运行后充电指示灯常亮，说明充电系统有故障。

故障诊断：不起动发动机检查蓄电池电压，为12.35V，起动发动机，重新检查蓄电池电压，为11.50V，说明发电机及其线路有故障而导致不发电。对发电机至蓄电池线路检查，正常，拔下D插头，使用电压表测量其电压，电压值正常，怀疑故障在发电机内部。随后将发电机拆下，首先进行不解体检查，阻值正常，判定整流二极管没问题，然后将发电机解体，目视检查电刷及电刷架，无损坏现象，测量励磁绕组阻值，正常，检查定子绕组阻值，正常，使用可调直流电源对电压调节器进行检查，发现电压调节器不工作，更换电压调节器后故障消失，起动发动机后指示灯熄灭。

故障排除总结：充电指示灯是唯一向驾驶人提示电源系统是否正常的信息。当指示灯点亮时，通过初步判断，应首先确定是发电机内部故障、发电机外部线路故障，还是仪表板指示灯故障，要先外后内，先简后繁，切不可盲目拆卸、盲目判断。最好根据电路原理来诊断，因为不同车型的充电指示灯的控制是有区别的。

第 4 章

起动系统的维修

技能 20　认识起动系统的组成与工作原理

1. 起动机的作用

起动机的作用就是起动发动机，让熄火后静止的发动机重新运转，而在发动机运转之后便立即停止工作。现在汽车广泛使用电力起动机，因其具有休积小、质量轻便、可靠性高、操作便捷和起动时间短等优点。

2. 起动机的类型

（1）按电动机的类型分类

名称	图　示	说　明
永磁式起动机	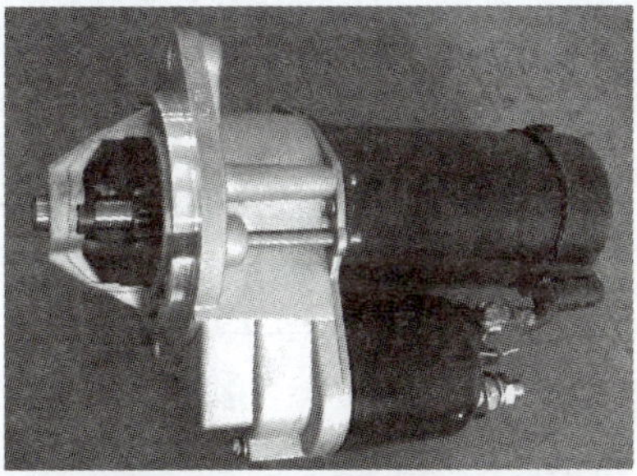	定子使用永久磁铁产生磁场
励磁式起动机		定子使用励磁绕组产生磁场

（2）按操作方式分类　根据其操作方式的不同分为直接操纵式，即使用脚踏或手拉杠杆的方式直接控制起动机的主电源电路，但是其因操作不便已被淘汰，现在广泛使用的是电磁操纵式。

名称	图　示	说　明
电磁操纵式		广泛使用，操作简单轻便，易于控制
直接控制电磁操纵式	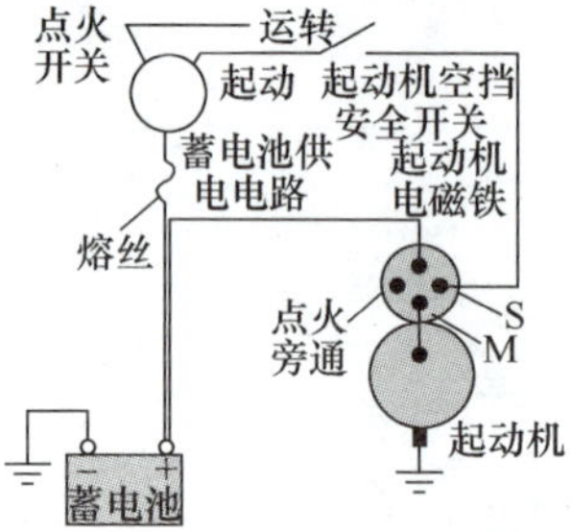	当点火开关打到起动的一瞬间，接通蓄电池到起动机电磁开关（电磁铁）的电路，电流从蓄电池流经熔丝，经过点火开关到达起动机电磁开关，电磁开关动作，在接通主电路的同时，通过驱动杆使驱动齿轮与飞轮啮合
起动继电器控制电磁操纵式	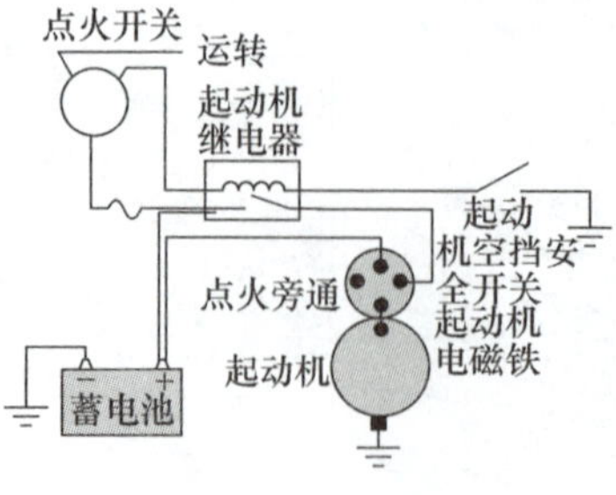	与直接控制电磁操纵式不同的是在点火开关与电磁开关之间加入了一个继电器，因此便增加了一个继电器回路，在点火开关打到起动的一瞬间，给继电器线圈供电，继电器吸合，接通蓄电池到起动机电磁开关（电磁铁）的电路，电流从蓄电池流经继电器触点到达起动机电磁开关，电磁开关动作，起动机工作

(3) 按传动机构的不同分类

名称	图　示	说　明
强制啮合式	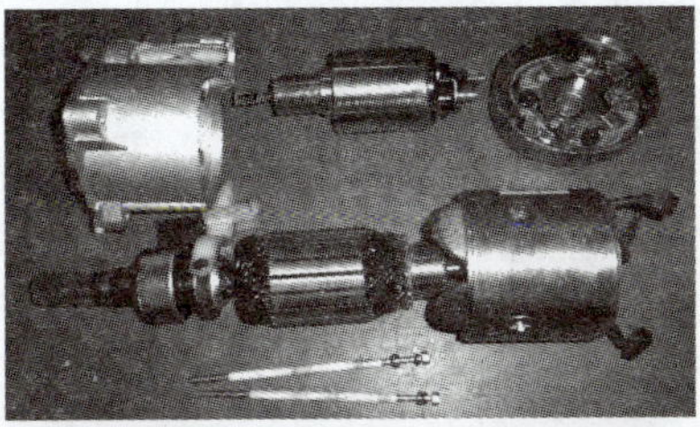	动作可靠、结构简单、操作方便，目前广泛使用这种结构
减速式起动机		体积小、质量轻，并且便于安装；提高了起动转矩，有利于发动机起动。根据其结构的不同又分为内啮合和外啮合两种

3. 起动机的组成

起动机主要由起动机壳体、直流电动机、电刷、电磁开关和驱动齿轮组成。

名称	图　示	说　明
直流电动机	 	产生电磁转矩，通过驱动齿轮带动飞轮旋转，由电枢轴、电枢绕组、励磁绕组（永久磁铁）、电刷架组成

（续）

名称	图　示	说　明
减速机构（减速式起动机）		降速增扭，缩小起动机体积，增大起动力矩
电磁开关		接通直流电动机供电电路，并使驱动齿轮与飞轮齿轮啮合
驱动齿轮和单向离合器		驱动齿轮用于驱动发动机飞轮；单向离合器则在发动机起动后使驱动齿轮单向滑转，避免因飞轮反向带动驱动齿轮而损坏直流电动机。现代轿车单向离合器多用滚柱式
起动机壳体和端盖		起动机的壳体用于安装电磁开关和直流电动机，并保证防尘和散热

4. 起动机的工作原理

电动机工作时，电流通过电刷和换向器流入电枢绕组，换向片

E 与正电刷 B 接触，换向片 F 与负电刷 A 接触，线框从 E 算起顺时针顺序为 *abcd*，电流方向也沿着这样的顺序流动，根据左手定则，在线框中产生了顺时针转动的力矩。当线框转动到 E 与 A 接触，E 与 B 接触时电流方向相反，但是线框的转动方向不变，因为转动力矩的方向没有繁盛改变，此时继续沿着刚才的方向连续运转。线框就是起动机中的电枢。这样起动机便工作了。

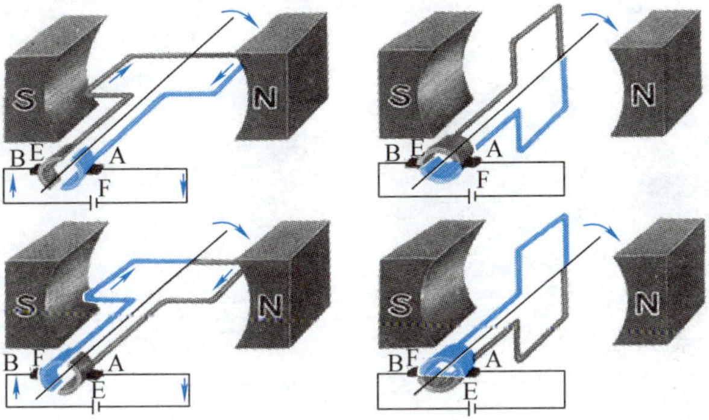

▲起动机的工作原理

A、B—电刷　E、F—换向器

技能 21　起动机车上拆装

1. 起动机的车上拆卸（以丰田卡罗拉车型为例，具体车型可能有所区别）

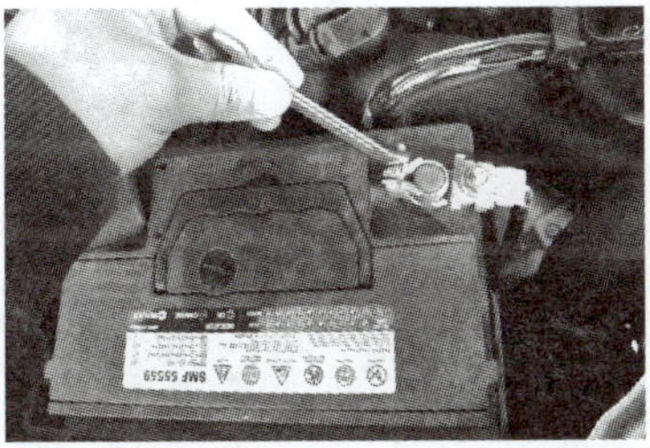

1. 拆下蓄电池负极。拆卸前应注意音响密码是否保存

2. 拆下进气总管上的曲轴箱通气管

3. 使用十字槽螺钉旋具拆下节气门总成上的进气总管

4. 拆下空气滤清器一侧的进气总管，并取下进气总管

5. 拆下起动机固定螺栓（在发动机后侧，变速器左上方）

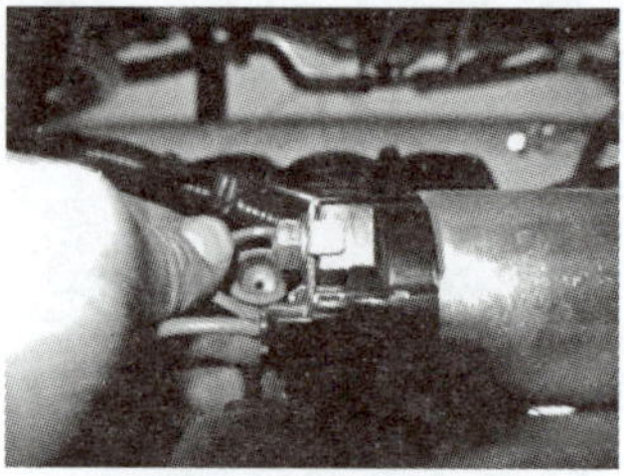

6. 拨开起动机电源接线柱的防护套

7. 拆下起动机电源线的固定螺栓，并拆下起动机电源线（30 线）

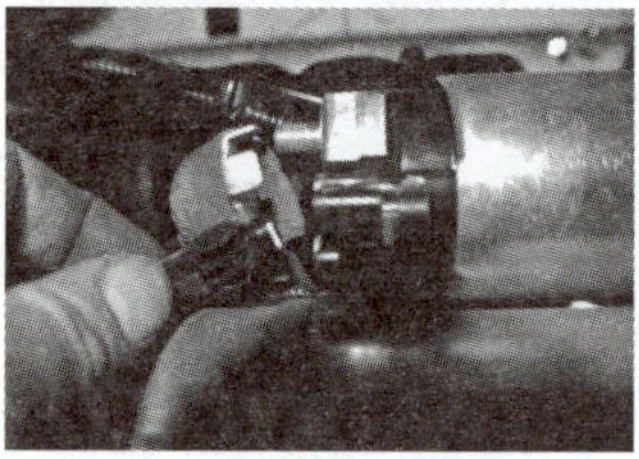

8. 拔下起动机电磁开关插头（50 线）

9. 拆下起动机固定螺栓（在发动机下方，变速器左前侧），将起动机向前方拉动，取下起动机

2. 起动机的车上安装

起动机车上安装顺序与拆卸顺序相反，在此不再赘述。

注意事项

1）在断开蓄电池前，如果汽车音响带有密码功能，则应保留好汽车音响的密码。

2）起动机应在车下进行运行试验，合格后再进行车上安装。

3）在起动机安装完毕后，应对记录的收音机电台和座椅记忆进行恢复。

4）若有必要则在安装起动机后，需对发动机系统进行基本设定。

5）安装时螺栓应按规定力矩拧紧，起动机壳体与变速器壳体螺栓的拧紧力矩为37N·m，端子 30 的拧紧力矩为9.8N·m。

技能 22　起动机的解体

在对起动机进行维护或者起动机出现故障时，需对起动机进行解体。

1. 拆下电磁开关上的电源线固定螺栓

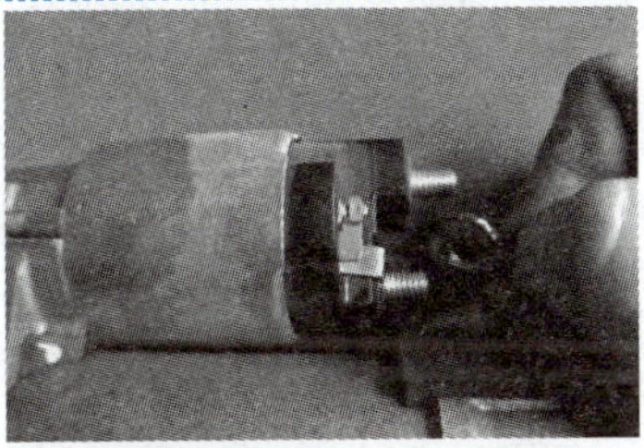

2. 拔下电源线

3. 拆卸起动机电磁开关固定螺栓（共两颗）

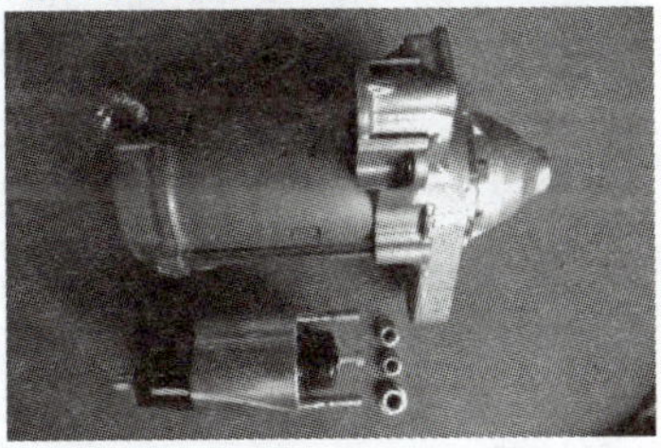

4. 将电磁开关向上提起，然后向后拉动，以便松开挂钩，取下电磁开关

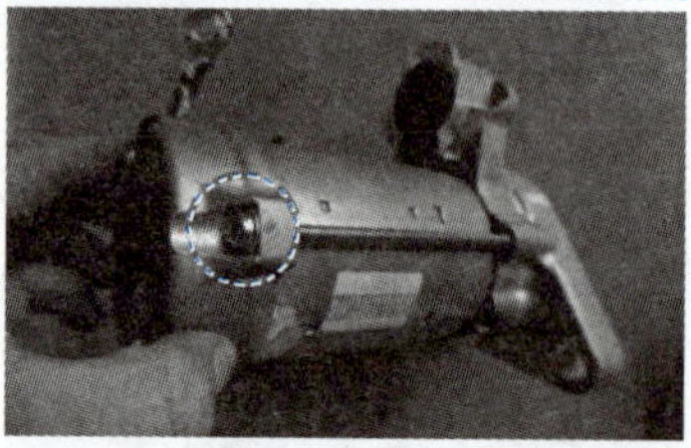

5. 拆下起动机后端盖螺栓（共两颗）

6. 慢慢向后拉动后端盖，并取下电刷架

7. 向后拉动电枢总成，将其取下

8. 拆下起动机磁轭总成

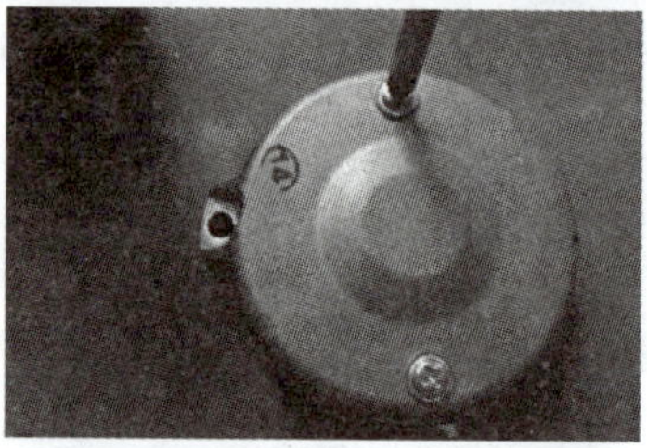

9. 拆下电刷架端盖上的两颗螺钉

10. 取下电刷支架

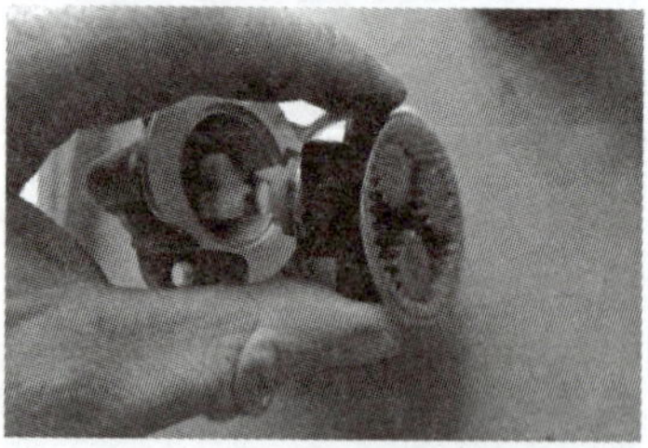

11. 拆下起动机前驱动端壳体的橡胶密封件，并将行星齿轮拆下

12. 将起动机中间轴承离合器分总成从起动机前驱动端壳体上拆下，并取出塑料驱动杆

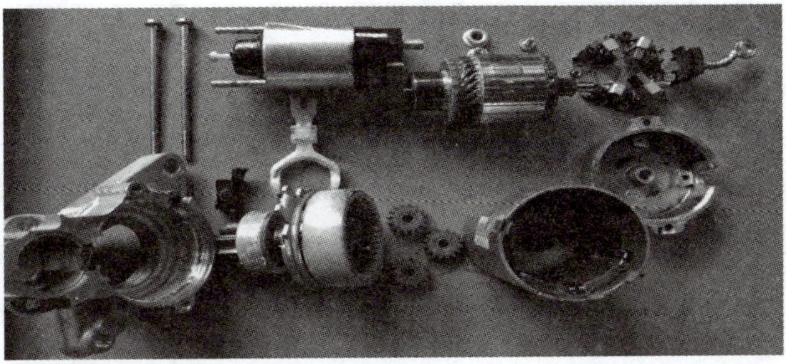

13. 起动机分解完毕

技能 23　起动机的检查

检查项目及技术要求	图　　示
1. 励磁绕组断路的检查 使用万用表欧姆挡测量 C 线与电刷之间以及电刷与电刷之间的电阻值，规定状态为小于 1Ω	
2. 励磁绕组搭铁的检查 检查励磁绕组是否与搭铁短路：使用万用表欧姆挡测量电刷和励磁绕组壳体的电阻值，规定状态为 10KΩ 或更大	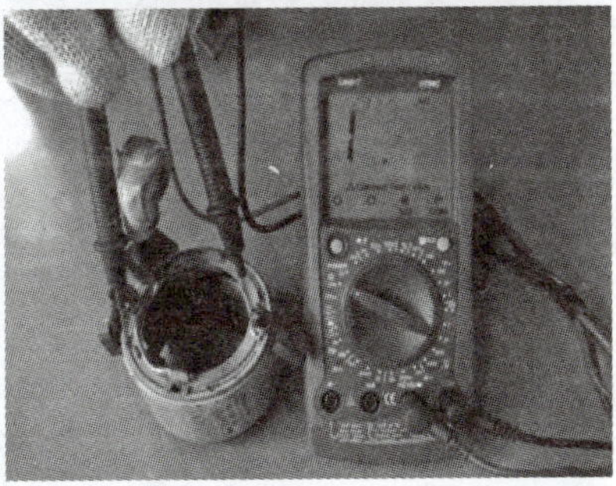

（续）

检查项目及技术要求	图　　示
3. 电枢绕组阻值的检查 检查换向器是否断路：使用万用表欧姆挡测量换向器片间的电阻值，规定状态为小于 1Ω	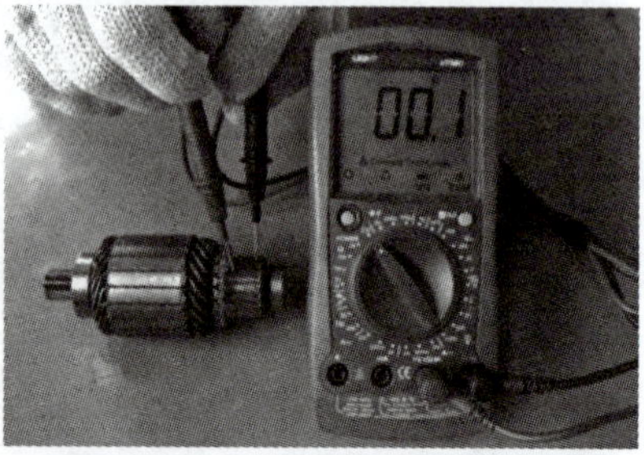
4. 电枢绕组搭铁的检查 检查换向器是否对搭铁短路：使用万用表欧姆挡测量换向器和电枢铁心的电阻值，规定状态为 10KΩ 或更大	
5. 换向器的检查 检查换向器表面是否脏污或烧坏，若轻微，可用砂纸（400 号）或在车床上修复表面。用游标卡尺测量换向器直径，标准直径为 29mm，最小直径为 28mm（丰田卡罗拉车型，仅供参考，其他车型具体参见维修手册），如果直径小于最小值，则应更换电枢总成	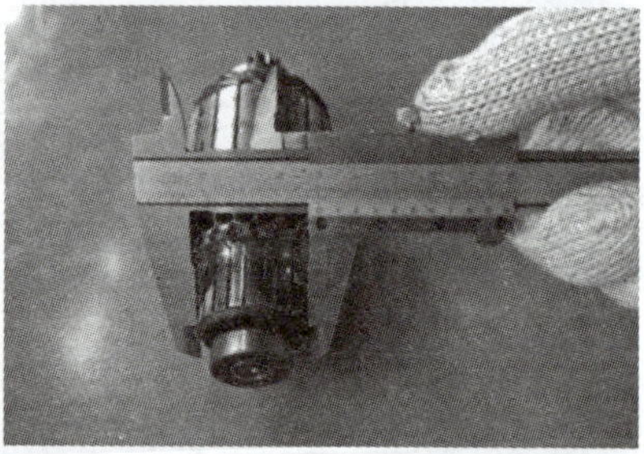
6. 电刷的检查 检查起动机电刷架总成，拆下弹簧卡爪，然后拆下 4 个电刷，用游标卡尺测量电刷长度，标准长度为 14mm，最小长度为 9mm。如果测量值小于最小长度，则应更换起动机电刷架总成	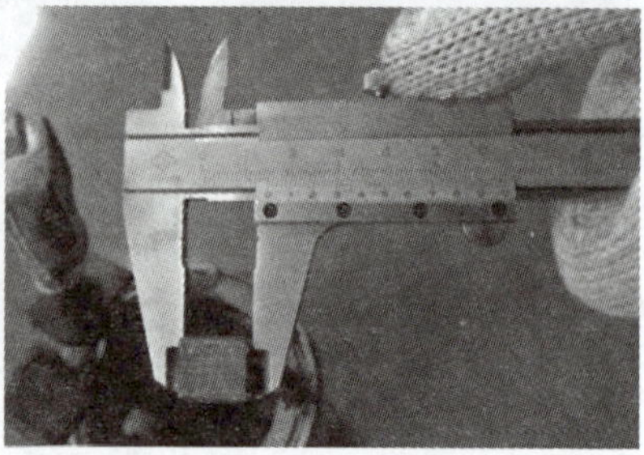

（续）

检查项目及技术要求	图　　示
7. 电刷架的检查 检查起动机搭铁电刷是否断路，规定状态为 1Ω 或更小	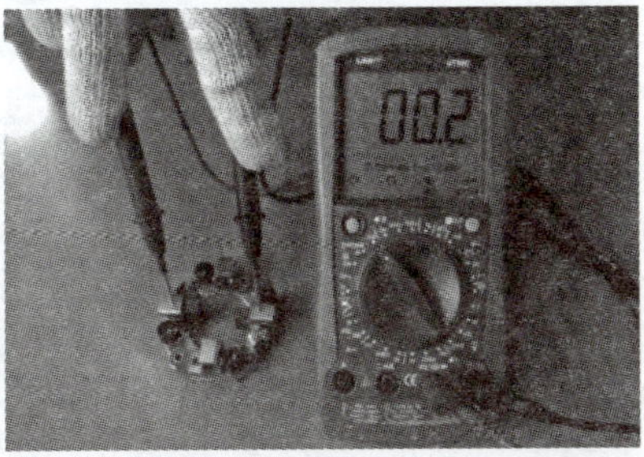
8. 电刷架的检查 检查起动机励磁电刷与搭铁电刷是否短路，规定状态为 10kΩ 或更大	
9. 单向离合器的检查 检查起动机电磁离合器：顺时针转动离合器小齿轮，检查并确认其能否自由转动。尝试逆时针转动离合器小齿轮，检查并确认其锁止情况，若有必要，则更换起动机单向离合器总成	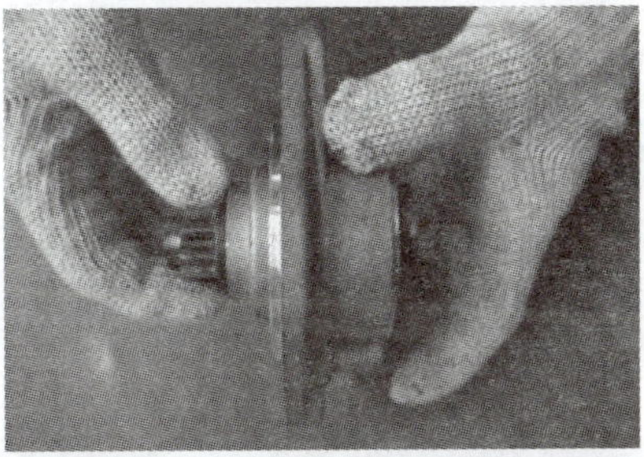
10. 电磁开关吸引线圈的检查 检查吸引线圈是否断路：使用万用表欧姆挡检查 50 接线柱（带插头）与接线柱 C（螺栓）之间的电阻值，规定状态为小于 1Ω	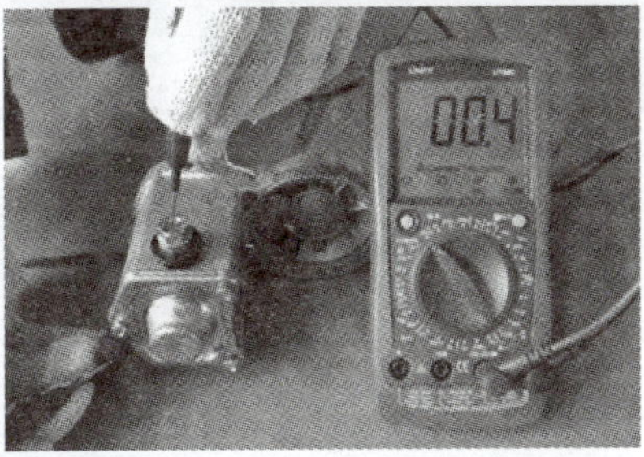

（续）

检查项目及技术要求	图　　示
11. 电磁开关保持线圈的检查 检查保持线圈是否断路：使用万用表欧姆挡检查 50 接线柱（带插头）与电磁开关壳体之间的电阻值，规定状态为小于 1Ω	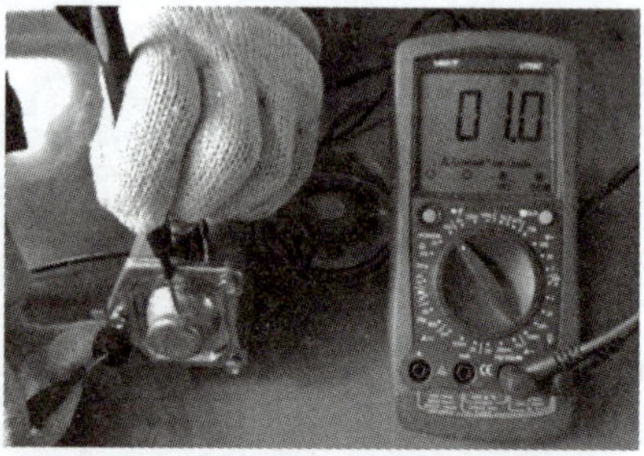
12. 起动机减速齿轮及轴承的检查 检查减速齿轮和轴承是否磨损并损坏，如果有损坏，则更换减速齿轮或轴承	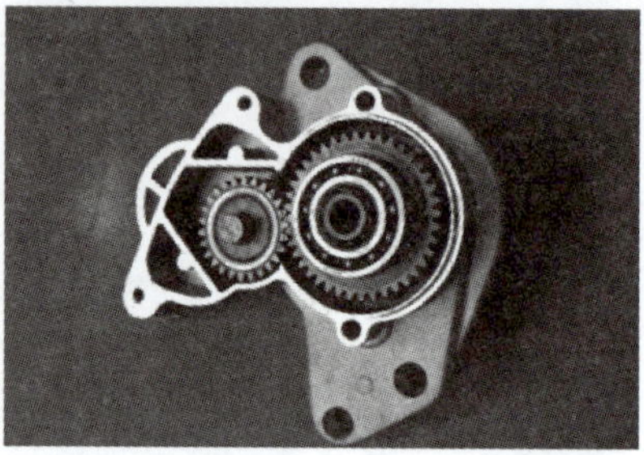

技能 24　起动机的组装

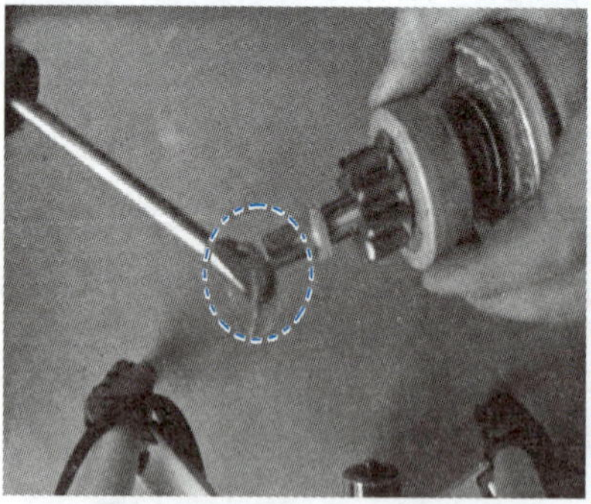

1. 在安装电枢轴前，应在电枢轴前端涂抹一定的润滑脂

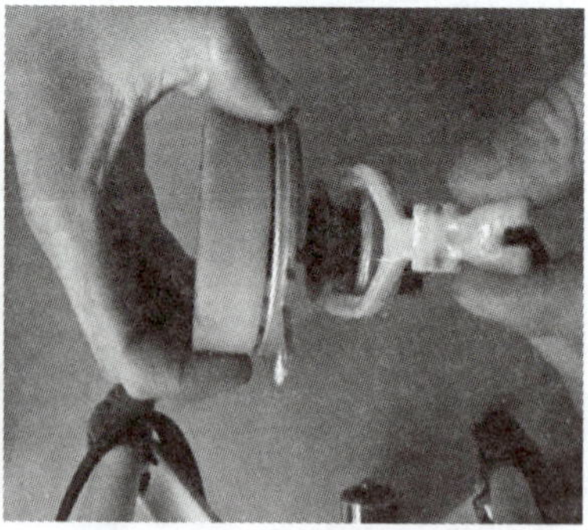

2. 安装起动机小齿轮驱动杆

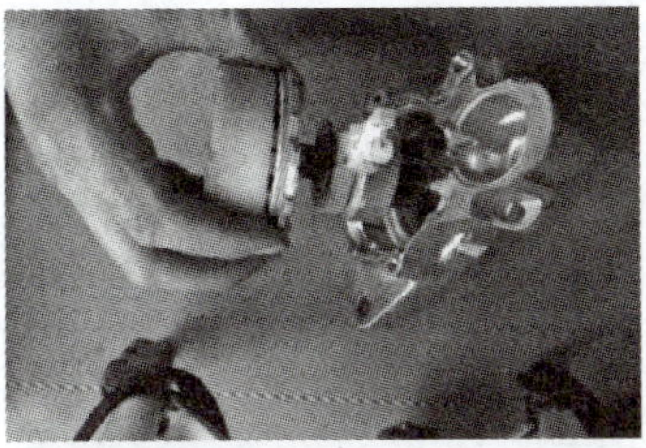

3. 将驱动齿轮单向离合器总成安装到起动机驱动端壳体总成上

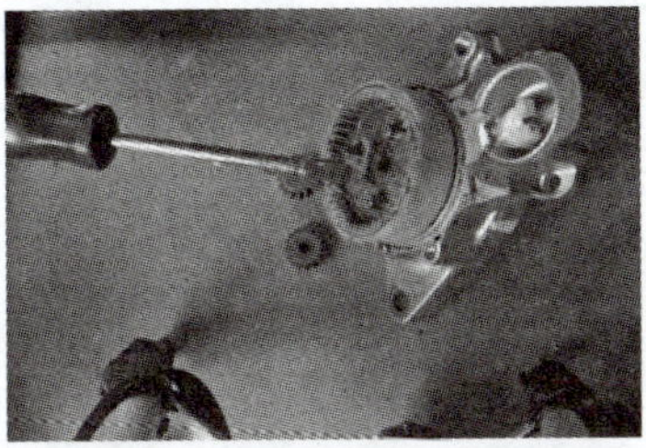

4. 在减速内齿轮上涂抹一定量的润滑脂

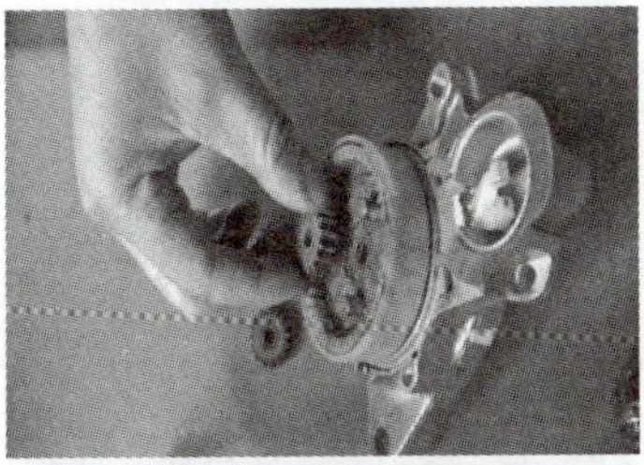

5. 将三个减速小齿轮安装到位

6. 安装后轻轻转动确保其安装到位

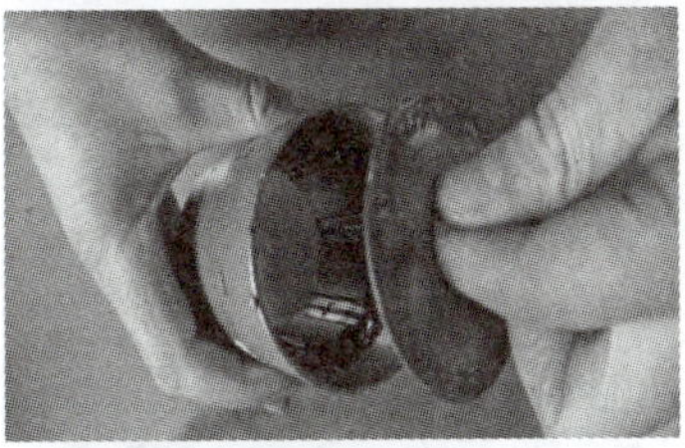

7. 安装起动机电枢板

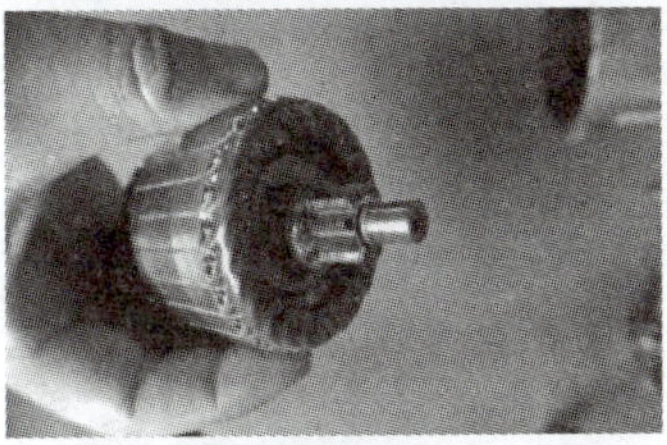

8. 在起动机电枢轴前端涂抹一定量的润滑脂

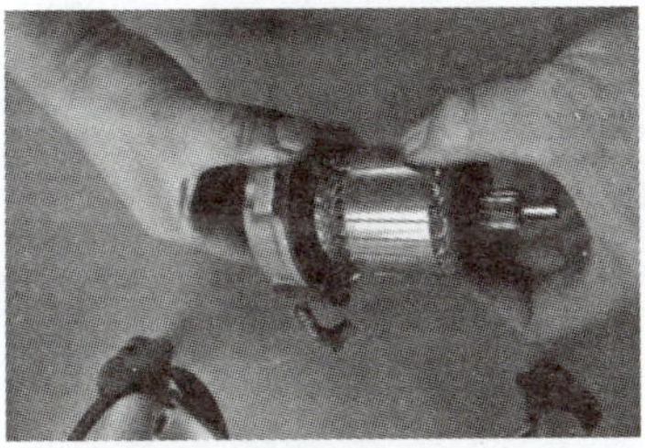

9. 将电刷架安装到换向器上

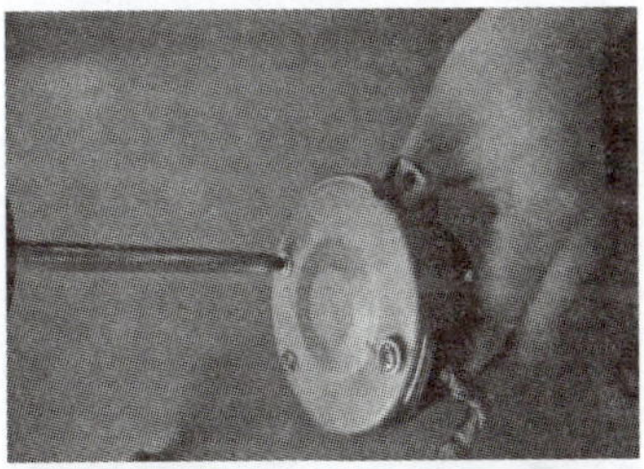

10. 将电刷架固定到起动机后端壳体上，拧紧两颗固定螺钉（拧紧力矩为1.5N·m）

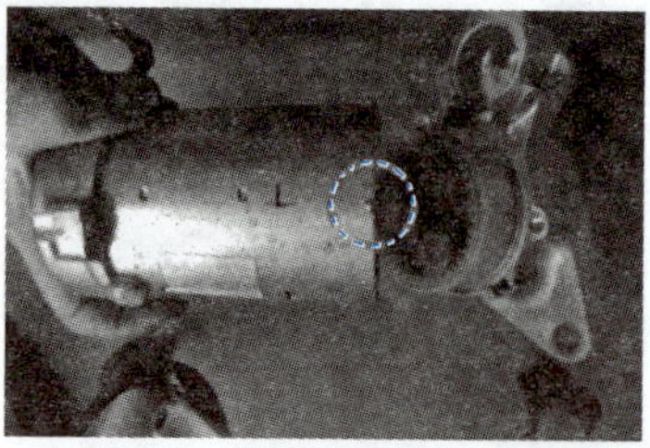

11. 将起动机后端壳体上的橡胶件对准起动机磁轭总成的凹槽，将带电刷架的起动机电枢安装到起动机磁轭总成上

12. 将橡胶密封件安装到起动机前驱动端壳体上

13. 将起动机磁轭键对准位于起动机驱动端壳体总成上的键槽

14. 用两颗螺栓固定起动机磁轭总成（拧紧力矩为6.0N·m）

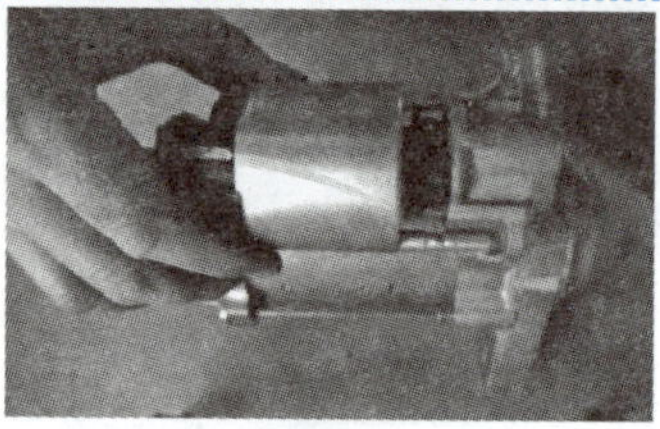

15. 安装磁力起动机开关总成，将电磁开关总成的铁心从上侧结合到驱动杆上

16. 用两个螺母安装电磁开关总成（拧紧力矩为7.5N·m）

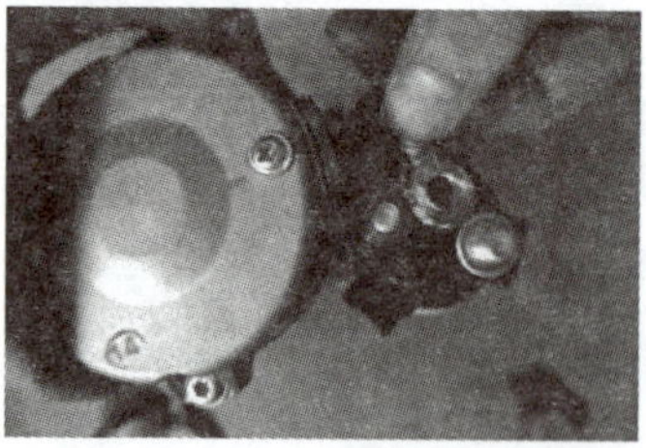

17. 安装端子C并用螺母固定（拧紧力矩为10N·m）

18. 起动机安装完毕

注意事项

1）螺栓应该按照维修手册的规定力矩拧紧。

2）如果起动机是永磁起动机，则在安装电枢轴时应避免磁力吸引而碰坏永久磁铁。

3）电枢绕组不可用有机溶液清洗，可用干抹布除污。

技能 25　起动机的空载试验和正确使用

1. 起动机的空载试验

在装复起动机后，为了确保其能够正常工作，应进行一次空载试验。空载试验时，应将起动机夹持在夹具或台虎钳上，以避免起动机壳体发生转动。按照下图所示将起动机线路连接好：蓄电池正极与起动机 30 端子相连接；起动机壳体与蓄电池负极相连接；将一根导线的一端与 50 端子相连接，另一端与蓄电池正极接触，观察起动机转速是否正常，转动时是否有异响，从而初步确认起动机工作状况是否正常。若条件具备，则可检查其空载试验的工作电流，便可准确得知其电枢绕组、磁场绕组的工作情况。

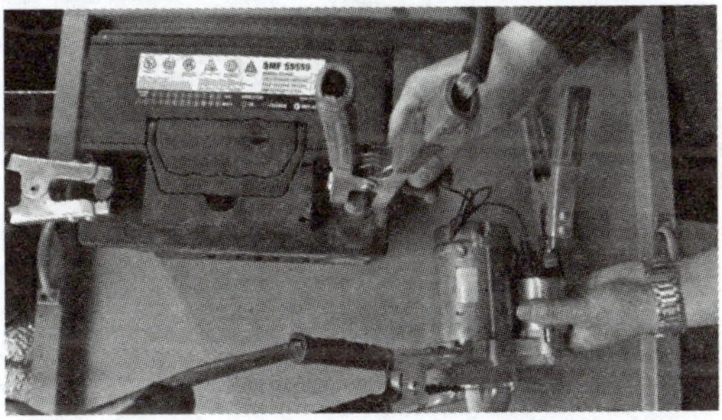

▲起动机的空载试验

2. 起动机的正确使用

1）使用起动机时每次起动时间不得超过 5s，再次起动时应停止 2min，以使蓄电池得到恢复。如果连续起动三次，则应在检查和排除不能起动故障的基础上停歇 15min 以后进行。

2）冬季蓄电池受温度影响，其容量将下降，为了确保冬季起动顺利，应定期检查蓄电池的容量和性能。

3）在发动机起动后，应迅速松开点火开关，使起动机停止工作，避免起动机损坏。

4）起动机应定期保养，一般一年进行一次解体保养，以确保其能够正常工作，避免因维护不当而导致早期损坏。

技能 26　起动系统电路分析

1. 大众捷达轿车起动机控制电路分析

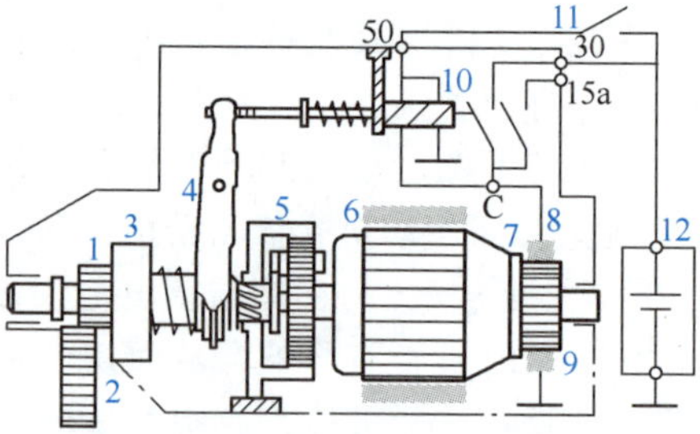

▲捷达减速起动机控制电路分析

1—驱动齿轮　2—飞轮齿圈　3—滚柱单向离合器　4—拨叉　5—行星齿轮减速装置　6—永久磁铁　7—电枢　8—正电刷　9—负电刷　10—电磁开关　11—点火开关　12—蓄电池

工作过程如下：

（1）起动机起动时　接通点火开关，电磁开关线圈电路接通，当点火开关转到起动位置时，起动机电磁开关吸引线圈和保持线圈的电路接通。吸引线圈电流电路为：蓄电池正极→点火开关→起动机“50”端子→电磁开关的吸引线圈→起动机“C”端子→正电刷→电枢线圈→负电刷→搭铁→蓄电池负极。保持线圈电流电路为：蓄电池正极→点火开关→起动机“50”端子→电磁开关的保持线圈→搭铁→蓄电池负极。

（2）发动机起动过程中　在拨叉下端拨动离合器向左移动的同时，活动铁心克服复位弹簧的弹力推动触盘及触盘推杆向右移动。当驱动齿轮与飞轮齿圈接近完全啮合时，触盘将起动机“30”端子与“C”端子接通，使起动机主电路接通。其电路为：蓄电池正极→

起动机“30”端子→起动机开关触盘→起动机“C”端子→正电刷→电枢线圈→负电刷→搭铁→蓄电池负极。

电枢轴上的转矩经行星齿轮减速装置减速增矩，并使单向离合器驱动齿轮上的驱动转矩超过发动机阻力矩时，便驱动飞轮旋转，使发动机起动。

（3）发动机起动后 在发动机起动后松开点火钥匙，点火开关将自动转回一个角度并切断开关电路，吸引线圈电流方向改变，磁场方向改变，总磁场减弱，电磁开关铁心复位，触盘断开，起动结束。其电路为：蓄电池正极→起动机“30”端子→触盘→起动机“C”端子→吸引线圈→起动机“50”端子→保持线圈→搭铁→蓄电池负极。

2. 新宝来轿车起动机控制电路分析

将点火开关转动至起动挡位，电流通过 D/50b 电磁开关供电端子为保持线圈和吸引线圈供电，此时电磁开关工作，接通蓄电池 30 端子为起动机的直流电动机供电，起动机运转。如果该车配备自动变速器，则当点火开关转动至起动挡位时，并不为电磁开关直接供电，而是需要经过空挡起动开关或继电器为电磁开关供电。如果变速器不在 P 位或者 N 位，则起动机无法运转。下图中单星号为自动挡车型线路；双星号为手动挡车型线路。

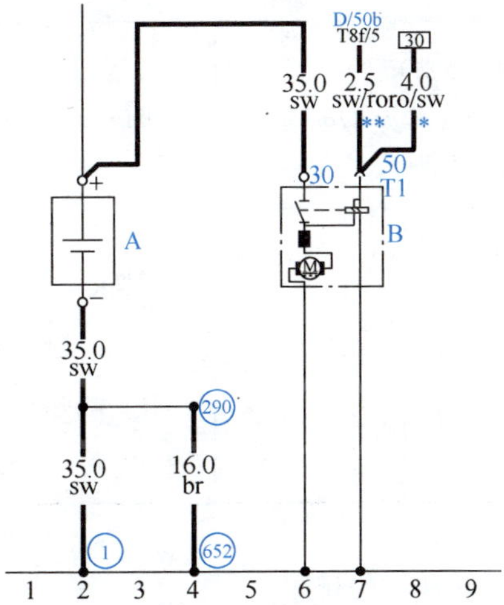

▲新宝来轿车起动机控制电路

A—蓄电池 B—起动机 D—点火开关

技能 27　起动系统常见故障的诊断与排除

起动机能否正常运转，将受到电源、搭铁、起动机自身等多种因素的影响。起动机故障的表象也有多种，有的故障可以通过保养排除。有的则需通过更换零件排除。本部分内容将根据具体现象，介绍起动机常见故障的主要原因与排除方法。

一、起动机不转动故障的排除

1. 故障现象

起动发动机时，将点火开关转至起动挡，起动机无转动迹象。此时应首先检查电喇叭是否工作正常，前照灯能否正常点亮。这样做的目的是判断电源是否正常。

2. 故障原因及排除方法

故障原因	排除方法
点火开关转至起动挡时无电压输出，点火开关触点损坏	更换点火开关
点火开关（起动继电器）至电磁开关之间的线路断路或虚接，使用万用表测量电磁开关 50 接端子，无供电	更换或修复断路或虚接的电路
电磁开关可以动作，但 30 端子与 C 端子不导通	更换电磁开关
起动机发卡，运转阻力增加	检查轴承和壳体，检查是否“扫膛”若是，则更换相应部件

二、起动机空转故障的排除

1. 故障现象

起动机转动但发动机不转动。

2. 故障原因及排除方法

故障原因	排除方法
起动机单向离合器损坏而打滑	更换单向离合器
飞轮齿圈过盈量过小而滑转	更换飞轮齿圈
电磁开关损坏或电磁开关驱动杆致使起动机驱动齿轮不能与飞轮齿啮合	更换电磁开关或驱动杆

三、起动机运转无力故障的排除

1. 故障现象

起动机转动缓慢无力，不能够带动发动机达到规定的起动转速。

2. 故障原因及排除方法

故障原因	排除方法
蓄电池亏电或性能老化	补充充电或更换蓄电池
电磁开关主触点烧蚀，导致接触电阻过大	更换电磁开关
电刷磨损至极限，导致接触不良或接触电阻过大	更换电刷总成
轴承损坏或铜套配合间隙过大，导致“扫膛”	更换轴承或铜套
起动机电枢、励磁线圈局部短路或接头虚接	更换电枢或励磁线圈，重新焊接接头
发动机装配过紧，机油黏度过大	重新装配发动机，更换规定标号的机油

四、起动机工作时有撞击声故障的排除

1. 故障现象

起动机工作时有金属撞击声。

2. 故障原因及排除方法

故障原因	排除方法
起动机齿轮与飞轮齿圈磨损严重，影响平顺啮合	更换驱动齿轮和飞轮齿圈
起动机齿轮与止推垫圈间隙过小	调整间隙至规定值
起动机磁力开关的电源导通时机过早，使起动机齿轮尚未啮入就已旋转	更换电磁开关

五、起动机不停转故障的排除

1. 故障现象

起动发动机并松开点火开关后，起动机仍一直运转。

2. 故障原因及排除方法

故障原因	排除方法
点火开关短路	更换点火开关
电磁开关触点烧结	更换电磁开关
起动机啮合器拨叉的回位弹簧折断或过软，使起动机齿轮不能脱离飞轮齿圈	更换回位弹簧或电磁开关

六、起动机工作时出现“嗒嗒”声故障排除

1. 故障现象

在点火开关接通起动线路后，发出“嗒嗒”的间歇响声，而起动机不能转动。

2. 故障原因及排除方法

故障原因	排除方法
点火开关接触不良	更换点火开关
起动继电器触点烧蚀	更换起动继电器
起动机电磁开关损坏	更换电磁开关
起动机电枢绕组、励磁绕组短路或搭铁	更换电枢绕组和励磁绕组
蓄电池亏电或性能下降	更换蓄电池或补充充电

典型故障案例分析

故障现象： 一辆 2010 年款比亚迪 F6 轿车偶尔出现起动机不能工作现象。

故障分析： 接到此车后维修人员反复进行起动试验，并没有再次出现故障，后询问该车驾驶人何时出现不能起动故障，得知将车停入车库后第二天早上会偶尔出现。维修人员怀疑故障应该与温度有关，随后便将该车留厂观察。

故障诊断： 车辆放置 30min 后，发动机的温度已经降至与气温相同，此时起动发动机，故障便出现了，即只能听见“嗒”的一声，起动机根本无法转动。检查蓄电池接线和搭铁情况，良好，维修人员将车辆升起，使用导线（蓄电池连接用电缆）将 30 端子与 C 端子连接起来，起动机能够正常运转，发动机也起动了。这一现象说明起动机无法工作是控制装置导致的。拆下 50 端子（电磁开关供电端子），再次使用点火开关起动发动机，并用万用表测量 50 端子插头，结果供电正常，说明起动控制电路没有问题，故障只能出现在电磁开关或起动机内部。将起动机从车上拆下，使用外接电源使电磁开关工作，此时用万用表测量端子 30 与端子 C 之间是否导通，反复测试发现会偶尔出现不能导通现象，更换电磁开关后故障排除。

故障排除总结： 排除此类故障的要点是：首先要确定电源系统是否正常，然后查看控制装置是否正常，可以通过短接 30 端子和 C 端子这种技巧来快速判断，如果可以运转，则故障在控制装置；如果不运转，则故障在起动机。

第 5 章

点火系统的维修

技能 28 认识点火系统的组成与工作原理

1. 点火系统的作用

汽车发动机按其混合气的点燃方式可以分为压燃式和点燃式两种。柴油发动机采用压燃式，汽油发动机采用点燃式。汽油发动发动机工作时，将可燃混合气吸入气缸，在压缩行程终了时，点火系统产生高压火花，具有一定能量的电火花点燃可燃混合气。因此点火系统工作性能的好坏，将严重影响发动机的工作性能。

为了保证发动机的动力性、经济型和可靠性，点火系统需产生具有足够能量的电火花，能够迅速产生击穿火花塞间隙的高电压（一般电压值为 10kV 左右），能够根据发动机的工况提供最佳点火提前角。

2. 点火系统的类型

名　称	说　明
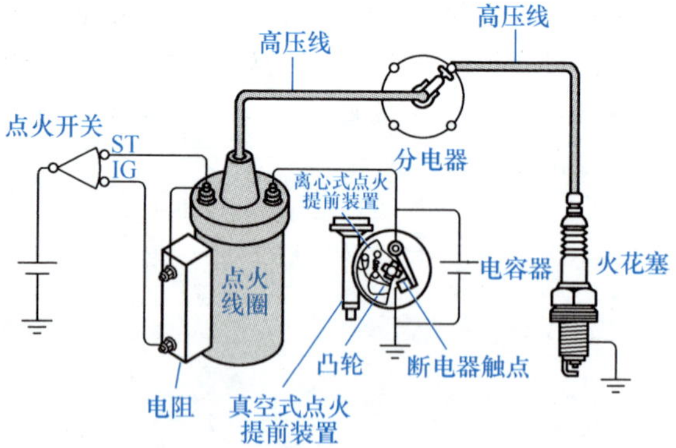 传统点火系统	结构简单，效率低，故障率高，已经淘汰

（续）

名　称	说　明
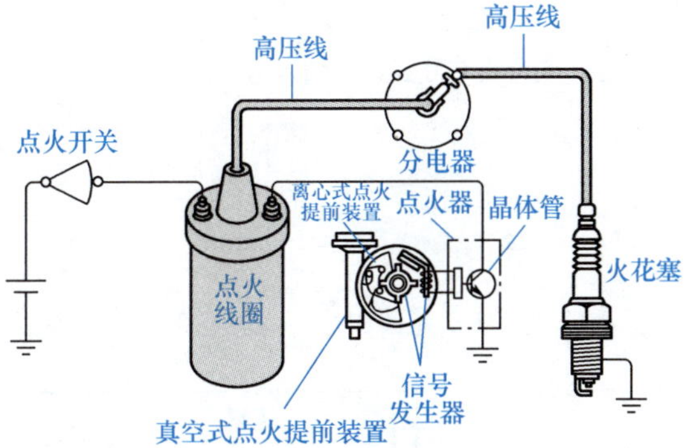 电子点火系统	随着电控燃油喷射系统的普及，该系统已经淘汰
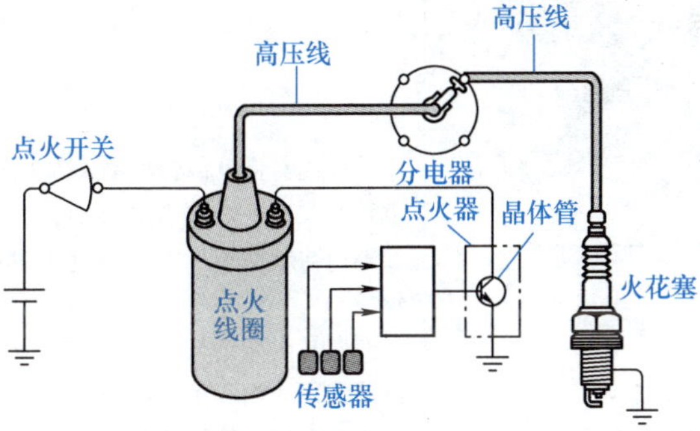 计算机控制点火系统	广泛使用，控制精度高，在各工况下能够获得接近理想的点火提前角

3. 电子点火系统的组成与工作原理

（1）电子点火系统的组成　虽然传统点火系统和电子点火系统已经淘汰不用，但是考虑到读者的认知规律和基础，在此简要介绍传统电子点火系统。电子点火系统主要由电子点火器、信号发生器、分电器、火花塞、点火线圈等组成。

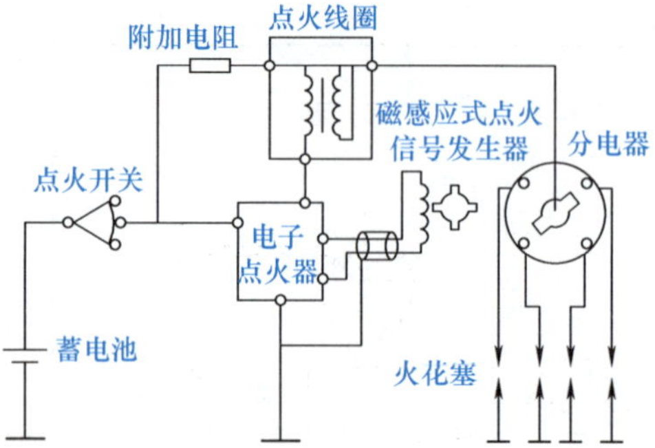

▲电子点火系统的组成

名称	图　示	说　明
点火线圈	 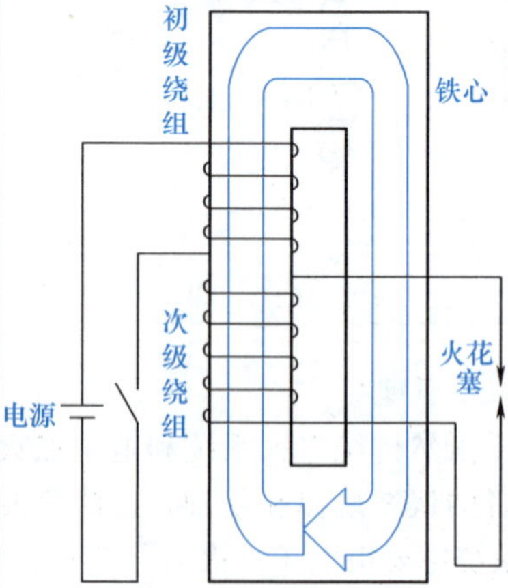	点火线圈将电源提供的12V低压电转变成15～20kV的高压电，点火线圈由初级绕组、次级绕组和铁心组成 按照其磁路结构的不同可分为开磁路点火线圈和闭磁路点火线圈两种，现在广泛使用的是图中所示的闭磁路点火线圈

（续）

<table>
<tr><th>名称</th><th>图　　示</th><th>说　　明</th></tr>
<tr><td rowspan="2">火花塞</td><td>
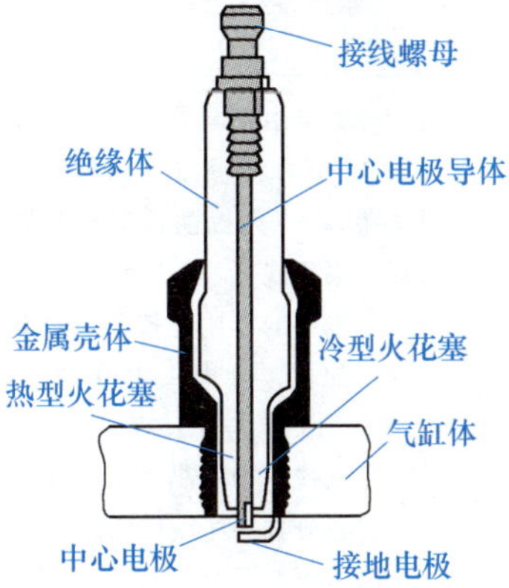</td><td>火花塞的作用是产生电火花，用于击穿气缸内的高压混合气
火花塞发火部位吸热并传给发动机的性能称为火花塞的热特性，该特性影响着火花塞的选择和使用
火花塞的热特性主要取决于火花塞裙部绝缘体的长度。裙部绝缘体长的火花塞，受热面积大，散热困难，火花塞电极温度高，称为热型火花塞；裙部绝缘体短的火花塞，受热面积小，散热容易，火花塞电极温度低，称为冷型火花塞；热型火花塞适合低转速、小功率、小压缩比的发动机使用，冷型火花塞适合高转速、大压缩比、大功率的发动机使用
为了提高火花塞的点火性能，火花塞在外部结构上也有一定的差异，如有单电极型、多电极型、细电极型。为了抑制点火系统对汽车无线电的干扰，有些火花塞还带有电阻，称为电阻型火花塞。在选用时一定注意其型号，否则会导致发动机加速耸车、抖动等故障</td></tr>
<tr><td colspan="2">《火花塞产品型号编制方法》（QC/T 430—2005）规定，国产火花塞型号由以下几部分组成：
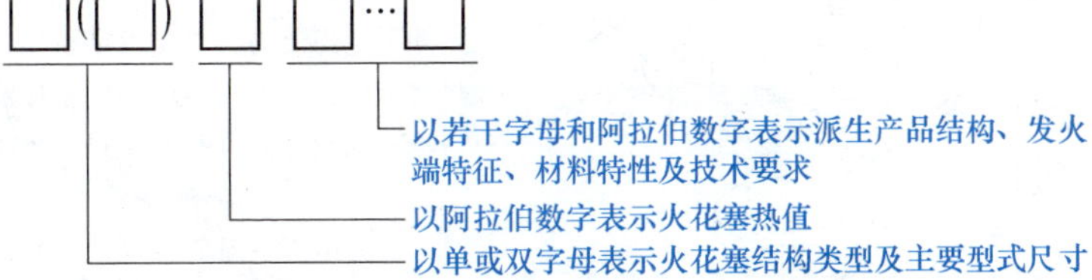
第一部分为汉语拼音字母（单字母或双字母），表示火花塞的结构类型及主要型式尺寸</td></tr>
</table>

（续）

<table>
<tr><th>名称</th><th>图　示</th><th>说　明</th></tr>
<tr><td>火花塞</td><td colspan="2">
第二部分为阿拉伯数字，表示火花塞热值，由热型至冷型，分别以 1～11 表示。热值代号越大则越冷，热值代号越小则越热。火花塞热值代号与裙部绝缘体长度及热特性的对应关系为：
<table>
<tr><td>裙部绝缘体长度/mm</td><td>15.5</td><td>13.5</td><td>11.5</td><td>9.5</td><td>7.5</td><td>5.5</td><td>3.5</td></tr>
<tr><td>热值</td><td>3</td><td>4</td><td>5</td><td>6</td><td>7</td><td>8</td><td>9</td></tr>
<tr><td>热特性</td><td>热</td><td colspan="5">←-------------------→</td><td>冷</td></tr>
</table>
第三部分用若干汉语拼音字母和阿拉伯数字表示火花塞派生产品结构、发火端特性、材料特性及技术要求
因国产火花塞与合资品牌或进口品牌火花塞型号不一致，因此安装选用时应以维修手册为准
</td></tr>
<tr><td>分电器</td><td>

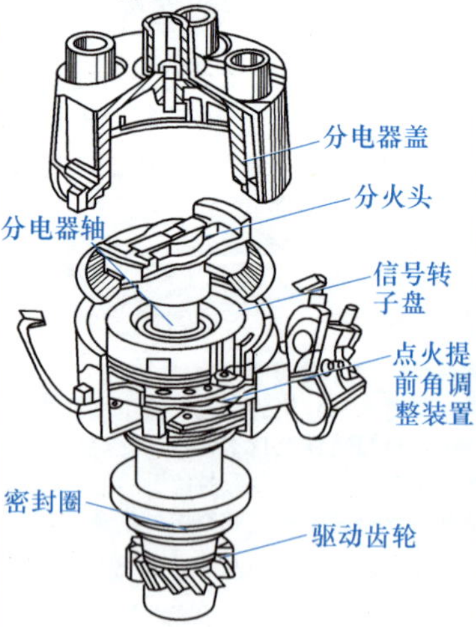

</td><td>
分电器由配电器（分电器盖、分火头）、信号传感器（信号转子盘和传感器）、点火提前角调整装置（真空式和离心式）、驱动齿轮等组成
配电器的作用是按照发动机的发火顺序配火，分火头由分电器轴带动，当分火头导电片转至某一旁电极时，将点火线圈中央高压线传来的高压电通过各分缸高压线传给各气缸
由于可燃混合气从点燃到产生最高温度与最大压力需要一定的时间，根据可燃混合气的燃烧理论可知，火花塞应当在活塞运行到压缩上止点前点火，这个提前的角度称为点火提前角（一般为 10°～15°）。但是这个提前角并不是固定的，会受发动机负荷、燃烧温度、气缸压力等其他因素的影响，因此分电器上安装有点火提前角调整装置，用于动态调节点火提前角。其中真空提前装置是对发动机负荷变化作出响应，离心式是对发动机转速作出响应，改变点火提前角
</td></tr>
</table>

（续）

名称	图　示	说　明
高压线	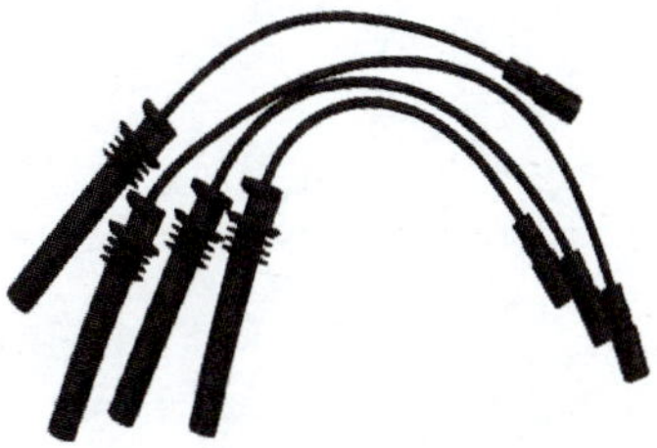	用于传导高压电，要求其耐高温、耐老化，否则容易击穿而漏电，导致发动机缺缸工作 为了抑制和衰减点火系统工作时产生的高频电磁波对无线电设备及电控装置的干扰，部分车型的高压线也带有电阻
点火信号发生器　电磁式	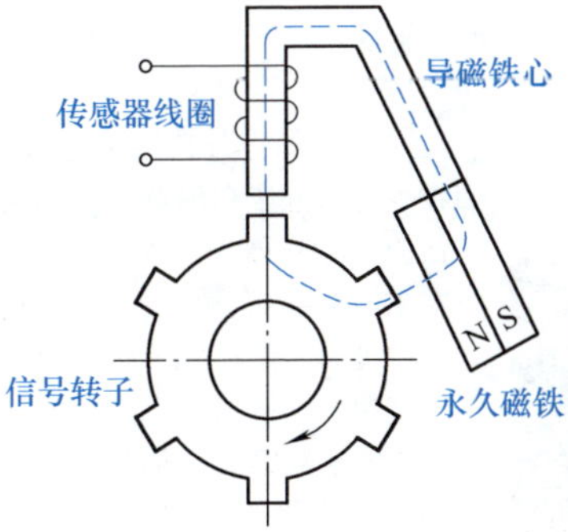	点火信号发生器的作用是产生与气缸数及曲轴位置相对应的电压信号，用以触发点火控制器按发动机各缸的点火需要，及时通断点火线圈初级回路，使次级回路产生高压。电磁感应式点火信号发生器由靠分电器轴带动且转速与之相等的信号转子、安装在分电器底板上的永久磁铁和绕在导磁铁心上的传感线圈等组成。信号转子有数目与发动机气缸数相等的凸齿。永久磁铁的磁通经转子的凸齿、传感线圈的铁心、永久磁铁构成回路
	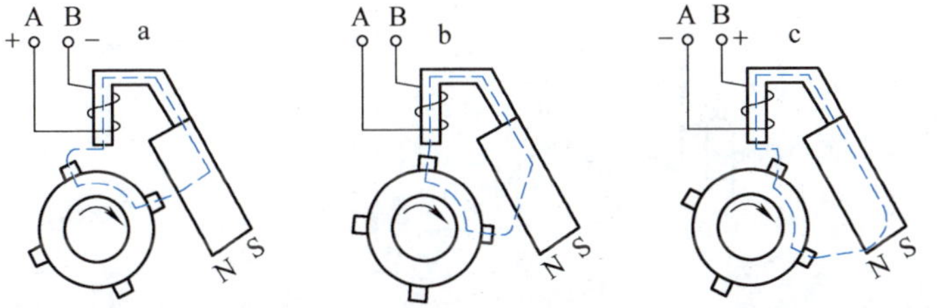当转子转动时，转子凸齿与线圈铁心间的空气间隙不断发生变化，穿过线圈铁心中的磁通也不断变化。根据电磁感应原理，当穿过线圈的磁通量发生变化时，线圈中将产生感应电动势，感应电动势的大小与磁通量的变化率成正比	

（续）

名称		图　　示	说　　明
点火信号发生器	电磁式	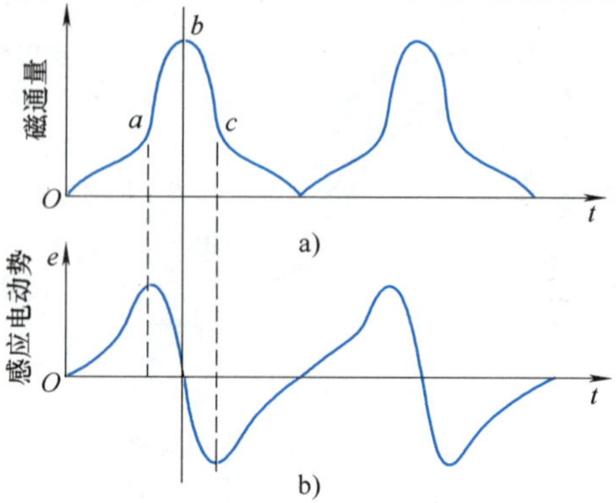 ▲传感器线圈的磁通及线圈中的感应电动势	
	霍尔式	 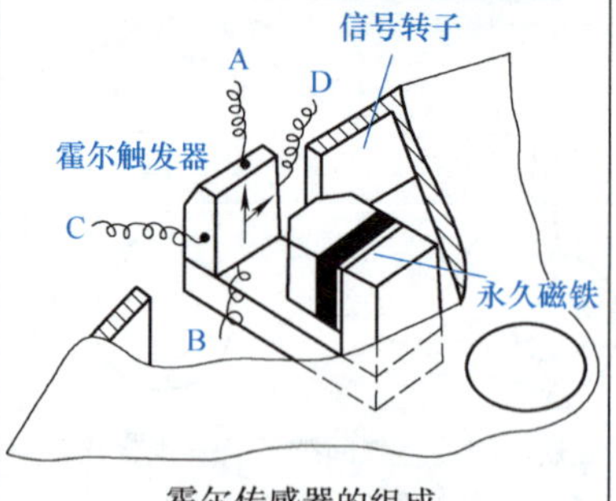 霍尔传感器的组成	当电流垂直外磁场通过导体时，在垂直于电流和磁场方向的两个端面会产生电势差，这个电势差叫做霍尔电势差（霍尔电压），利用这一原理制成霍尔传感器 当通过的电流为一定值时，霍尔电压随着磁感应强度的变化而变化；同时也可看出，霍尔电压的高低与磁通量的变化快慢无关 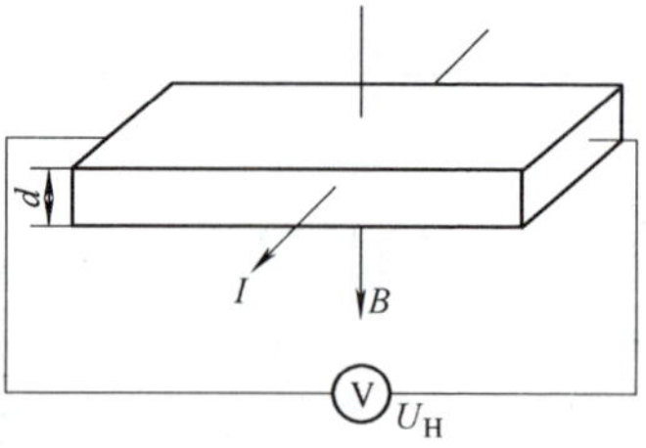 $U_H = \frac{R_H}{d} IB$ 式中，U_H 为霍尔电压，单位为 V；R_H 为霍尔系统数；d 为半导体基片厚度，单位为 m；I 为电流，单位为 A；B 为磁感应强度，单位为 T

（续）

<table>
<tr><th colspan="2">名称</th><th>图　　示</th><th>说　　明</th></tr>
<tr><td rowspan="2">点火信号发生器</td><td>霍尔式</td><td colspan="2">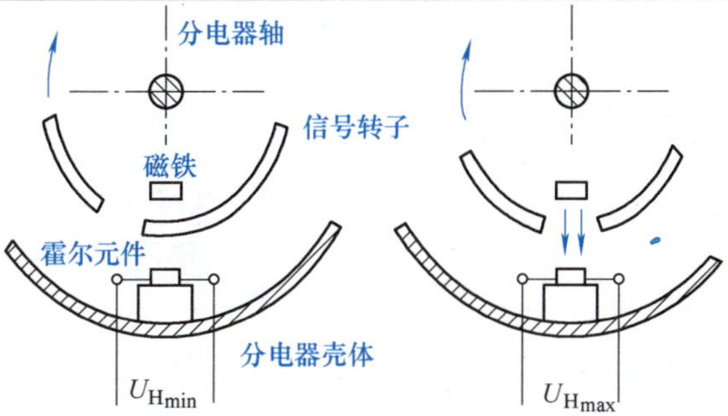

信号转子的叶片处在霍尔触发器和永久磁铁之间时，永久磁铁的磁场被信号转子的叶片旁路而迅速减弱，磁感应强度降低，导致霍尔电压趋近于零。当信号转子的窗口和霍尔触发器正对时，永久磁铁的磁感应强度最大，使霍尔电压瞬时达到最大值，将此电压变化信号传输给控制器（点火模块），点火控制器便可依此信号控制点火线圈初级电路的通断，使次级电路产生感生电动势，击穿火花塞电极间隙，产生高压火花点燃混合气</td></tr>
<tr><td>光电式</td><td>
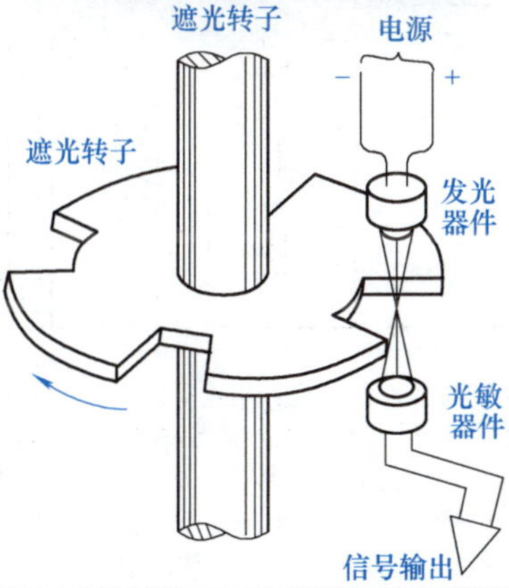
</td><td>光电传感器由发光器件、光敏器件、遮光转子盘等组成。遮光转子盘转动其上的缺口，不断地遮挡发光器件的光线，光敏器件将这一变化转换成电信号，传输给控制器，从而控制点火线圈。与磁感应式半导体点火系统相比，光电式信号发生器有信号和闭合角不受转速的影响、点火正时性能稳定等优点，但是其制造成本较高，受灰尘影响较大，密封性要求较高</td></tr>
</table>

（续）

名称		图示	说明
点火信号发生器	光电式	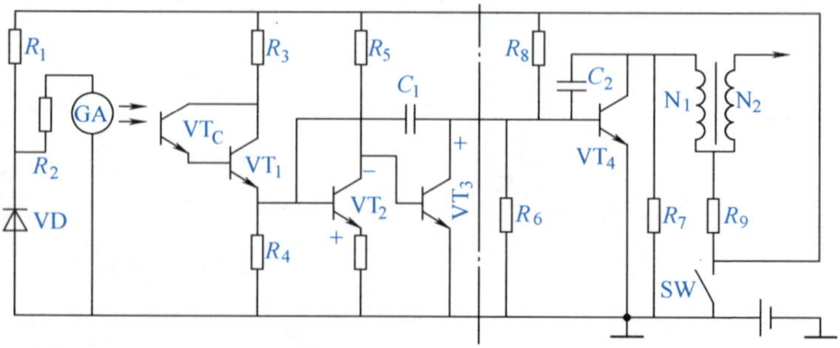 当信号转子盘缺口通过发光器件时，VT_4 导通，接通点火线圈的初级电路；当转子的实体部分遮住光源时，VT_4 截止，次级电路产生高感应电动势，击穿火花塞电极间隙，点燃混合气	
点火控制器		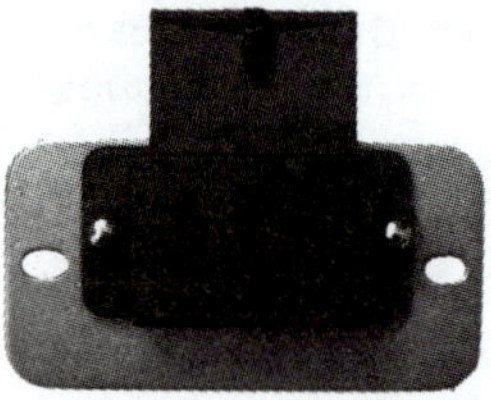	点火控制器（又称点火模块）的作用是：对传感器（信号发生器）输入的点火触发信号进行处理后，控制大功率晶体管的导通与截止，通断点火线圈初级电流，使点火线圈次级电路产生高压电
		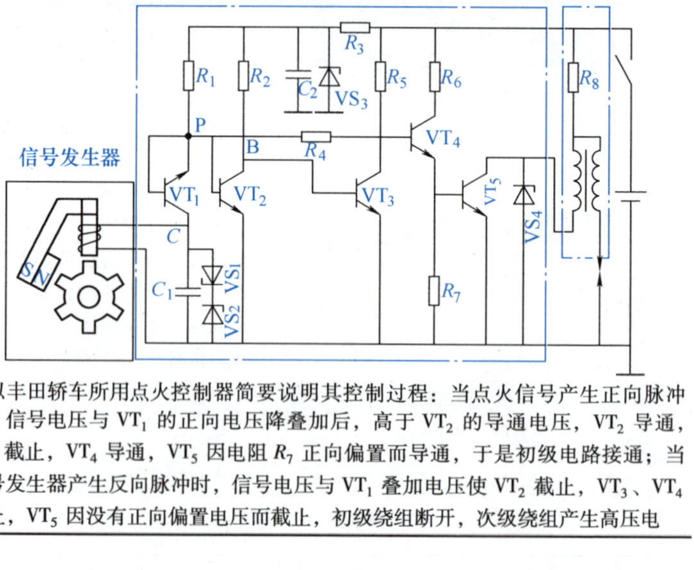 以丰田轿车所用点火控制器简要说明其控制过程：当点火信号产生正向脉冲时，信号电压与 VT_1 的正向电压降叠加后，高于 VT_2 的导通电压，VT_2 导通，VT_3 截止，VT_4 导通，VT_5 因电阻 R_7 正向偏置而导通，于是初级电路接通；当信号发生器产生反向脉冲时，信号电压与 VT_1 叠加电压使 VT_2 截止，VT_3、VT_4 截止，VT_5 因没有正向偏置电压而截止，初级绕组断开，次级绕组产生高压电	

（2）电子点火系统的工作原理　电子点火系统的基本工作原理为：起动发动机，凸轮轴转动分电器使点火信号发生器产生与气缸数量和位置相对应的脉冲电压信号，此脉冲电压信号传输给点火器，控制器经过计算后，控制点火线圈初级电路的大功率晶体管的导通和截止。

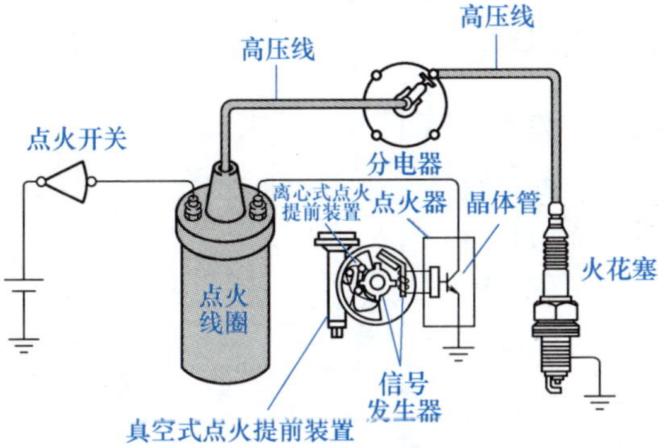

▲电子点火系统

当大功率晶体管导通时，点火线圈初级电路导通，点火系统储能；当输入点火控制器的点火信号脉冲使大功率晶体管截止时，点火线圈初级电路断路，次级绕组便产生高压电击穿火花塞电极间隙，产生高压火花，从而点燃混合气。

4. 计算机控制点火系统的组成和工作原理

计算机控制点火系统由三大部分组成，分别是发动机控制单元、传感器和执行器。其中，传感器包括节气门位置传感器、进气压力传感器、空气流量传感器、冷却液温度传感器等；执行器包括点火控制器、点火线圈。

按照有无分电器来分，计算机控制点火系统分为有分电器计算机控制点火系统和无分电器计算机控制点火系统两种。

（1）有分电器计算机控制点火系统的组成及工作原理　有分电器计算机控制点火系统由低压电源、点火开关、电控单元（ECU）、点火控制器、点火线圈、分电器、火花塞、高压线和各种传感器等组成。

传感器是将电信号或非电信号整理或转变为电信号的装置，为 ECU 提供曲轴转速、曲轴位置、节气门开度、负荷、冷却液温度、进气温度和流量、起动开关状态、蓄电池电压、废气中氧的含量等

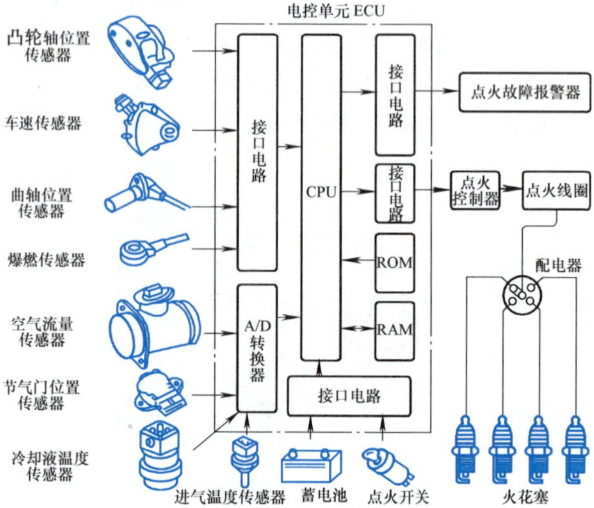

▲有分电器计算机控制点火系统的结构

有关发动机运行工况和使用条件的各种信息。

1）有分电器计算机控制点火系统的组成

名　称	图　示	说　明
发动机电控单元（ECU）		根据各传感器输入的信号，计算确定最佳点火提前角和初级电路导通角，并将点火控制信号输送给点火控制器，通过点火控制器快速、准确地控制点火线圈的工作
曲轴位置传感器		确定发动机曲轴位置以及发动机转速，用于计算基本喷油量和基本点火提前角，类型有电磁式、霍尔式和光电式，其工作原理与电子点火系统传感器相同

（续）

<table>
<tr><th>名　称</th><th>图　示</th><th>说　明</th></tr>
<tr><td>凸轮轴位置传感器</td><td>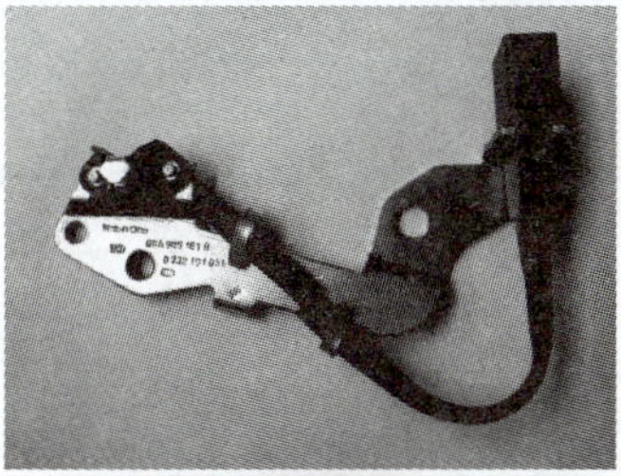</td><td>检测凸轮轴位置，用于判断气缸位置，类型有电磁式、霍尔式和光电式，其工作原理与电子点火系统传感器相同</td></tr>
<tr><td>节气门位置传感器</td><td>
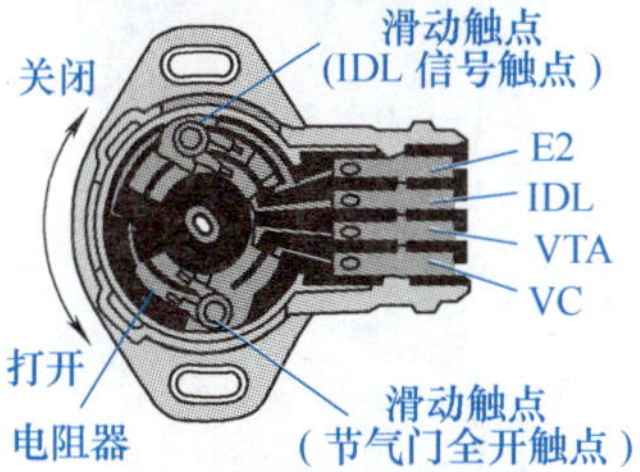
</td><td>检测节气门开度大小，从而判断发动机处于何种工况，用于确定基本喷油量和基本点火提前角，同时也作为点火提前角的修正信号</td></tr>
<tr><td>进气压力传感器</td><td>

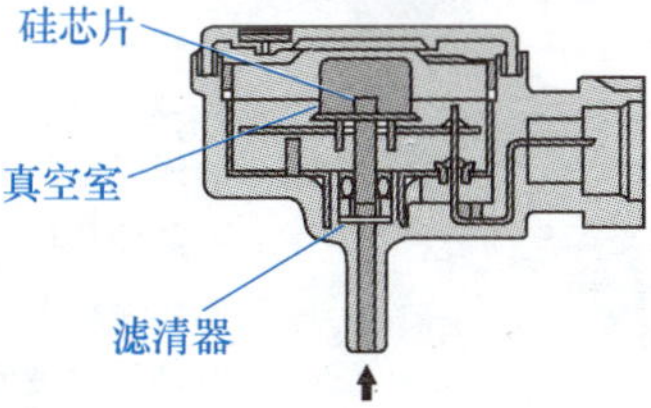
</td><td>检测进气管内的空气压力，用于确定基本喷油量和基本点火提前角
在传感器内部安装有硅芯片，其上有一惠斯通电桥，图中箭头方向与进气歧管相连接，当进气压力发生变化时，将影响电桥的平衡，以电压信号的变化反应歧管内压力的不同</td></tr>
</table>

（续）

名　　称	图　　示	说　　明
进气温度传感器	 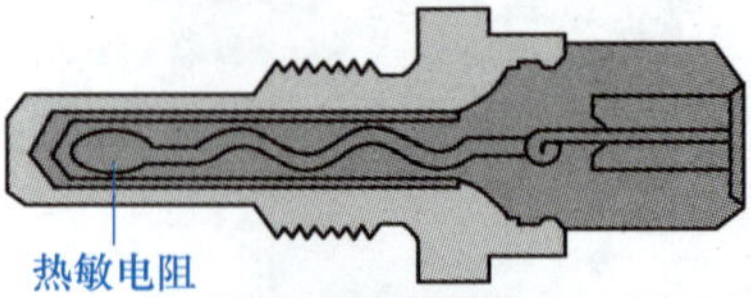	检测发动机进气温度，用于点火提前角的修正。进气温度传感器内部是一个半导体热敏电阻，当温度发生变化时，其阻值也发生变化，一般为负温度系数电阻
爆燃传感器	 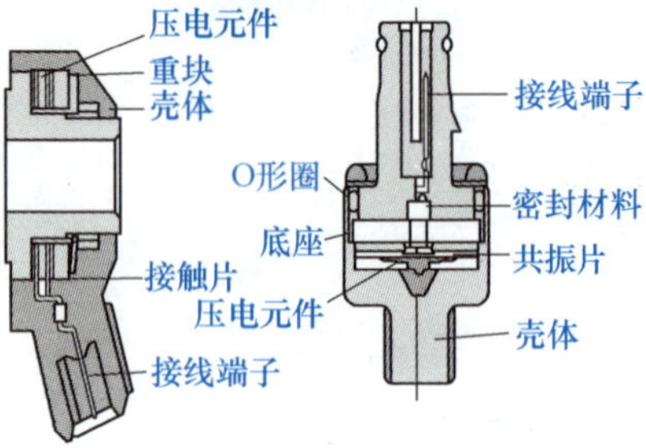	检测发动机是否出现爆燃，将发动机爆燃信号传给 ECU，用于点火提前角闭环反馈控制 传感器内部安装有压电元件，其能够将发动机振动频率变为电压信号向 ECU 输出
冷却液温度传感器	 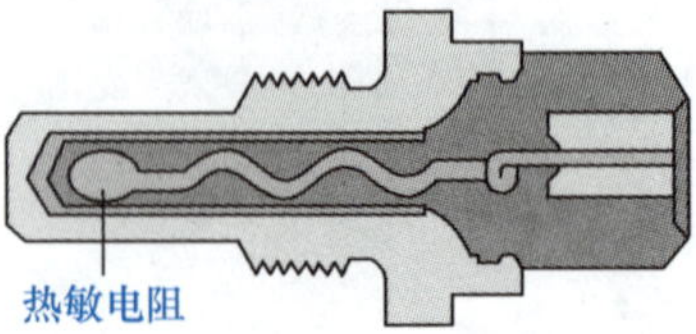	检测发动机冷却液温度，用于发动机起动时基本点火提前角的控制和起动后点火提前角的修正 与进气温度传感器的原理相同，内部安装有一热敏电阻，其阻值随着冷却液温度的变化而变化，将此变化信号以电压的方式传输给 ECU，以此判断冷却液温度的高低

（续）

名　称	图　示	说　明
点火控制器		点火控制器根据 ECU 输出的点火控制信号，控制点火线圈初级电路的通断

2）有分电器计算机控制点火系统的工作原理（见下页图）。在发动机起动后，各传感器开始将发动机的各种工况信息转换为电信号并传递给 ECU，ECU 将接收到的信号与只读存储器中的数据进行比较、计算后，输出点火信号至点火控制器（大功率晶体管控制电路），由点火控制器中的功率管接通和切断点火线圈的初级电路。当点火控制器中的大功率晶体管导通时，初级电路接通，在点火线圈中形成磁场。当点火控制器大功率晶体管截止时，初级电路被切断，初级电流迅速下降，次级绕组中感应出高压电，并由机械式配电器根据点火顺序完成各缸的分配。

（2）无分电器计算机控制点火系统的组成及工作原理　无分电器计算机控制点火系统取消机械配电方式，降低了故障率，进一步提高了点火性能，降低了点火能量的高压传输损失，提高了点火系统的可靠性和耐久性。无分电器计算机控制点火系统与有分电器计算机控制点火系统的传感器部分、点火提前角的控制基本相同，区别在于高压电的配电类型和工作原理。

无分电器计算机控制点火系统的高压配电方式有单独点火和同时点火之分。

1）单独点火方式是一个缸的火花塞配用一个点火线圈，取消了原有的高压线，各气缸的点火线圈初级绕组分别由点火控制器中的一个大功率晶体管控制，整个点火系统的工作也由 ECU 控制。当发动机工作时，ECU 不断检测传感器输入信号，根据储存器（ROM）中存储的数据，计算并输出点火信号给点火控制器，点火控制器判断点火气缸后由大功率晶体管控制初级电路的通断。

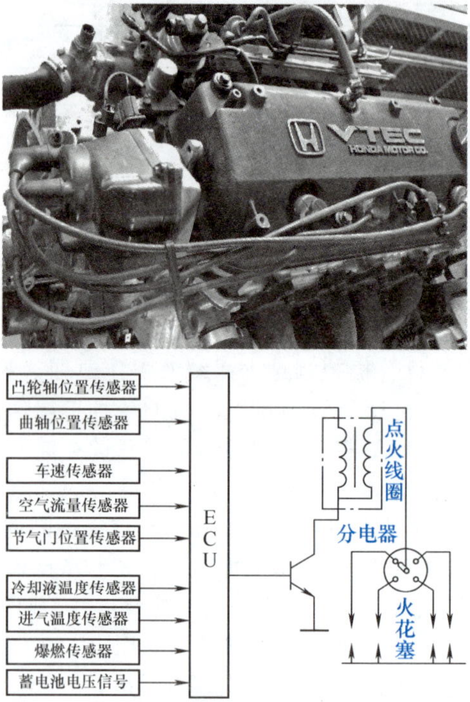

▲有分电器计算机控制点火系统的工作原理

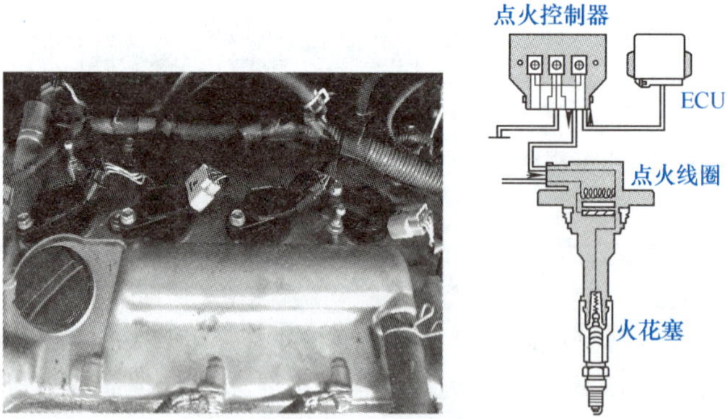

▲单独点火系统的结构

在发动机工作后，ECU 根据各传感器提供的信号，通过计算分析，向点火控制器提供点火信号，该信号将根据发火顺序依次输出，从而控制每一个气缸的点火线圈初级电路的通断。

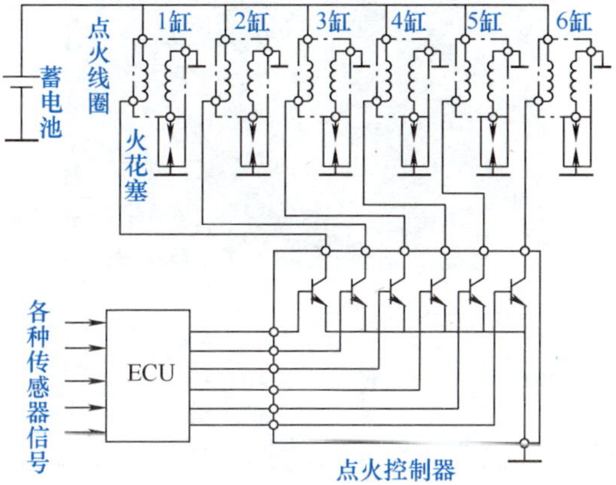

▲单独点火系统的工作原理

2）双缸同时点火方式（见下页图）是利用一个点火线圈对活塞接近压缩上止点和排气上止点的两个气缸同时进行点火的高压配电方法，其中处于压缩上止点的气缸为有效点火，而同时点火的另一个气缸处于排气行程，为无效点火。此种方式仍然需要高压线。根据配电方式的不同，双缸同时点火方式可分为点火线圈配电式和二极管配电方式两种，较多轿车采用二极管配电方式。4 缸发动机有两个独立的点火线圈，6 缸发动机则有三个独立的点火线圈。每个点火线圈供给配对的两个缸的火花塞以高压电。点火控制器根据电控单元提供的点火信号，通过气缸判别按点火顺序依此触发功率晶体管，使其导通或截止，以此控制点火线圈初级绕组的通断，产生次级电压而点火。

5. 点火提前角的组成及控制

（1）点火提前角的组成　计算机控制点火系统的点火提前角由三部分组成，即初始点火提前角（又称为原始点火提前角）、基本点火提前角和修正点火提前角，见 105 页图。

1）初始点火提前角是指曲轴位置传感器在发动机上固定后，由

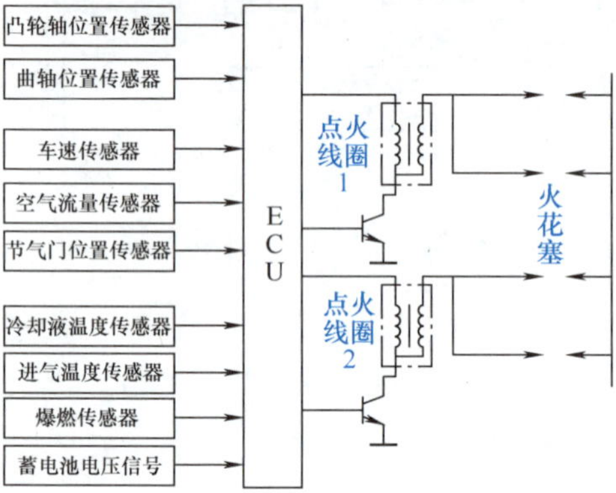

▲双缸同时点火系统的结构

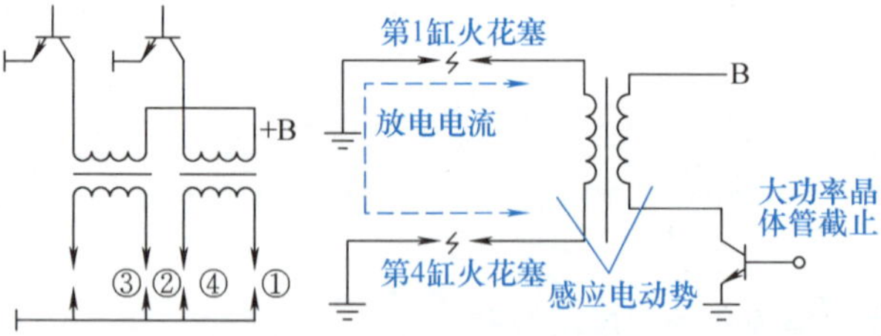

▲双缸同时点火系统的工作原理

曲轴位置传感器的信号转子和曲轴的相对位置决定的点火提前角。

2）基本点火提前角是指在初始点火提前角的基础上，ECU 根据

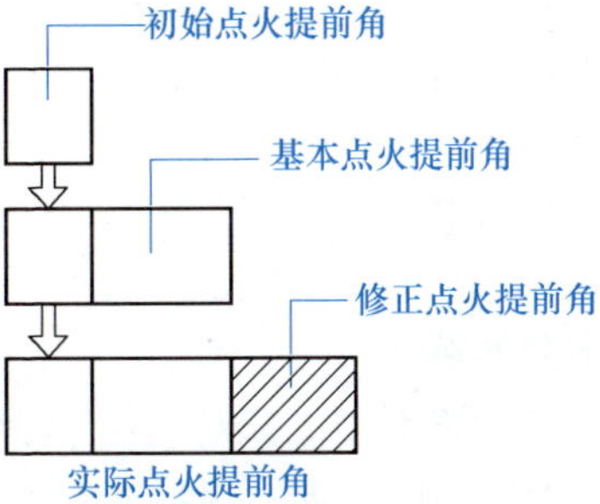

▲计算机控制点火系统的点火提前角

发动机转速和负荷通过计算使点火提前角进一步增大，点火提前角增大的部分就是基本点火提前角。

3）修正点火提前角是指ECU根据发动机冷却液温度、节气门开度、爆燃传感器信号、氧传感器信号、空气流量信号等参数确定出的点火提前角修正量。

最终，ECU根据发动机的各工况和使用条件计算基本点火提前角，确定修正点火提前角，使实际点火提前角尽可能与最佳点火提前角接近。

（2）点火提前角的控制

1）开环控制：点火正时开环控制的修正提前角一般是采用试验方法与理论计算相结合的方法获得的。控制单元测得发动机冷却液温度、节气门开度等参数，查找或计算出点火提前角修正值。

在得到基本点火提前角和修正点火提前角后，ECU将初始点火提前角、基本点火提前角和修正点火提前角得到适应当前工况的最佳点火提前角，并将最佳点火提前角存入只读存储器（ROM）中，然后根据发动机转速（或转角）信号和曲轴位置信号，确定最佳点火提前角对应的点火时刻，即初级电流的切断时刻。

2）闭环控制：因发动机的使用条件在不断变化，各零部件随着使用时间的延长，性能也有所下降，而点火提前角的闭环控制方式是根据发动机实际运行结果的反馈信息来控制点火提前角的，所以闭环控制又称为反馈控制，主要是将发动机爆燃传感器信号作为反馈信号，发动机机处于怠速工况，可以使用发动机的转速信号作为反馈信息，维护怠速时的稳定运转。中等负荷等工况，一般采用开环控制方式，以保证发动机有较好的综合性能，特别是保证经济性和排放水平最佳，但在此工况下一旦发生爆燃，便会自动转入利用爆燃信号作为反馈信息的闭环控制方式。

6. 初级电路导通角的控制

在点火线圈的初级电路接通后，只有当通电时间达到一定值时，初级电流才可能达到饱和，而次级电压最大值是与断开电流成正比的，所以必须保证足够的通电时间才能使初级电流达到规定值。但是，如果通电时间过长，点火线圈又会发热，并使电能消耗增大。因此，要控制一个合理的通电时间，来保证次级电压和零部件的寿命。

当蓄电池的电压变化或发动机转速提高时，会影响初级电流。例如，当蓄电池电压下降时，在相同的通电时间内，初级电流所能达到的值将会减小；当发动机转速升高时，导通时间就会变短，为了保证在发动机转速和蓄电池电压变化时，初级电路的断开电流基本恒定，ECU 会根据以上两种情形进行计算修正。

技能 29 点火系统主要零部件的检查

1. 火花塞的拆装与检查

（1）火花塞的拆卸

1. 拔下独立点火线圈的插头

2. 使用扳手拆下点火线圈固定螺栓

3. 将点火线圈向上提

4. 取出点火线圈

5. 使用火花塞专用套筒旋松火花塞

6. 取出火花塞

(2) 火花塞的安装　火花塞的安装顺序与拆卸顺序相反，在此不再赘述。

注意事项

1) 火花塞按照规定力矩拧紧，一般为30N·m。

2) 火花塞拆卸后应用布团将火花塞孔堵住，以免杂物掉入。

3) 火花塞属于消耗件，一般汽车每行驶20000~30000km需更换一次。

(3) 火花塞的检查

1) 检查火花塞螺纹：检查火花塞螺纹是否损坏，螺纹损坏不得超过两牙，否则应更换。

2) 检查火花塞绝缘体：检查火花塞绝缘体是否有裂纹，如果出现裂纹，则会导致高压漏电。火花塞出现裂纹时必须更换。

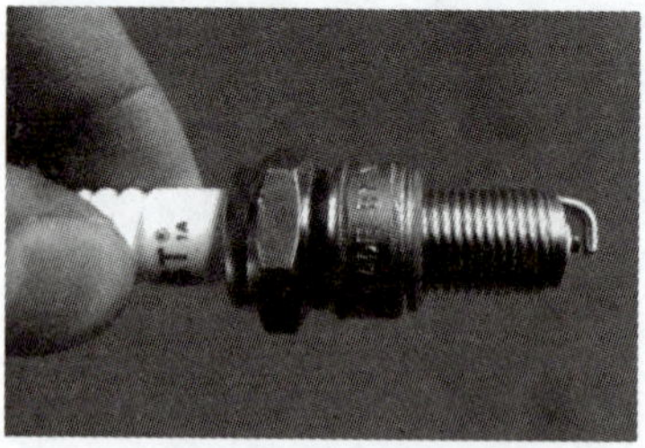

▲检查火花塞螺纹

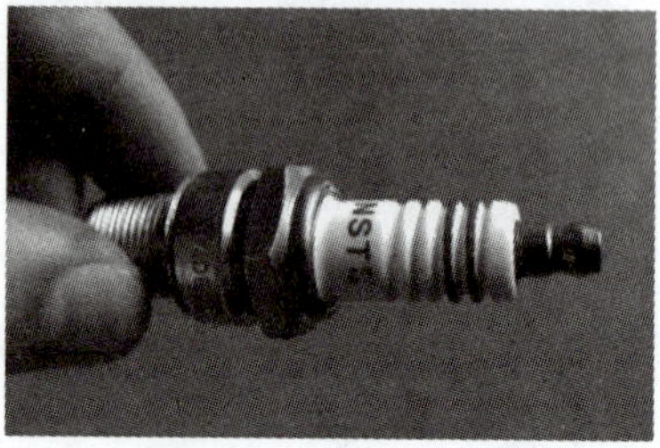

▲检查火花塞绝缘体

3）检查火花塞的绝缘电阻：将表笔一端与中心电极相接，另一端与火花塞壳体相接，测量其绝缘电阻值，规定状态为无穷大。

4）检查火花塞电阻：有些车型的火花塞本身具有电阻，更换时型号应一致，并测量其电阻是否符合原厂技术要求。

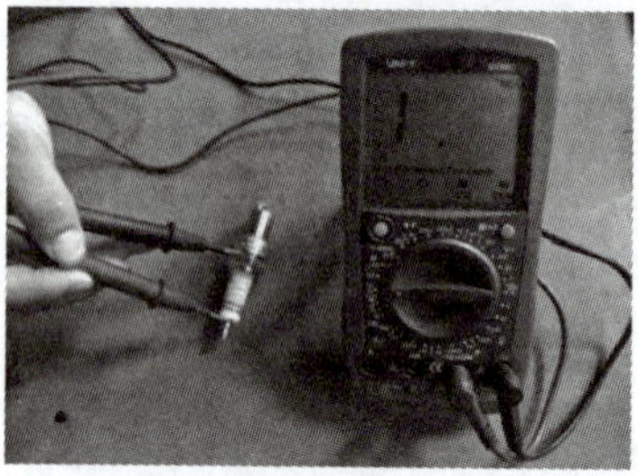

▲检查火花塞的绝缘电阻

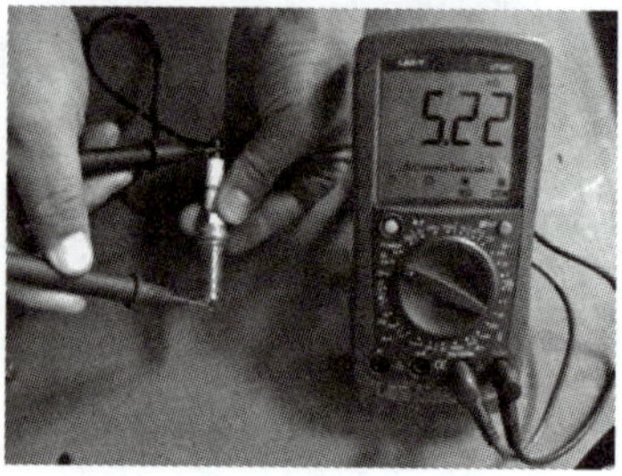

▲检查火花塞电阻

5）检查火花塞电极：检查火花塞电极间隙是否符合要求，可用塞尺检查，正常值为 0.8～1mm；检查电极是否烧蚀，是否被积炭堵塞；检查电极颜色，判断发动机燃烧状态，黑色为燃烧积炭或火花塞过冷积炭，白色为火花塞过热烧蚀所致，砖色为正常。

▲检查火花塞电极

2. 高压线、分电器盖的检查

1）检查高压线电阻值：检查高压线电阻值是否符合要求，因车型不同，电阻值也不同，应符合原厂维修手册要求。

2）检查分电器盖：检查分电器盖是否存在裂纹，检查分电器盖内电极是否烧蚀。

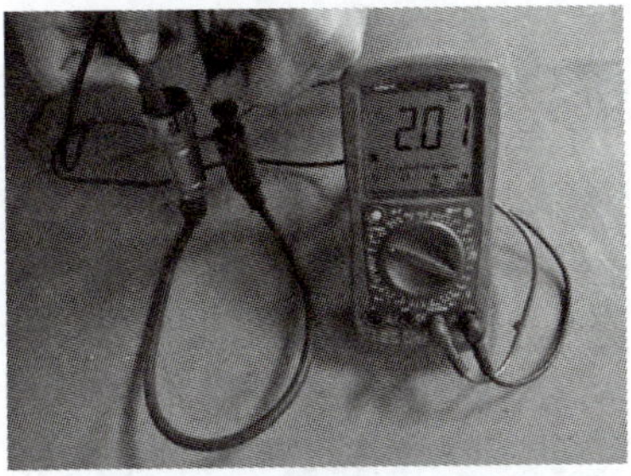

▲检查高压线电阻值

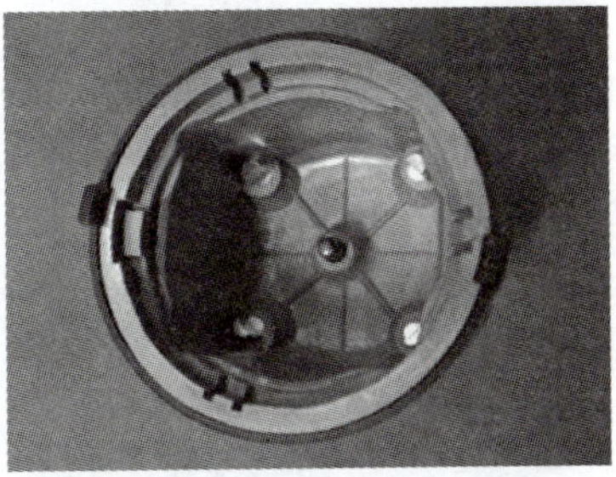

▲检查分电器盖

3. 检查点火线圈

1）初级绕组的检查。使用万用表 200Ω 挡检测初级绕组电阻值，一般为 0.6 ~ 1Ω。

2）次级绕组的检查。检查次级绕组电阻值：将万用表一端与次级接线端相连，另一端与初级绕组相连，使用万用表“$R \times 10$k”挡检测，一般为 3 ~ 5kΩ。

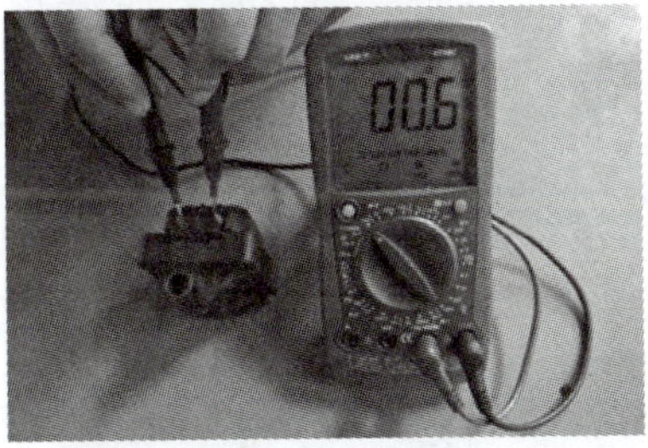

▲初级绕组的检查

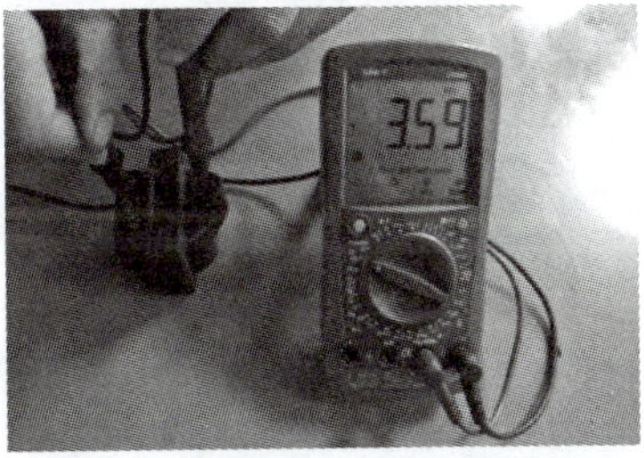

▲次级绕组的检查

3）初级绕组与搭铁短路的检查。检查初级绕组与点火线圈铁心的绝缘电阻，正常值为无穷大。

4. 双缸同时点火控制器的检查（以大众宝来轿车双缸同时点火系统为例）

1）点火控制器供电情况的检查。打开点火开关，使用万用表电压挡，测量点火控制器的供电情况；测量电源与接地线之间的电压值，正常电压值应在12.5V左右，如果无电压或电压值不正常，可将与接地线连接的表笔与发动机缸体相接，正常时表明接地线故障，不正常时应检查供电线路。

2）点火控制信号的检查。使用自制的发光二极管检测灯测量点火控制信号，起动发动机后二极管试灯应不断闪亮。使用发光二极管串联一只300Ω电阻，将发光二极管的正极与信号线相接，发光二极管的负极可直接接地（搭铁），分别测量两根信号线（可用大头钉刺穿导线测量）。

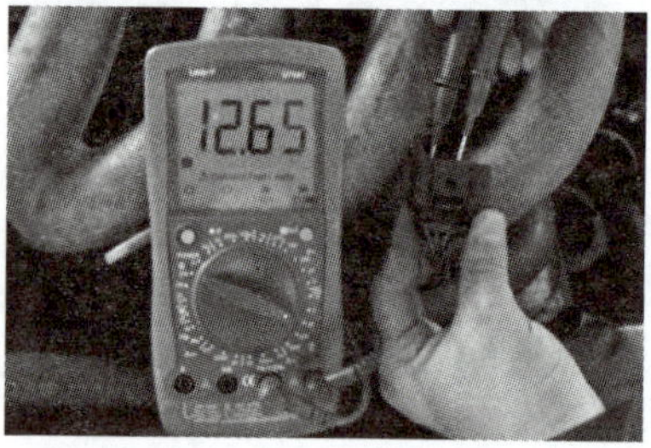

▲点火控制器供电情况的检查

▲点火控制信号的检查

3）次级绕组电阻值的检查。检查两个点火线圈次级绕组的电阻值：将万用表一端与次级接线端相连，另一端与初级绕组相连，使用万用表“$R\times10$k”挡检测，电阻值一般为3～5kΩ。

4）初级绕组电阻值的检查。使用万用表“$R\times1$”挡检查两个初级绕组的电阻值，一般为0.6～1Ω。

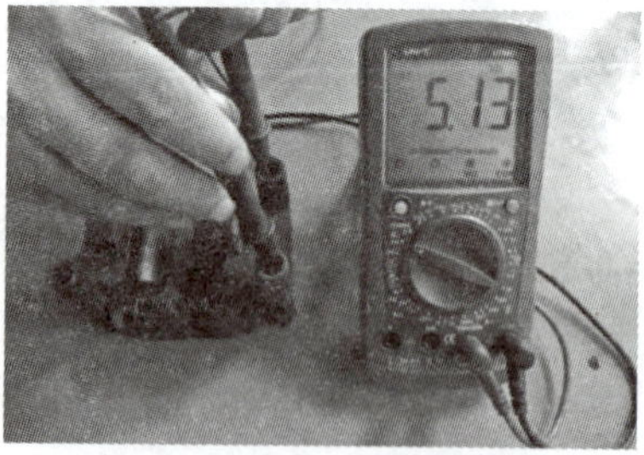

▲次级绕组电阻值的检查

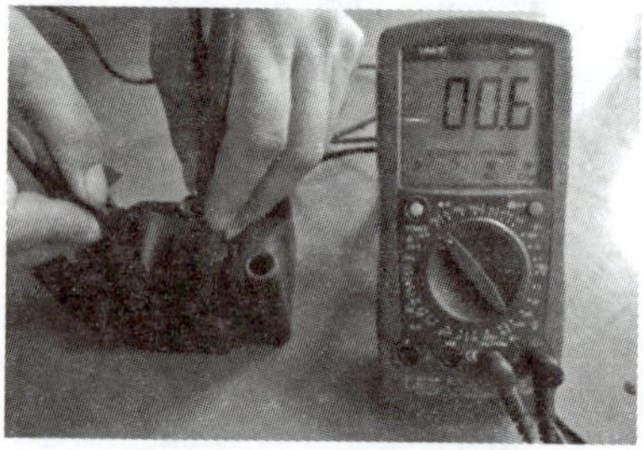

▲初级绕组电阻值的检查

5. 单独点火控制器的检查（以丰田卡罗拉单独点火系统为例）

1）点火控制器供电情况的检查。打开点火开关，检查点火控制器供电的电压值：使用万用表电压挡测量插座 1 脚与 4 脚，正常值应在 12V 左右，若不正常，则应检查供电线束。

2）点火控制器搭铁情况的检查。使用导通挡（标二极管的挡位），将一只表笔与插座 4 脚的搭铁线相连接，另一端与发动机气缸体相接，正常应导通，若不导通，则应检查线束。

3）点火控制信号的检查。使用自制的发光二极管检测灯测量点火控制信号，起动发动机后二极管试灯应不断闪亮。使用发光二极管串联一只 300Ω 电阻，将发光二极管的正极与信号线相接，发光二极管的负极可直接接地（搭铁），分别测量点火确认信号黑色导线和点火反馈信号黄色线（可用大头钉刺穿导线测量）。

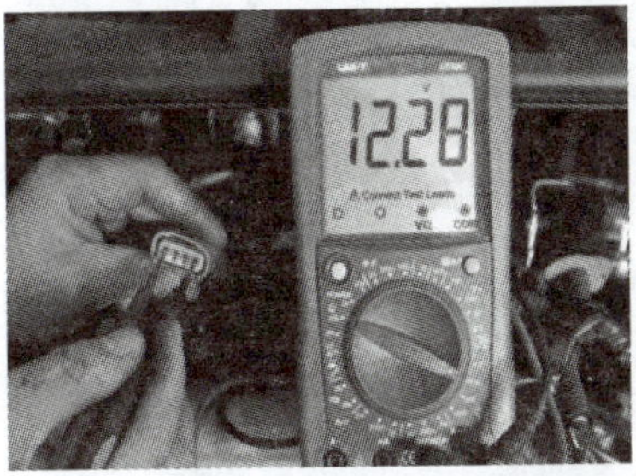

▲点火控制器供电情况的检查

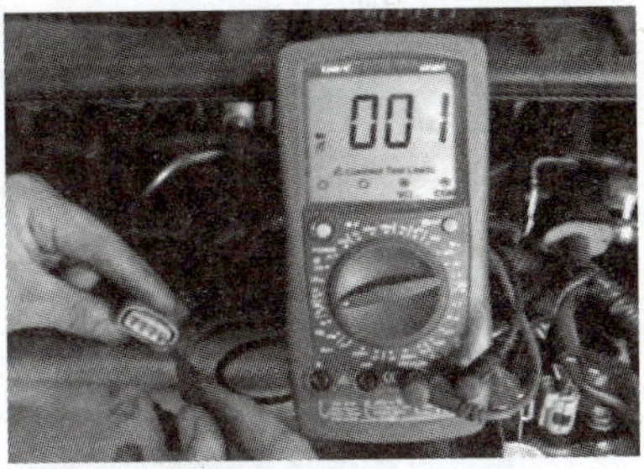

▲点火控制器搭铁情况的检查

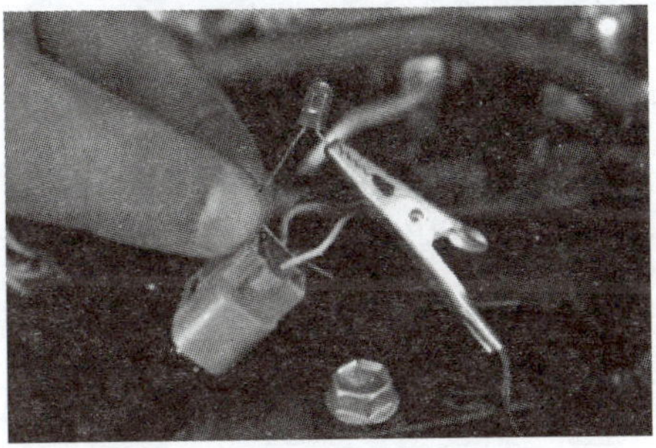

▲点火控制信号的检查

技能 30 典型计算机控制点火系统电路分析

1. 丰田轿车有分电器计算机控制点火系统

在发动机起动后，ECU 收到各传感器提供的信息，通过控制点火模块接通或断开初级绕组来产生高压电。下图中 IG_t 为点火确认信号，IG_f 为点火结束时提供给 ECU 的点火反馈信号。

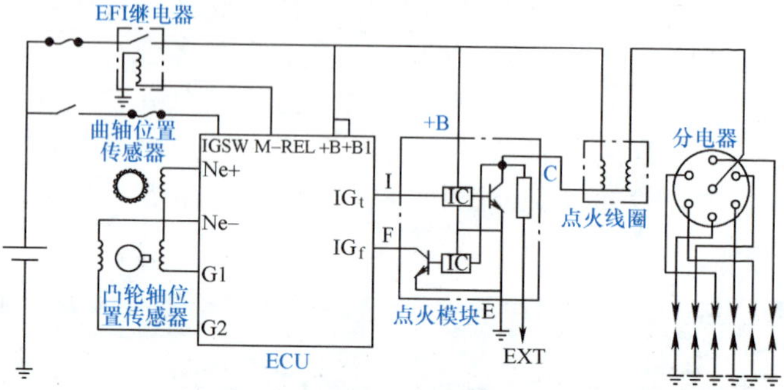

▲丰田轿车有分电器计算机控制点火系统

2. 丰田轿车无分电器双缸同时点火系统

当发动机工作时，ECU 根据曲轴与凸轮轴位置传感器的 G1、

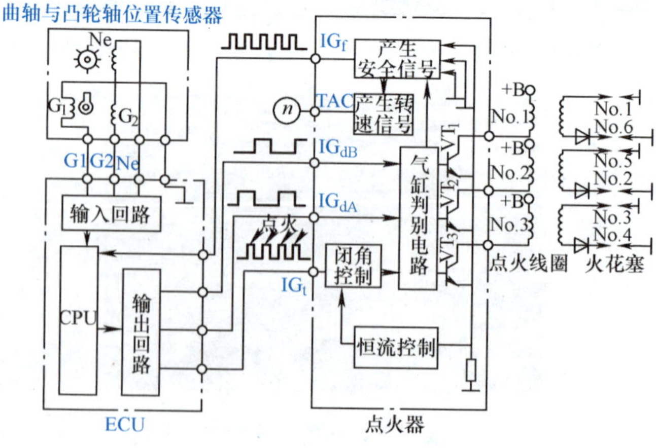

▲丰田轿车无分电器双缸同时点火系统

G2 和 Ne 信号产生气缸判别信号 IG_{dA}、IG_{dB} 和点火确认信号 IG_t，并输出到点火器的气缸判别电路，气缸判别电路根据这些信号将 IG_t 点火确认信号送给对应的大功率晶体管，使晶体管控制响应的点火线圈工作。在点火系统完成点火后，点火器向 ECU 提供点火反馈信号，如果 ECU 未收到点火反馈信号，则会停止点火和喷油。

3. 大众捷达轿车双缸同时点火系统

打开点火开关后，主供电继电器 J458 触点闭合，通过地址码 48

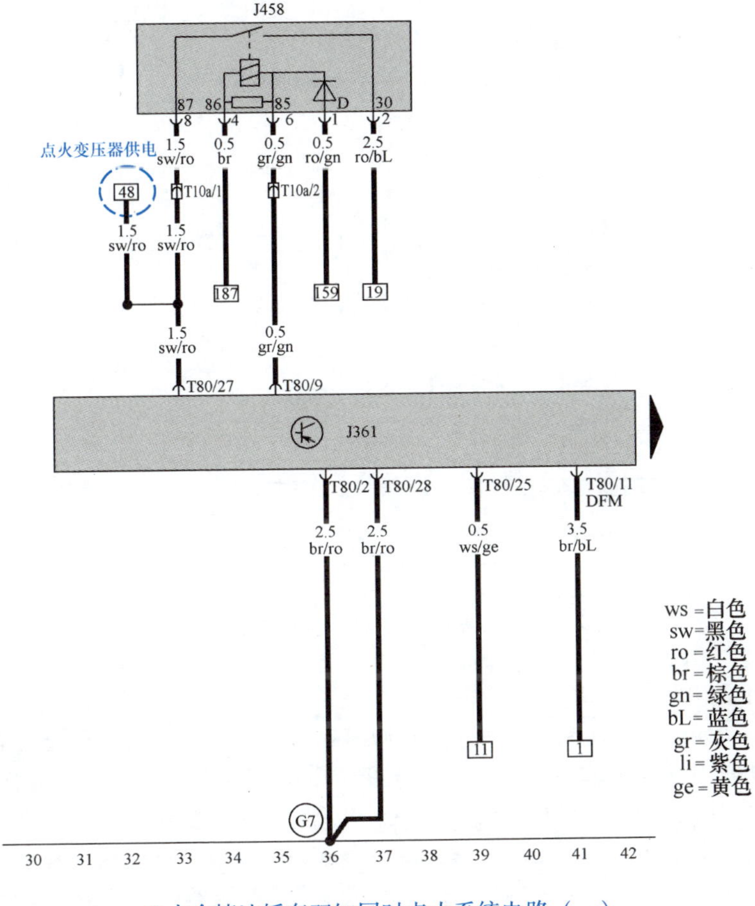

▲大众捷达轿车双缸同时点火系统电路（一）

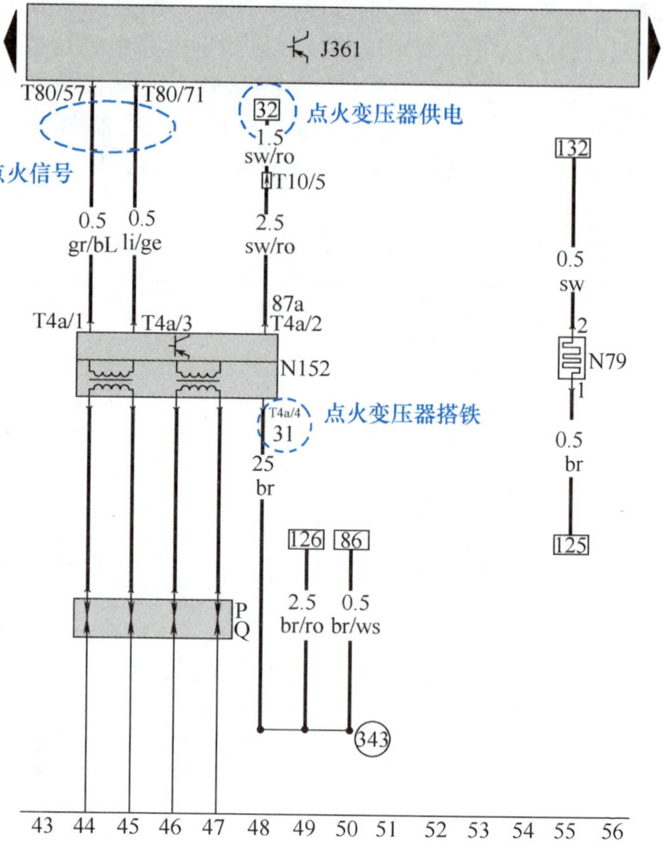

▲大众捷达轿车双缸同时点火系统电路（二）

ws—白色　sw—黑色　ro—红色　br—棕色　bL—蓝色

gr—灰色　li—紫色　ge—黄色

向点火变压器 N152 供电。

J361 是发动机控制单元，接收来至各传感器的信号，通过计算分析，控制 N152 执行点火。点火变压器 N152 的线束插头 T4a/3 脚、T4a/1 脚是发动机控制单元 J361 点火控制信号的控制引脚，向点火变压器提供 2 个点火确认信号，一个点火确认信号对应两个气缸的点火，分别是 1、4 缸和 2、3 缸。N152 点火变压器接收到此信号后，便控制响应的点火线圈通断电，以完成点火。上页图中 P Q 是火花塞，点火变压器 N152 的搭铁是通过 T4a/4 脚实现的。

4. 新宝来轿车无分电器单独点火系统

在点火开关打开后，J623 发动机控制单元控制 30 继电器的 J317 触点闭合（地址码为 25），通过熔丝 SC_{24}（地址码为 40）、正极连接 B353（地址码为 66）、正极连接 D20（地址码为 87 ~ 96）给点火变压器 N70、N127、291、N292 供电。点火变压器 1 脚为搭铁，3 脚为供电，4 脚是发动机控制单元控制信号线，2 脚是次级绕组搭铁回路。起动发动机，控制单元 J623 接收到曲轴位置、凸轮轴位置等传感器的信息后，经过处理计算分析，分别给各气缸点火变压器提供控制信号，产生高压火花点火。

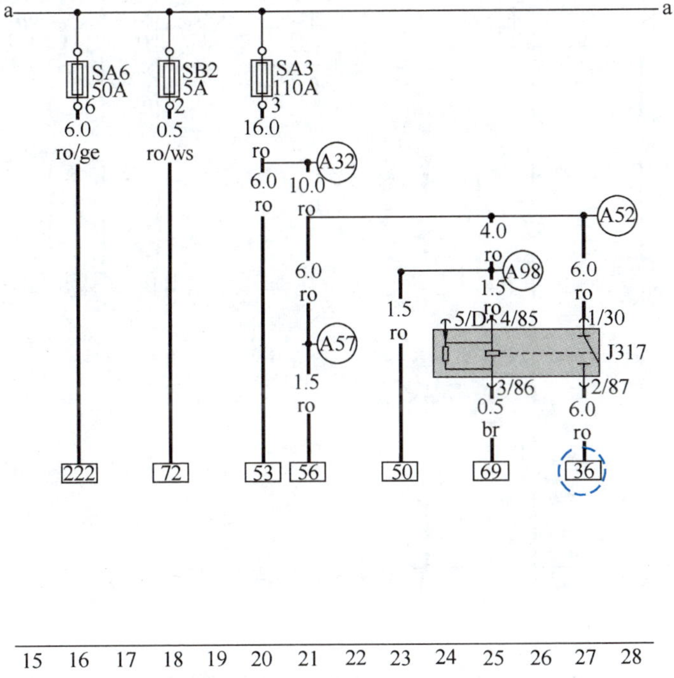

▲新宝来轿车无分电器单独点火系统电路（一）

ws—白色　ro—红色　br—棕色　gr—灰色　ge—黄色

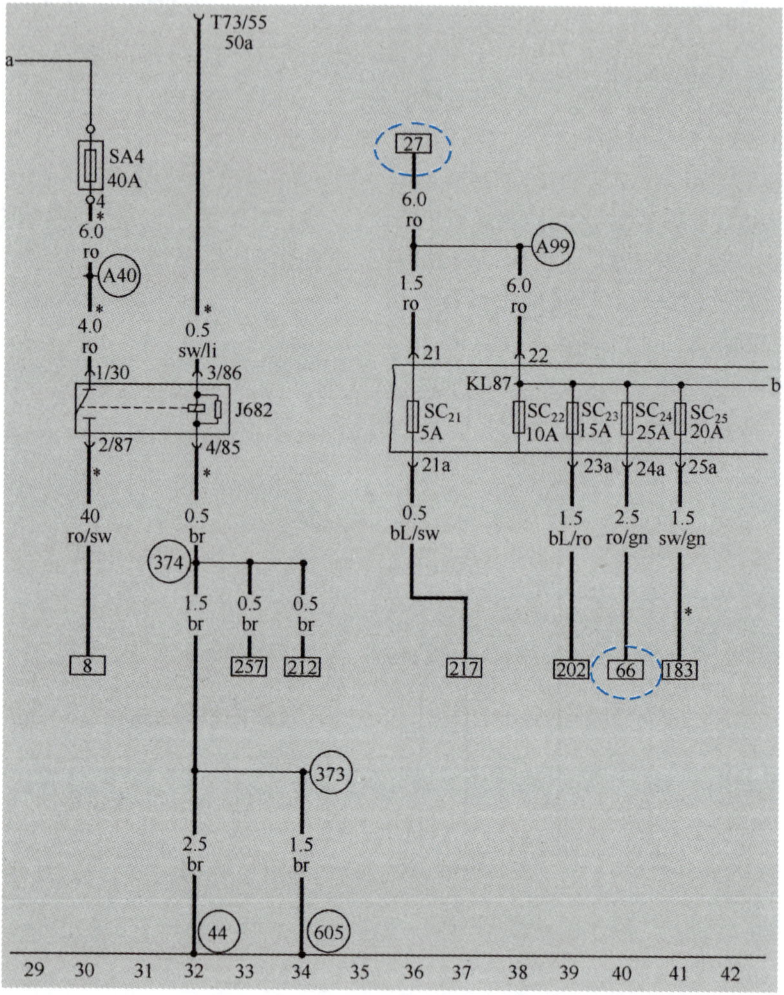

▲新宝来轿车无分电器单独点火系统电路（二）

sw—黑色　ro—红色　gn—绿色　bL—蓝色　li—淡紫色

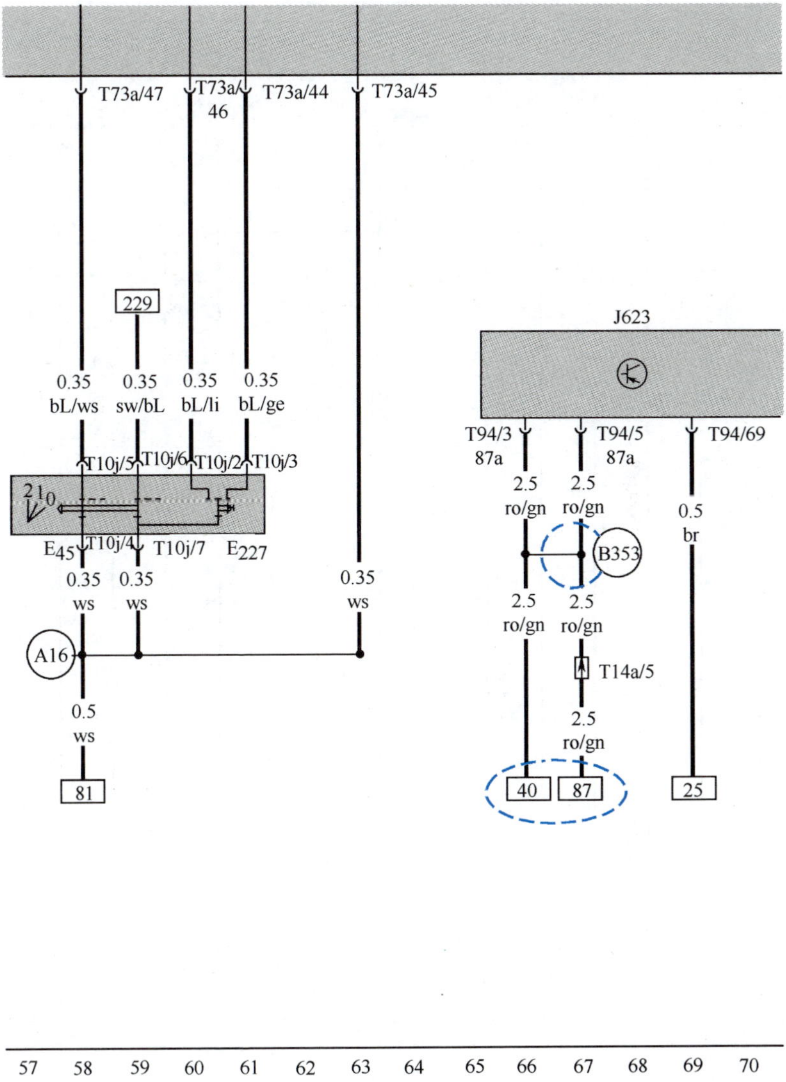

▲新宝来轿车无分电器单独点火系统电路（三）

ws—白色　sw—黑色　ro—红色　br—棕色　gn—绿色　bL—蓝色

gr—灰色　li—淡紫色　ge—黄色

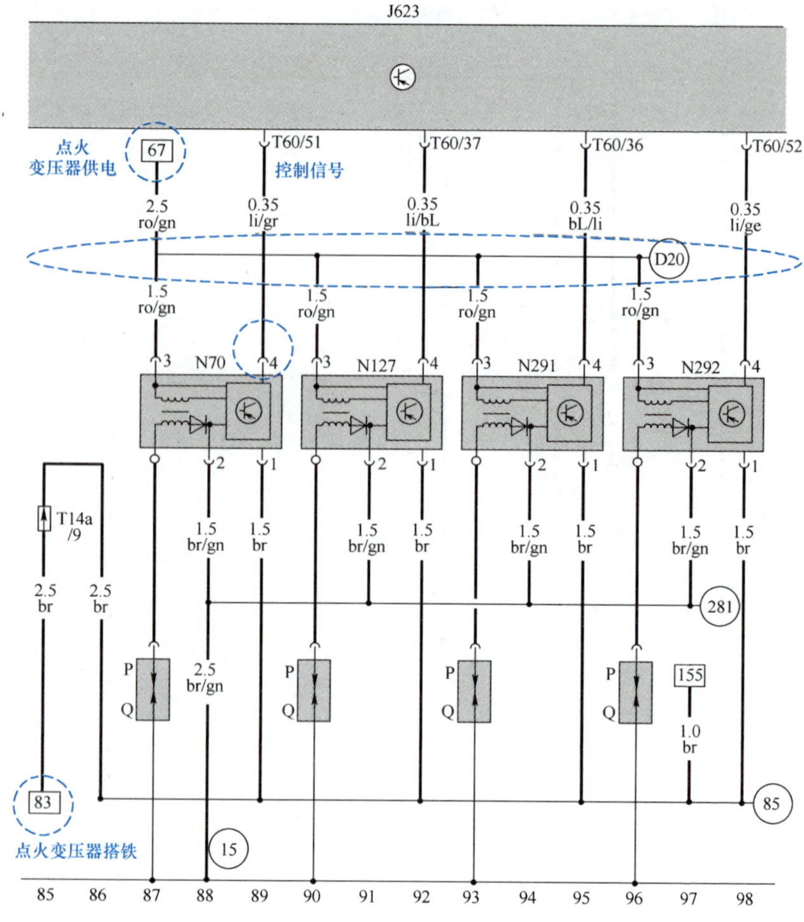

▲新宝来轿车无分电器单独点火系统电路（四）

ro—红色　br—棕色　gn—绿色　bL—蓝色

gr—灰色　li—淡紫色　ge—黄色

技能31　点火系统常见故障的诊断与排除

由于计算机控制点火系统已经在轿车上普遍使用，传统电子点火系统已经淘汰，因此在此以计算机控制点火系统的故障诊断与排除为主进行介绍。

发动机电子控制单元都具有故障自诊断系统，即自诊断功能。当发动机出现故障和工作性能异常时，可以使用诊断仪与发动机 ECU 连接，首先进行发动机自诊断，确定故障可能导致的原因，必要时再进行人工诊断，最后通过人工检查查明故障部位和原因。

计算机控制点火系统的故障原因除了点火控制器、点火线圈、分电器、高压线、火花塞发生故障外，还包括 ECU 及其线路故障和各种传感器及其线路故障。

一、利用发动机 ECU 的自诊断功能进行诊断

所谓发动机 ECU 的自诊断功能，是指在发动机工作过程中时刻监视各个电子控制系统的传感器、执行器的工作状态，一旦发现某些信号失常，自诊断系统会点亮仪表板上的“CHECK”或“CHECK ENGINE”指示灯（又称为发动机故障指示灯或检查发动机报警灯），通知驾驶人出现故障；同时发动机 ECU 将故障信息以代码的形式存储起来，维修时技术人员可以通过发动机故障指示灯或专用仪器调取。

当点火开关旋至接通位置且不起动发动机时，发动机报警指示灯便会亮起。若报警指示灯未亮，则说明报警指示灯或其电路有故障。在起动发动机后，发动机报警指示灯应熄灭。若发动机报警指示灯不熄灭，则说明自诊断系统已检测出发动机系统有故障或不正常。利用发动机 ECU 自诊断功能诊断和检查故障的主要步骤如下：

1. 按规定步骤读取故障码

大部分轿车采用了 OBD-Ⅱ 诊断系统，采用统一的 16 针诊断插座。不同的车系，诊断插座的位置和故障码的读取方法不同，应以具体车型维修手册为准。

2. 根据故障码确定故障部位、原因并予以排除

维修人员读取故障码后，可根据故障码表，查出故障的含义、类别以及故障范围等。一般情况下，故障码只代表故障类型及大致范围，并不代表准确的故障点，因此，维修人员可以以此为线索进行具体、全面的检查，并予以排除。

3. 进行路试检查，确定故障后彻底排除

在将故障排除后，应进行车辆路试。路试的目的是确认故障是

否真正排除，是否还有其他故障存在。首先可以观察故障指示灯在发动机起动后是否熄灭，若熄灭后路试未发现任何问题，则证明故障已经排除；如果故障指示灯未熄灭，则证明故障未排除或出现新的故障。有时候发动机出现故障，但故障指示灯并未点亮也没有故障码，这种故障被称为无码故障，此时需要进行人工诊断，逐一排查，确定故障点。

4. 清除（消除）故障码

在将故障排除后，虽然电子控制系统恢复正常工作，发动机检查指示灯也指示正常，但是故障码仍然储存在存储器中，再读取故障码时，这些故障码会和新的故障码一起显示出来，给诊断维修增加了困难。因此，在故障彻底排除、发动机检查指示灯指示正常后，应使用发动机故障诊断仪消除故障码。

二、人工诊断

当点火系统有故障或自诊断系统显示点火系统故障时，需要根据具体的故障现象，对元器件进行逐一排查，以便确定故障。

1. 发动机不能起动故障的排除

（1）故障现象　起动发动机时，发动机可运转，但不起动，检查高压线，无火花。

（2）故障原因及排除方法

故障原因	故障排除方法
点火线圈的熔丝熔断	检查并更换熔丝
分电器中央高压线接触不良或断路	检查并更换分电器中央高压线
点火线圈短路或断路	检查并更换点火线圈总成
曲轴位置传感器或曲轴正时带轮有故障	检查传感器和带轮，若损坏，则更换
ECU 有故障	更换 ECU

2. 发动机运转中抖动或加速时耸车

（1）故障现象　发动机起动后运转不平稳，有抖动现象；汽车行驶加速时耸车（发动机个别气缸不工作或工作不良），挡位越高越明显。

(2) 故障原因及排除方法

故障原因	排除方法
点火线圈漏电损坏	更换点火线圈
高压线断路或老化漏电	更换全部高压线
火花塞电极严重烧蚀或绝缘陶瓷裂纹漏电	更换火花塞
点火线圈控制线路接触不良、断路或短路	检查线路情况，维修损坏的线束

3. 发动机油耗增加或性能不稳定

(1) 故障现象　发动机油耗明显增加或出现加速无力、轻微抖动现象。

(2) 故障原因及排除方法

故障原因	排除方法
火花塞老化或电极烧蚀	更换火花塞
高压阻尼线漏电或断路	更换高压线
点火线圈匝间短路或击穿漏电	更换点火线圈
曲轴位置传感器或正时带轮有故障	检查曲轴位置传感器或曲轴正时带轮
ECU 有故障	更换 ECU

典型故障案例分析

故障现象： 一辆 2007 年款雪佛兰乐骋轿车高速行驶时出现加速耸车现象。

故障分析： 接到此车后维修人员通过与驾驶人沟通得知，该车怠速平稳，动力性也很好，就是偶尔出现供不上油的现象。随后维修人员对该车进行试车，发现怠速运转平稳，空挡加速时发动机响应性很好。根据以往经验判断，该车故障原因可能有以下几项：燃油滤清器堵塞、燃油泵损坏、点火系统高压线损坏、火花塞老化漏电、点火线圈老化漏电。

故障诊断： 首先对该车的燃油压力进行检查，怠速时油压为250kPa，急加速时燃油压力上升后下降，且压力值符合要求，排除燃油系统原因；随后将火花塞拆下检查，发现火花塞电极已经烧蚀，询问驾驶人得知该车已经5万km没有更换火花塞了。维修人员对更换下来的火花塞和高压线进行仔细检查，发现2缸火花塞的白色绝缘体上有很多纵向小裂纹，高压线也出现了很多裂纹，便将火花塞和高压线一同更换。更换后试车一切正常，故障排除。

故障排除总结： 该车是因保养不及时导致的故障。该故障比较常见，很多驾驶人没有按公里数对车辆及时保养，等部件老化出现故障后才开到修理厂维修，因此问诊很重要，要从驾驶人那里得到该车故障相关的信息，比如故障前的征兆、保养周期、车辆行驶的路况等。排除故障时要先易后难，先检查易损件，后检查非易损件。

第 6 章

照明系统的维修

技能 32　认识照明系统的作用与组成

1. 照明系统的作用

汽车照明系统的作用是满足汽车夜间行车照明的需求，实现车厢内部照明、行李箱照明、仪表板照明、各操纵开关照明以及车辆宽度标示等。

2. 照明系统的组成

照明系统可分为车内照明系统和车外照明系统。

（1）车内照明系统

名　称	图　　示	说　　明
顶灯	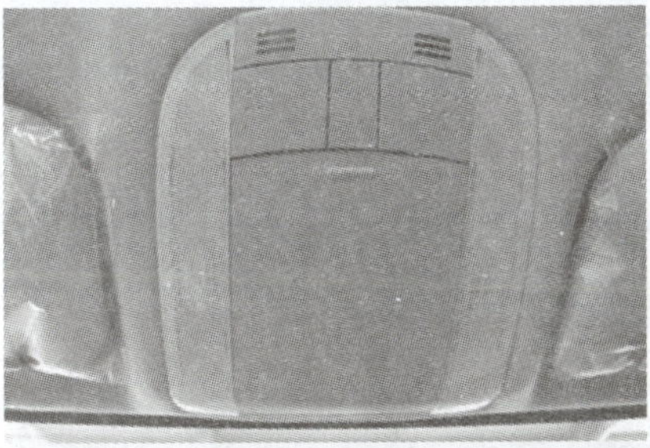	用于车厢内照明，与门控开关配合可实现开门顶灯点亮功能和门未关严监视功能，功率一般为 5～15W
仪表灯	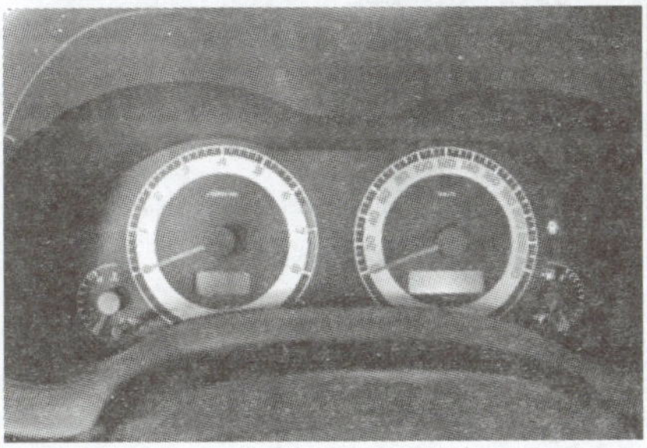	用于仪表照明、仪表板各操纵开关照明。有些车型装配了亮度可调节仪表照明，驾驶人可手动调节仪表照明亮度。功率为 2W

（续）

名　称	图　　示	说　　明
行李箱灯	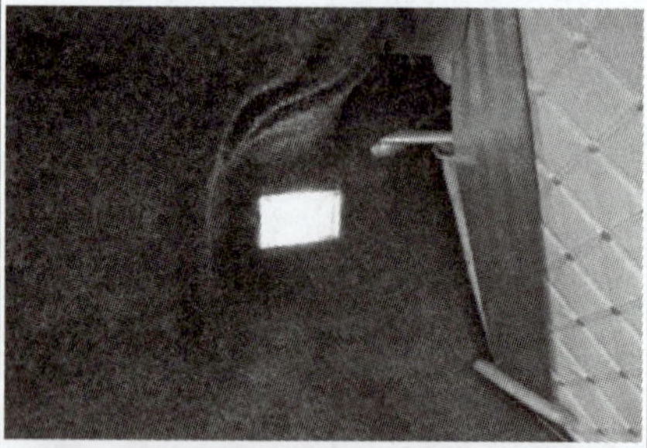	为行李箱提供照明，方便夜晚拿取物品，打开行李箱时自动点亮，功率为5W
化妆镜照明灯	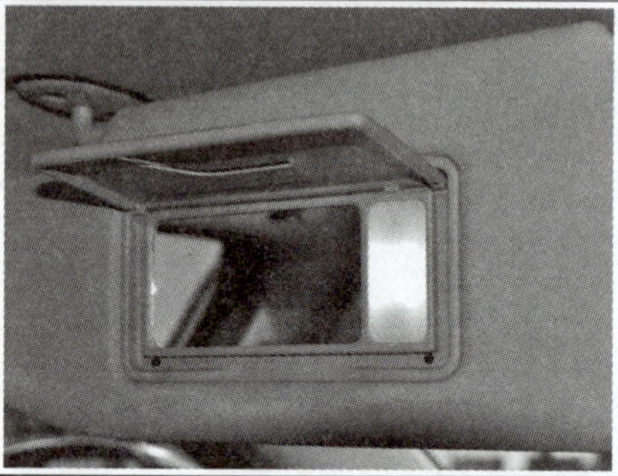	打开化妆镜自动点亮，功率为2W

（2）车外照明系统

名称	图　　示	说　　明
前照灯	  近光灯点亮  远光灯点亮	主要用于夜间行车照明，可以兼作超车灯使用，有两灯制和四灯制两种配置。其中，两灯制远、近光共用一个灯泡，为双丝灯泡；四灯制远、近光灯泡分开，共四只单丝灯泡

（续）

<table>
<tr><th>名称</th><th>图　示</th><th>说　明</th></tr>
<tr><td rowspan="2">前照灯</td><td>
充气灯泡　卤素灯泡　氙气灯泡</td><td>灯泡有充气灯泡、卤钨灯泡和高压氙气灯泡三种
远光灯功率为 40～60W，近光灯功率为 35～55W</td></tr>
<tr><td>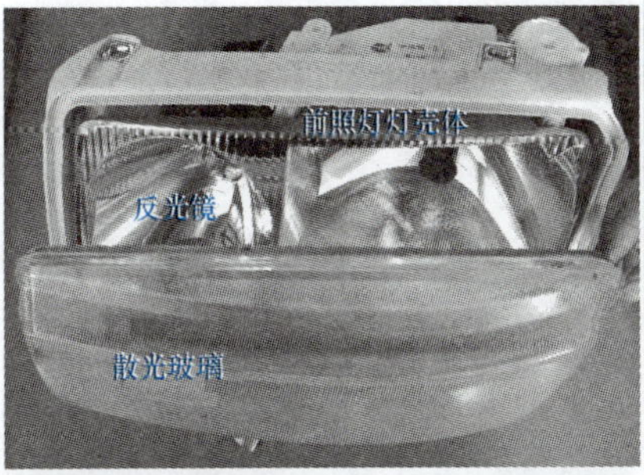
</td><td>前照灯由灯泡、配光镜（散光玻璃）和反射镜三部分组成</td></tr>
<tr><td>雾灯</td><td>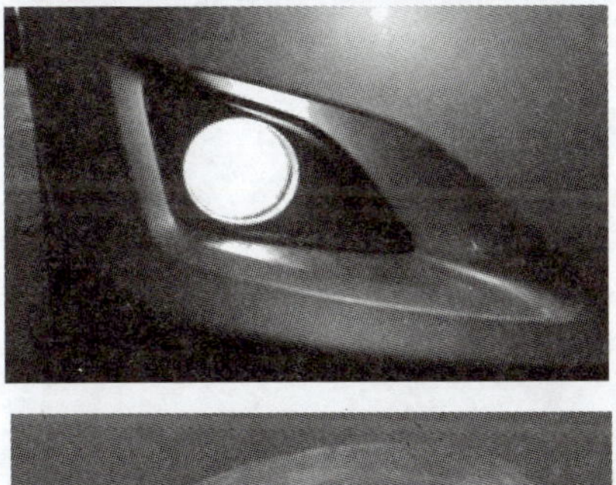
</td><td>采用波长较长的黄色、橙色或红色，因为其穿透力强
按照安装位置的不同可以分为前雾灯和后雾灯，有的轿车采用了单后雾灯的设计。前雾灯可以用来在雨雾天气照明使用；后雾灯用于发出警示，以警示后车保持安全车距。前雾灯功率为 45～55W，光色为橙黄色或白色；后雾灯功率为 21W 或 6W，光色为红色</td></tr>
</table>

（续）

名称	图　示	说　明
示宽灯	 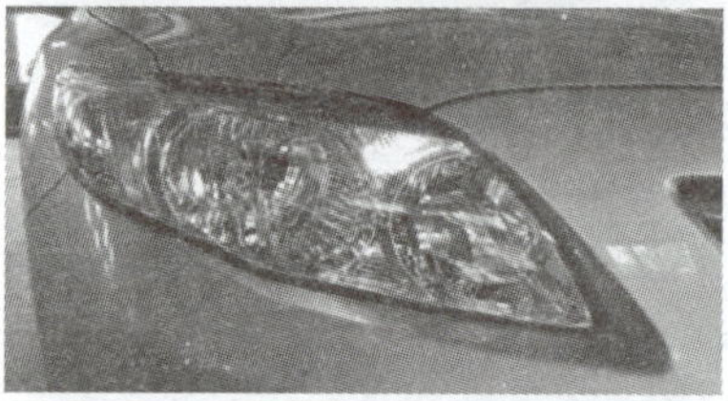	用于标示车辆宽度，功率一般为5～20W
牌照灯	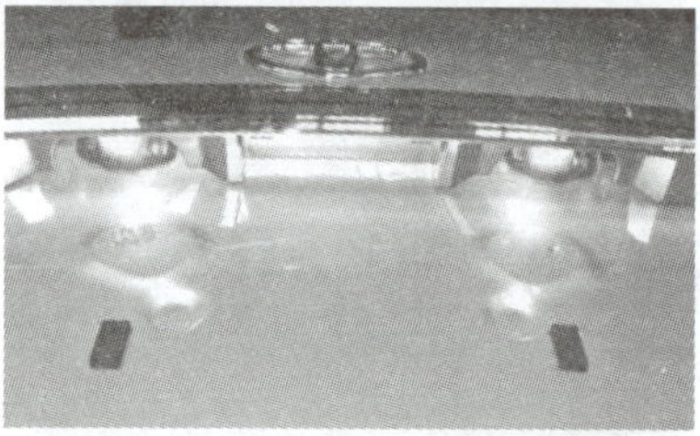	用于夜间车辆牌照的照明，安装于汽车尾部牌照的上方，同时也用于汽车后部的照明，功率一般为5～10W
后示宽灯后雾灯	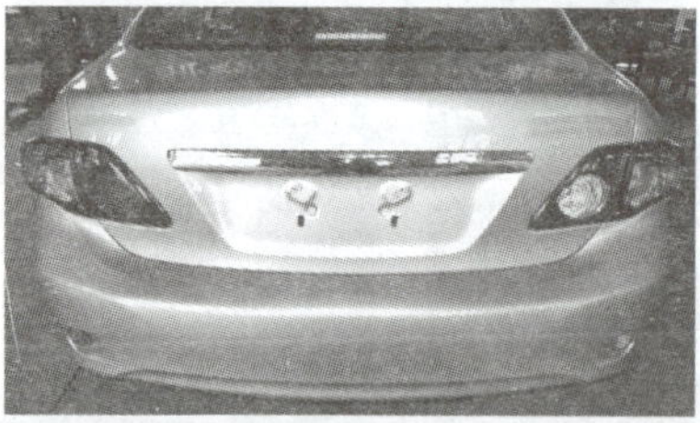 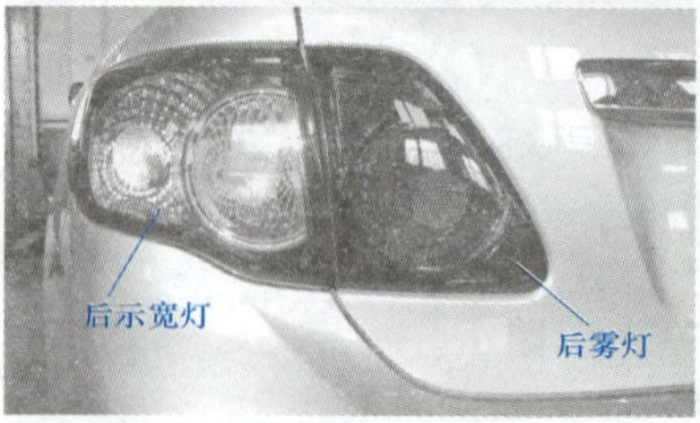	后示宽灯用于车辆后部示宽，以便标志车辆的形位 后雾灯用于警示后方车辆，保持车距 后示宽灯因安装在车辆尾部，功率一般为5～20W 后雾灯功率一般为21W。很多轿车采用了单后雾灯的结构，图中所示为单后雾灯

3. 继电器及灯光开关

名称	图　示	说　明
继电器	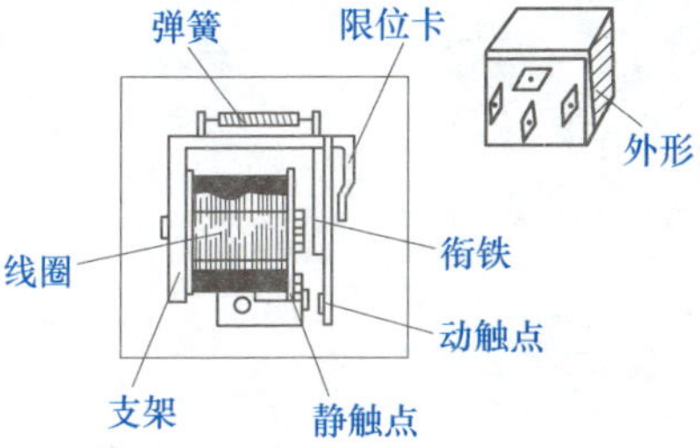 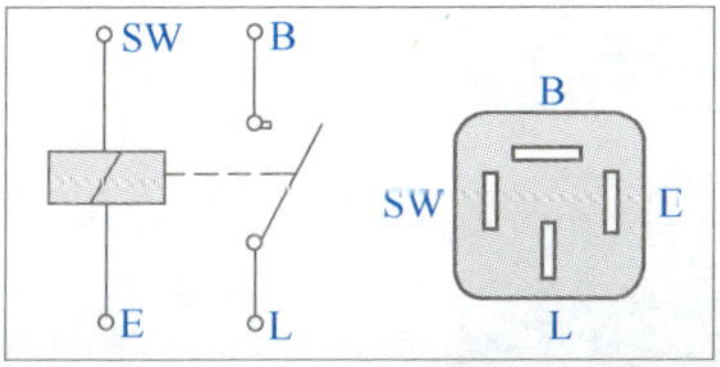	当灯光开关开至近光灯（远光灯）时，电流通过开关 SW 到达继电器线圈，然后到搭铁（E），产生磁场，吸动衔铁，使动静触点闭合，电流通过 B 接线柱到达 L，为远、近光灯泡供电
灯光开关	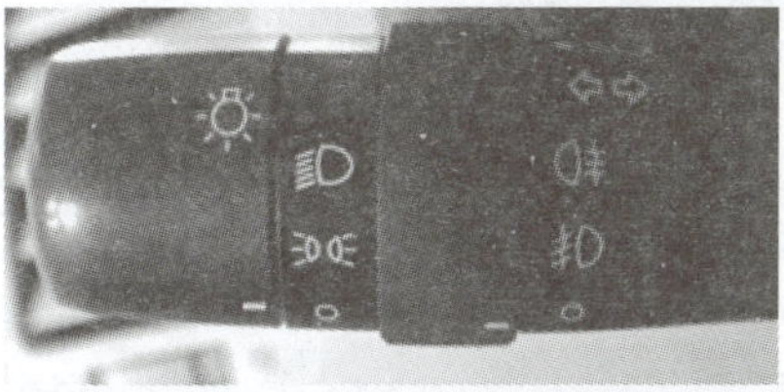	该灯光组合开关通过转动灯光开关尾部依次打开示宽灯、近光灯和远光灯；上下搬动可以进行远、近光变换；中间位置为雾灯开关，向前旋动可以依次开启前雾灯和后雾灯
		旋至第一挡开启示宽灯
	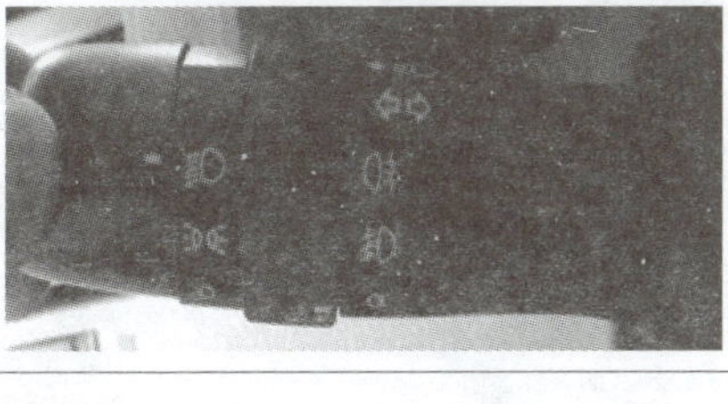	旋至第二挡开启近光灯

（续）

名称	图示	说明
灯光开关		在第二挡的基础上将开关向上拨动，开启远光灯，同时仪表板远光灯指示灯点亮
	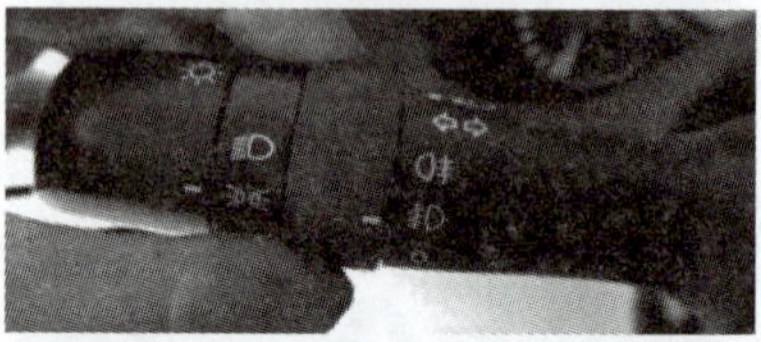	将灯光开关打开，然后将雾灯开关旋至第一挡开启前雾灯
	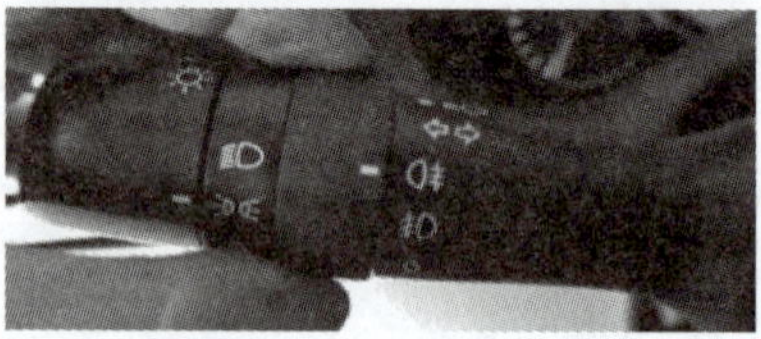	将雾灯开关旋至第二挡开启后雾灯

技能 33　前照灯与雾灯的检查与调整

1. 前照灯的车上拆卸（以丰田卡罗拉车型为例，具体车型可能有所区别）

1. 拆下左右两前轮翼子板内侧的两个卡扣

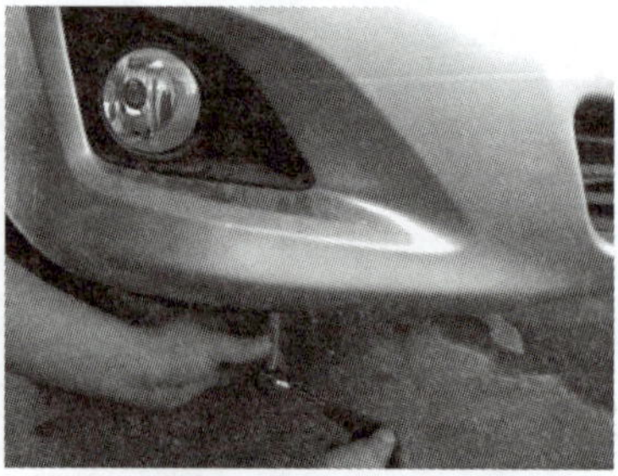

2. 拆下前保险杠下方的固定螺钉

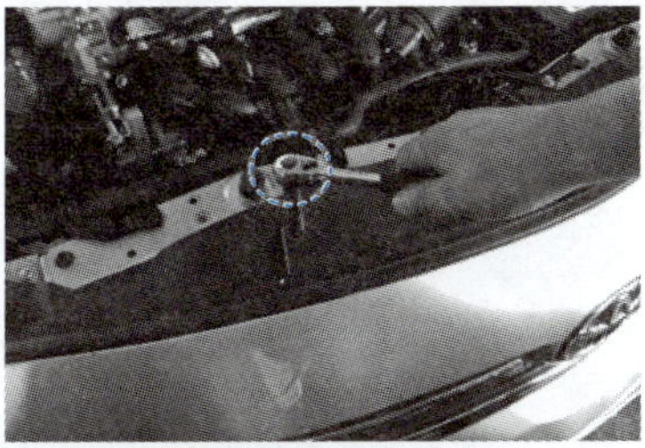

3. 拆下前保险杠上方的固定螺钉

4. 拆下前保险杠上方的卡扣

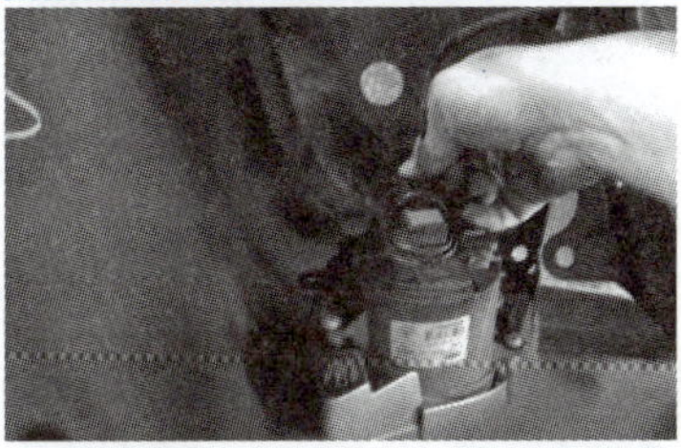

5. 将保险杠向车前方拉动，拆下左、右雾灯线束

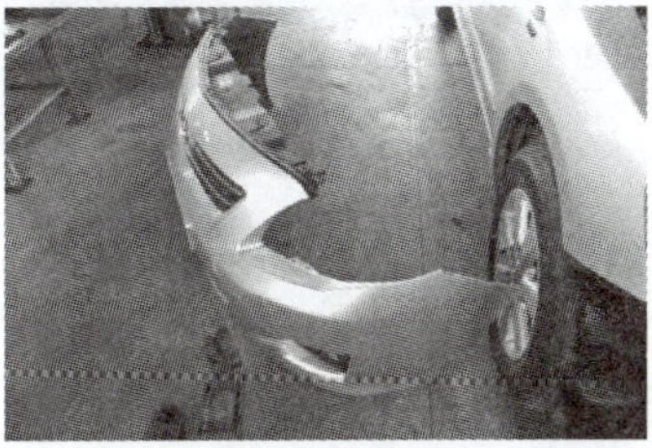

6. 拆下保险杠总成

7. 拆下前雾灯

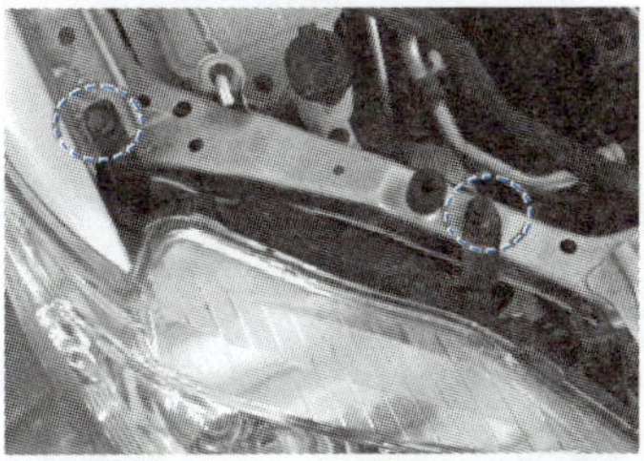

8．拆下前照灯上方的两颗固定螺栓

9. 拆下前照灯下方的一颗固定螺栓，将前照灯向前方拉出，拆下后方的线束插头，重复 7、8 步，拆下右侧前照灯

10. 拆下前照灯总成

2. 前照灯的车上安装

前照灯车上安装顺序与拆卸顺序相反，在此不再赘述。

注意事项

1）拆卸前保险杠时应注意避免损坏漆面，做好防护。

2）在将前照灯拆下后，应注意正确放置，不可将灯面向下放置，以免划伤。

3）按照规定力矩将前照灯固定螺栓拧紧，拧紧力矩为10N·m。

4）将灯泡拆下时，不要用手触摸灯泡表面，以免脏污灯泡，缩短其使用寿命。

3. 前照灯、雾灯的检查

1）检查近光灯灯泡：目视检查灯泡内表面是否出现发黑现象；目视观察灯丝是否烧断，也可使用万用表电阻挡测量其电阻值，正常值在1Ω以下；检查灯座密封圈是否损坏，若已损坏，则应更换灯泡。

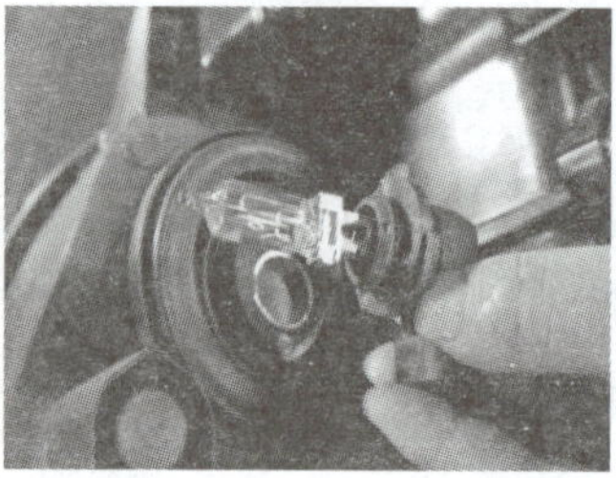

▲检查近光灯灯泡

2）检查雾灯灯泡：目视检查灯泡内表面是否出现发黑现象；

▲检查雾灯灯泡

目视观察灯丝是否烧断，也可使用万用表电阻挡测量电阻值，正常值在 1Ω 以下；检查灯座密封圈是否损坏，若已损坏，则更换灯泡。

技能 34　尾灯的拆装与检查

1. 尾灯的拆装

（1）尾灯的拆卸

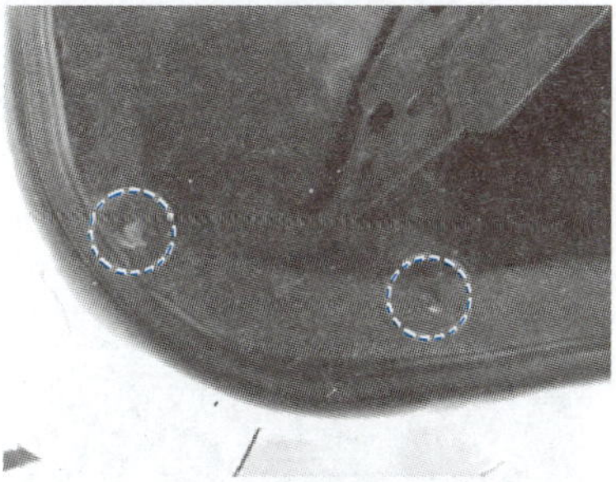

1. 拆下行李箱衬板卡扣

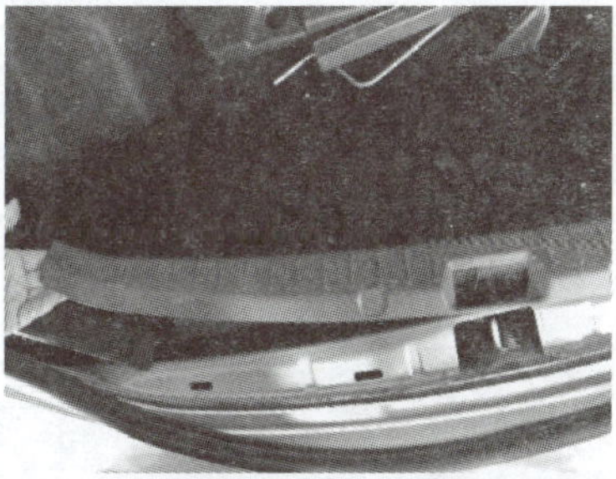

2. 拆下行李箱塑料防护板

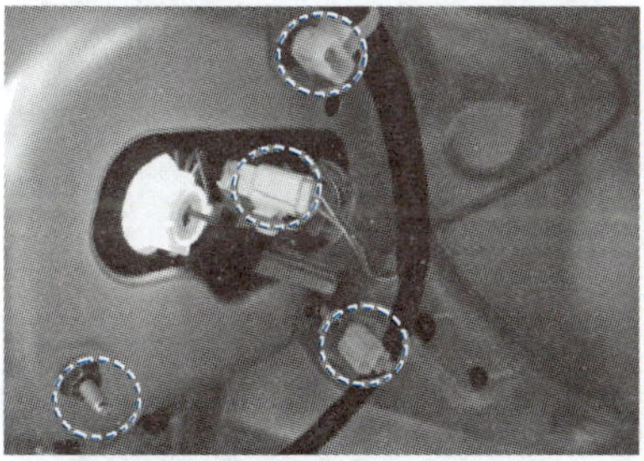

3. 拆下尾灯固定螺栓（共 3 颗），分开尾灯线束

4. 将尾灯轻轻向后拉，取出尾灯

（2）尾灯的安装　尾灯的车上安装顺序与拆卸顺序相反，在此不再赘述。

2. 尾灯的检查

检查尾灯灯泡是否发黑，灯丝是否烧断，若损坏，则更换。

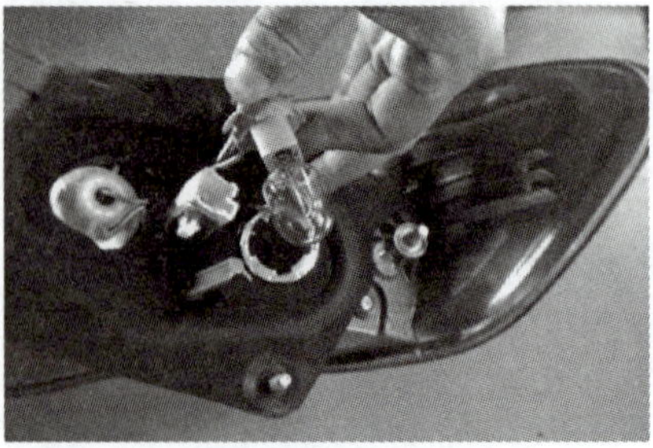

▲尾灯的检查

技能35 阅读灯的拆装与检查

1. 阅读灯的拆卸与检查（以丰田卡罗拉车型为例，具体车型可能会有所区别）

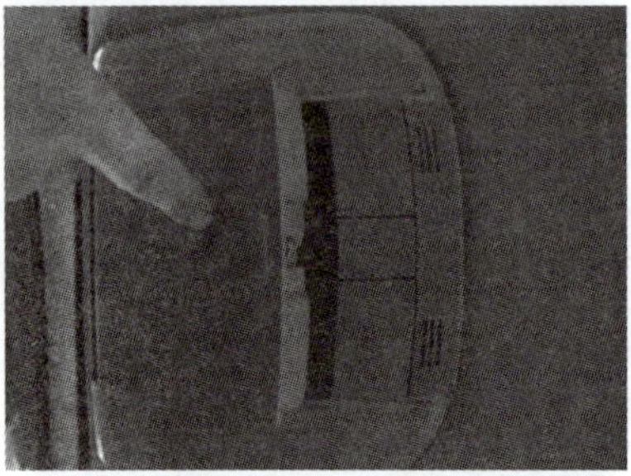

1. 按下眼镜盒

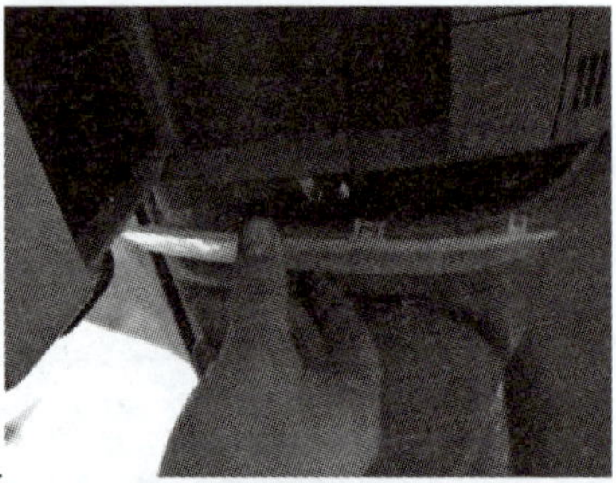

2. 拆下阅读灯的配光镜

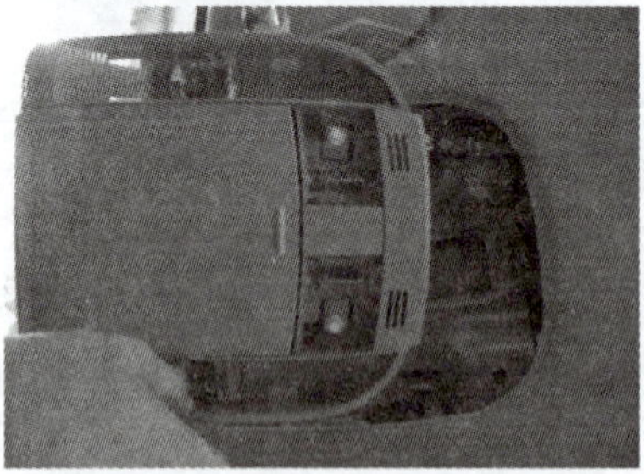

3. 向下拉动阅读灯，拆下阅读灯（卡扣固定结构）

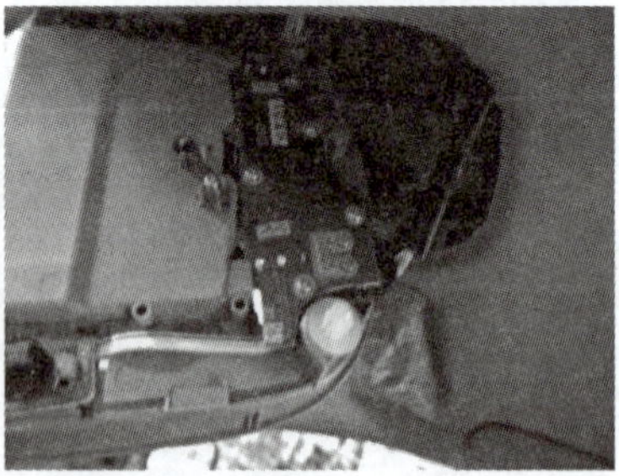

4. 拆下阅读灯线路插头

5. 拆下阅读灯灯泡，检查阅读灯的开关能否正常工作；检查灯泡内部是否发黑，灯丝是否烧断，若有，则更换灯泡

2. 阅读灯的安装

因安装过程较为简单，在此不再赘述，但应注意，向下拉动顶灯时力度不可过大，以免损坏线束；拆下顶灯灯泡时，不要用手触摸灯泡表面，安装前应确保卡扣完好。

技能 36　典型汽车照明电路分析

1. 基本照明电路分析

将灯光开关开至第一挡，电流通过蓄电池流经熔丝，到达灯光

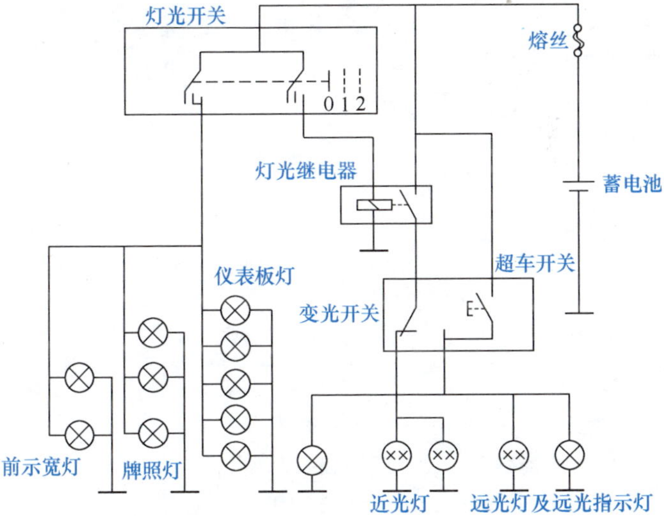

▲基本照明电路

开关，接通前示宽灯、尾灯、牌照灯和仪表板灯电路。将灯光开关开至第二挡，在第一挡灯光点亮的基础上，灯光继电器工作，触点闭合，接通远、近光电路，电流通过蓄电池，流经熔丝到达继电器开关、变光开关。上图所示位置为近光灯点亮，扳动变光开关（开关向右侧动作），接通远光灯电路，远光灯及远光指示灯（仪表板）点亮。在不开启灯光开关的情况下，直接操作超车开关，远光灯及远光指示灯点亮。

2. 大众轿车照明电路分析

图（一）所示灰色线条标示的为示宽灯 M1、M2 的（驻车灯）电路，供电来自 S8、S7 熔丝，可根据地址码 146、154 在电路图中查找，当灯光开关开至第一挡时此灯点亮；彩色实线条标示的为近光灯电路，当灯光开关 E1 开至第二挡，变光开关 E4 保持在近光灯位置时，远、近光灯继电器 J12 的近光灯继电器动作（继电器图中左侧），触点闭合来自蓄电池的供电，经过继电器开关，通过熔丝 S1、S2 为近光灯灯泡 L1b、L2b 供电，近光灯开启；彩色虚线线条标示的为远光灯电路，当灯光开关 E1 开至第二挡，变光开关 E4 保持在远光灯位置时（或驾驶人在未开启灯光开关，操作超车灯时），远、近光灯继电器 J12 的远光灯继电器动作（继电器图中右侧），触点闭合来自蓄电池的供电，经过继电器开关，通过熔丝 S11、S12 为远光灯灯泡 L1a、L2a 供电，远光灯开启，同时给仪表板控制单元 J285 提供远光灯点亮信号，此时 J285 使仪表板上蓝色远光灯指示灯点亮。

图（二）中 E4 是变光开关，图中所示位置为近光灯位置，来自灯光开关 E1 的电源通过变光开关后，通向远、近光继电器，搬动变光开关可以切换远、近光。E4 变光开关向左动作后，接通远光灯继电器控制电路。此变光开关还可以控制超车灯。蓄电池电源经过熔丝 S29 到达变光开关，左侧开关闭合接通远光灯继电器电路，远光灯点亮。E19 是驻车灯开关，驻车时前、后示宽灯可作为驻车灯使用，通过向左或向右搬动转向灯开关来开启前、后驻车灯，点火开关打开后该功能不起作用，供电来自点火开关。

地址码 183、184 来自灯光开关左尾灯、右尾灯电路，灯光开关开至第一挡，电源通过 S7、S8 熔丝为 M4 左后尾灯、M2 右后尾灯供

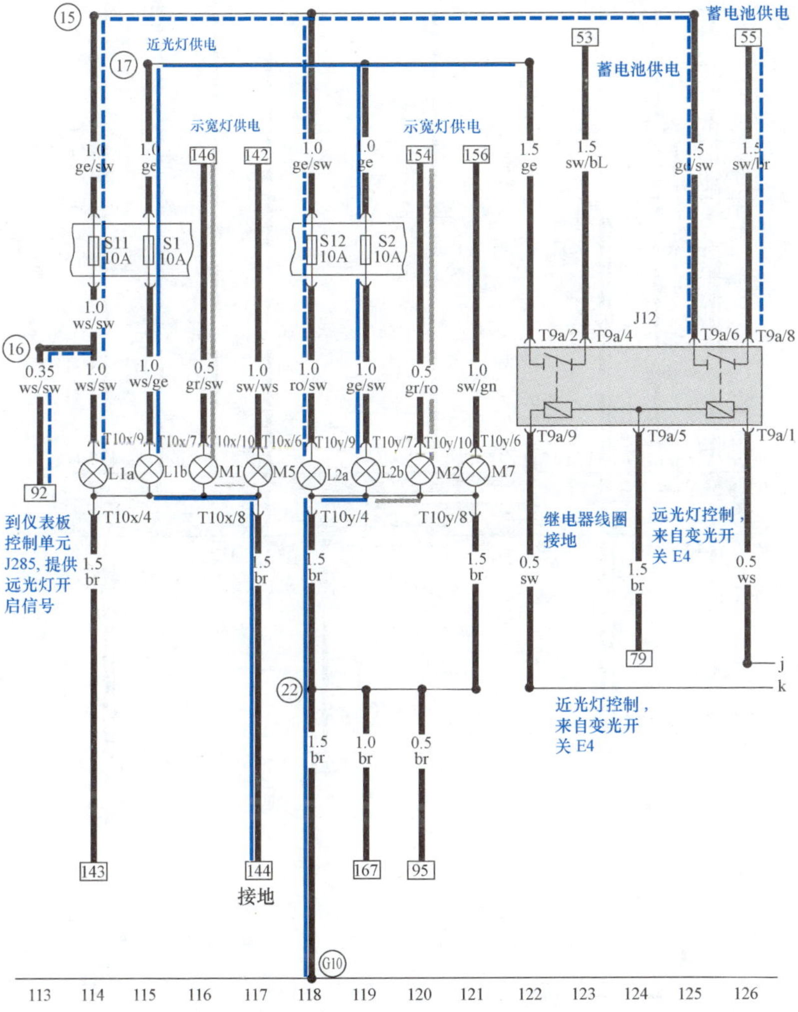

▲大众轿车照明电路（一）

ws—白色　sw—黑色　ro—红色　br—褐色　gn—绿色

bL—蓝色　gr—灰色　ge—黄色

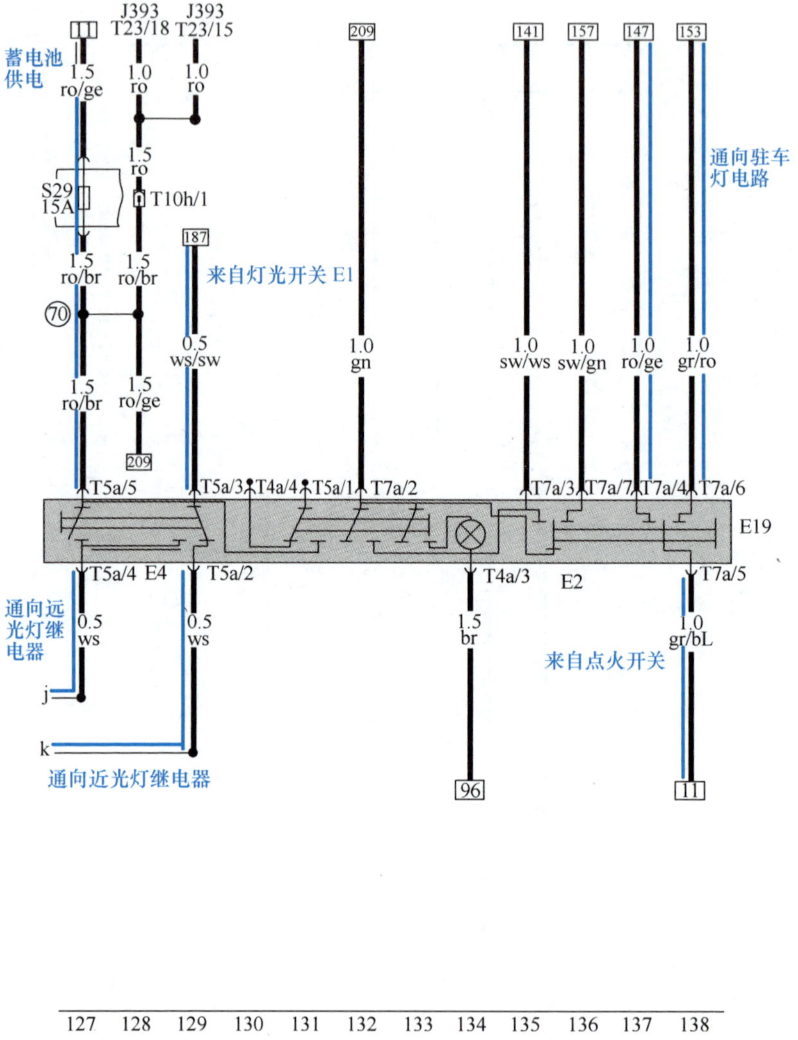

▲大众轿车照明电路（二）

电，同时通过 116 地址码和 120 地址码为左前、右前示宽灯 M1、M2（驻车灯）供电。

当雾灯开关 E18 开至第一挡［见图（五）］时，L22 左前雾灯、

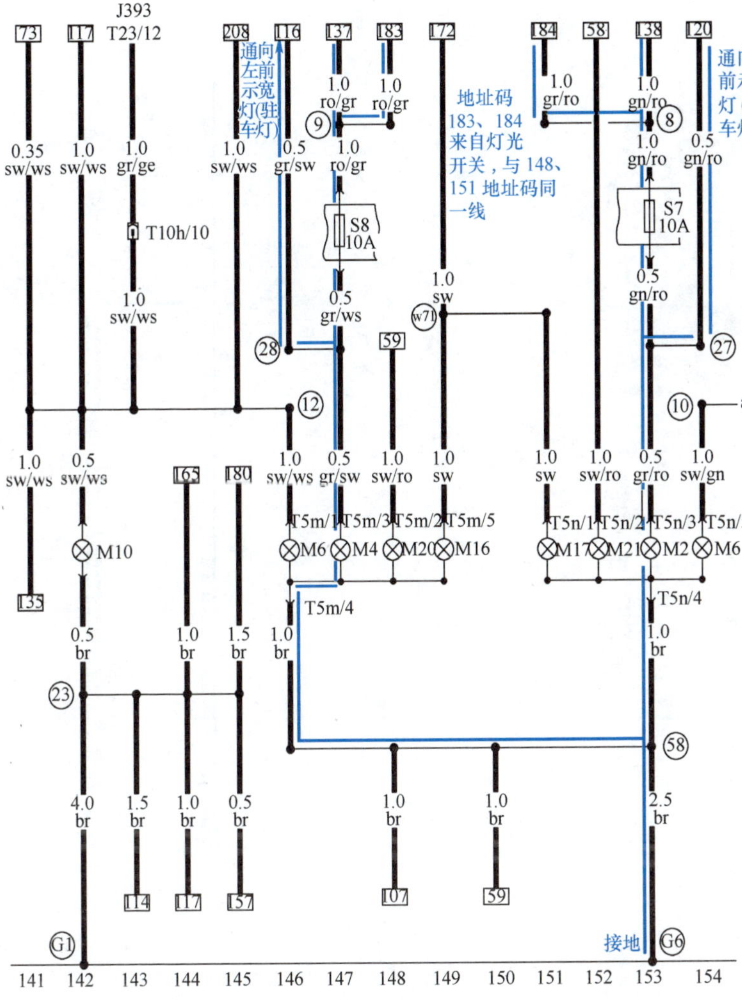

▲大众轿车照明电路（三）

L23 右前雾灯点亮。

灯光开关 E1 开至第一挡，接通左、右尾灯电路（地址码分别为 148、151），通过熔丝 S25 提供供电；将灯光开关开至第二挡，在接通左、右尾灯的基础上，通过熔丝 S24 为远、近光继电器供电。

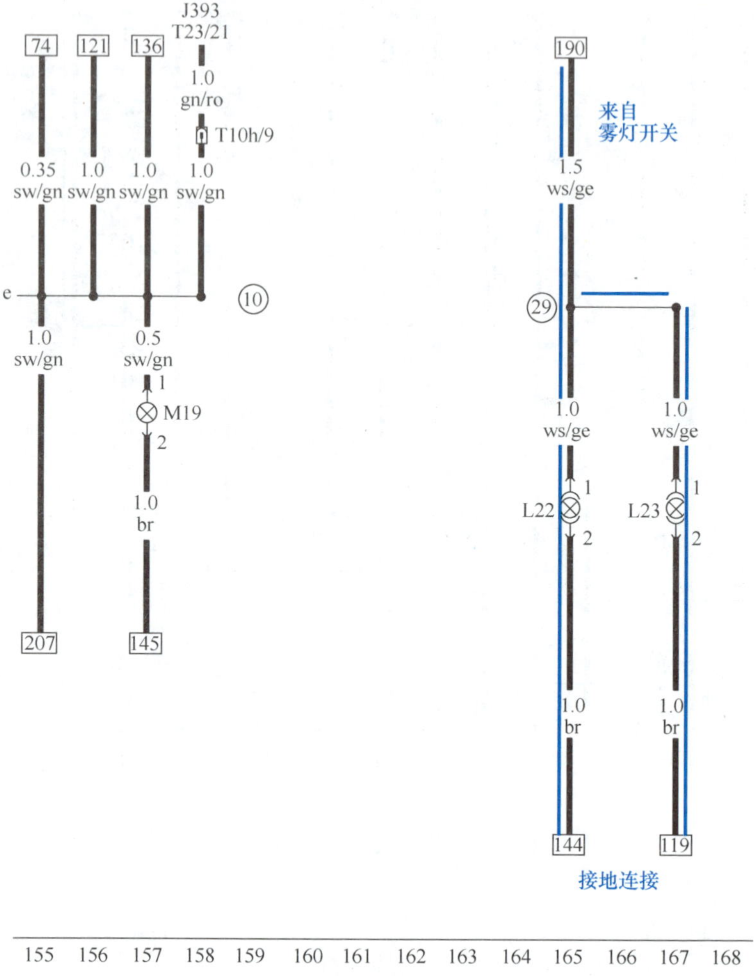

▲大众轿车照明电路（四）

在灯光开关开启后，将雾灯开关开至第一挡，来自卸荷继电器的供电（起动发动机时断电）经过雾灯开关一挡到达前雾灯（地址码为165），将其点亮；将雾灯开关开至第二挡，前雾灯 L22、L23 和后雾灯 L24 均点亮。

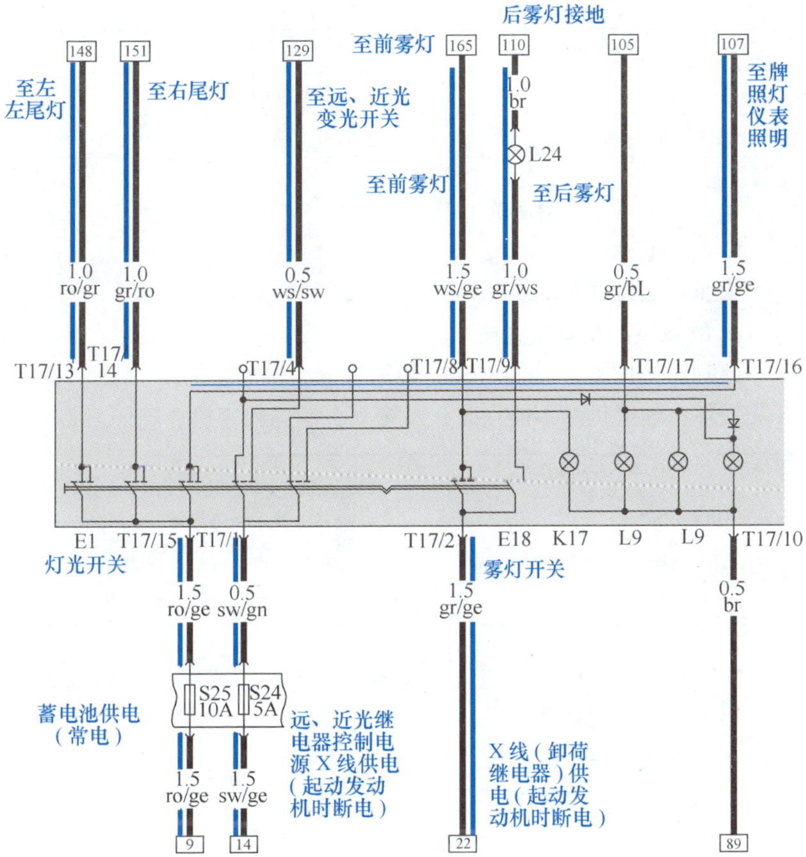

▲大众轿车照明电路（五）

技能 37　照明系统常见故障的诊断与排除

一、所有灯均不亮

1. 故障现象

打开灯光开关，所有灯均不亮。

2. 故障原因及排除方法

故障原因	排除方法
电源总熔丝熔断	检查并更换熔丝
灯光开关损坏	检查并更换灯光开关

二、前照灯远光灯不能点亮

1. 故障现象

前照灯远光灯不能点亮，近光灯能够正常点亮。

2. 故障原因及排除方法

此时可使用超车开关试验，如果远光灯能够点亮，则证明变光开关损坏；如果仍然不能点亮，则按下表所述内容检查。

故障原因	排除方法
远光灯熔丝熔断	检查并更换远光灯熔丝
远光灯供电和搭铁线路故障	检查并排除电源和搭铁线路故障
远光灯继电器损坏	检查并更换远光灯继电器

如果远光灯单侧不能点亮，则应检查该侧远光灯电源和搭铁线路、熔丝及灯泡的好坏。

三、前照灯近光灯不能点亮

1. 故障现象

前照灯近光灯不能点亮，远光灯能够正常点亮。

2. 故障原因及排除方法

故障原因	排除方法
近光灯熔丝熔断	检查并更换近光灯熔丝
近光灯供电和搭铁线路故障	检查并排除电源和搭铁线路故障
近光灯继电器损坏	检查并更换远光灯继电器
变光开关损坏	检查并更换变光开关

如果近光灯单侧不能点亮，则应检查该侧近光灯电源和搭铁线路、熔丝及灯泡的好坏。

四、前照灯灯光暗

1. 故障现象

开启前照灯后，发现灯光光线暗。

2. 故障原因及排除方法

故障原因	排除方法
电源电压低	检查蓄电池电压和充电系统
电源或搭铁接线接触不良	检查并紧固电源和搭铁接线
灯光开关损坏	检查并更换灯光开关

五、前照灯两侧灯光亮度不同

1. 故障现象

打开前照灯开关，两侧灯光亮度明显不同。

2. 故障原因及排除方法

故障原因	排除方法
亮度较低的一侧供电不良或搭铁不良	检查供电和搭铁情况，视情况予以排除
灯光线路接触不良	检查灯光线路，视情况予以排除
灯泡功率不同	更换相同功率的灯泡

典型故障案例分析

故障现象：一辆2010年款宝来轿车近光灯不能点亮。

故障分析：驾驶人反映该车近光灯不能点亮，远光灯和示宽灯都能正常工作。维修人员初步判断是近光灯熔丝、线路或灯光开关有问题。

故障诊断：维修人员打开近光灯开关，观察后确定近光灯灯泡不能点亮；开启远光灯开关，远光灯灯泡能够正常点亮，示宽灯也能正常工作。首先检查近光灯熔丝，两根熔丝正常，然后检查近光灯灯泡，正常。维修人员怀疑是供电和接地的问题，但是考虑到左右两侧近光灯不在一处搭铁，不可能同时损坏，所以确定故障为近光灯供电有问题。刚才已经检查过熔丝没有损坏，决定进一步检查供电线路和灯光开关。打开近光灯开关，使用万用表测量近光灯熔丝供电情况，发现没有供电电压，随后测量近光灯输出供电，发现没有供电电压，进一步测量灯光开关供电情况，供电完全正常，确定故障是灯光开关损坏导致的，更换灯光开关，故障排除。

故障排除总结：在排除故障前，一定要验证故障是否存在，确定是真实的故障还是驾驶人的使用问题。确定故障后，要根据电路原理分析确定故障的大致部位，因为不同车系的电路组成有很大区别，所以一定要根据电路图进行推理分析，以保证快速准确地排除故障。对于照明系统故障的排除，如果是单个灯泡不能点亮，往往是这只灯泡本身或者线路、熔丝的问题；如果是整个近光电路或远光电路不正常工作，则应该考虑他们公共部分有问题。比如上述案例中，维修人员没有对搭铁进行检查，就是因为左右两侧近光灯的接地点不在一处，同时损坏的概率非常小，所以确定是近光灯供电有问题，因为左右两侧近光灯均由灯光开关供电，通过万用表逐段测量排除，最终确诊是灯光开关损坏。

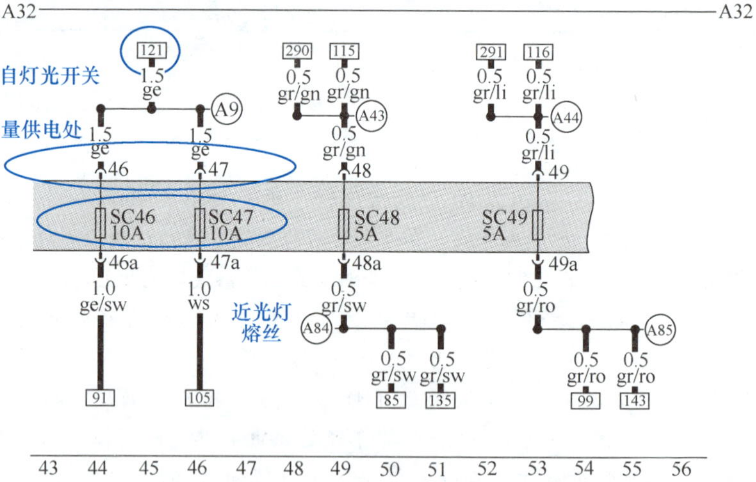

▲宝来轿车照明系统电路（一）

ws—白色 sw—黑色 ro—红色 br—棕色 gn—绿色 bL—蓝色
gr—灰色 li—淡紫色 ge—黄色 or—橘黄色

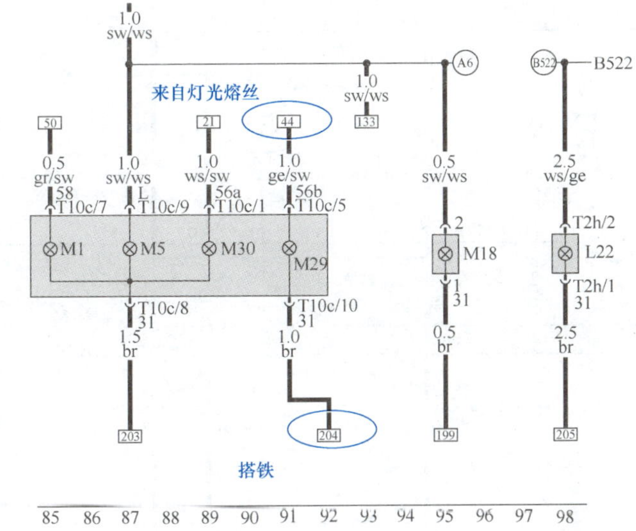

▲宝来轿车照明系统电路（二）

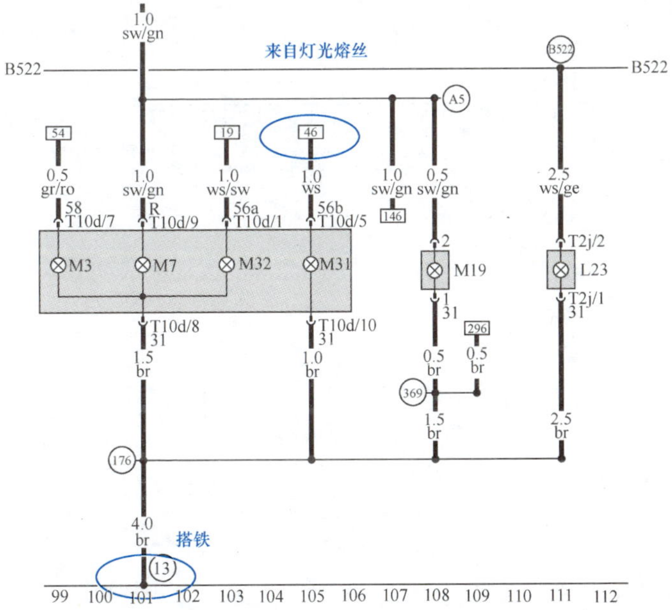

▲宝来轿车照明系统电路（三）

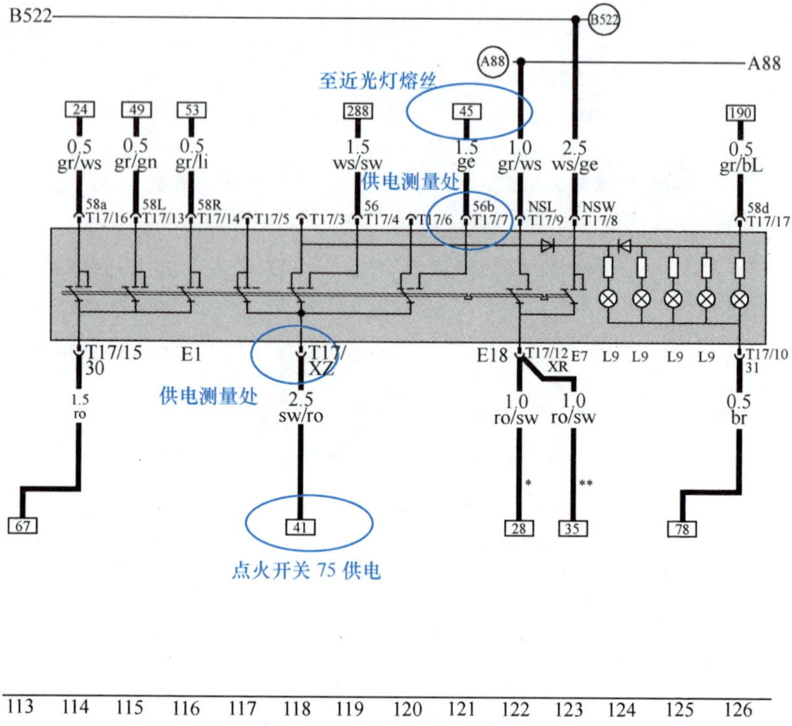

▲宝来轿车照明系统电路（四）

第 7 章

信号系统的维修

技能 38　认识信号系统的作用与组成

1. 信号系统的作用

汽车信号系统通过声、光信号向行人和其他车辆发出警告，以引起有关人员的注意，确保行车安全。

2. 信号系统的组成和工作原理

汽车信号系统包括汽车转向信号装置、汽车制动信号装置、汽车倒车信号装置和汽车电喇叭

（1）汽车转向信号装置　当汽车需要转向时，驾驶人需要接通转向信号装置电路，点亮左转向灯或右转向灯，示意行人和其他车辆，以确保有序的交通。当车辆遇到特殊情况时，如车辆出现故障坏在路上，需开启全部转向灯，作为危险警告信号。

汽车转向信号装置由转向灯、转向开关和闪光器组成。有些轿车具有车身控制单元，取消了原有的闪光器，而由车身控制单元中进行集中控制，如新宝来轿车就采用此种结构。

名　称	图　示	说　明
转向开关		此开关一般与灯光开关组合在一起，也被称为组合开关，一般安装在转向盘左侧，通过向前和向后搬动分别开启左、右转向灯

（续）

名　称	图　　示	说　　明
危险警告开关		按下该开关，可同时开启全部转向灯一同闪烁
转向灯		标示汽车的行驶方向，前转向灯一般为橙色，后转向灯为橙色或红色，闪烁的频率国家标准规定为60～120次/min。转向灯由转向开关控制，闪光频率由闪光器控制
闪光器		闪光器有电热式、电容式和电子式三种。电热式和电容式基本淘汰，现在常用的是电子式 在一些中高级轿车上已经取消独立的闪光器，而由车身控制单元集中控制

（续）

名　称	图　　示	说　　明
闪光器	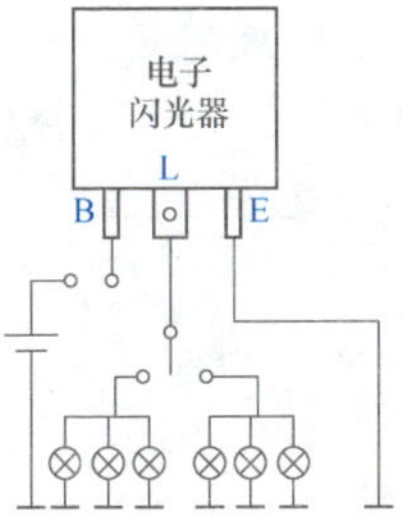	电子闪光器接线图：B 接线柱为电源接线柱，L 接线柱为转向灯接线柱，E 接线柱为接地接线柱

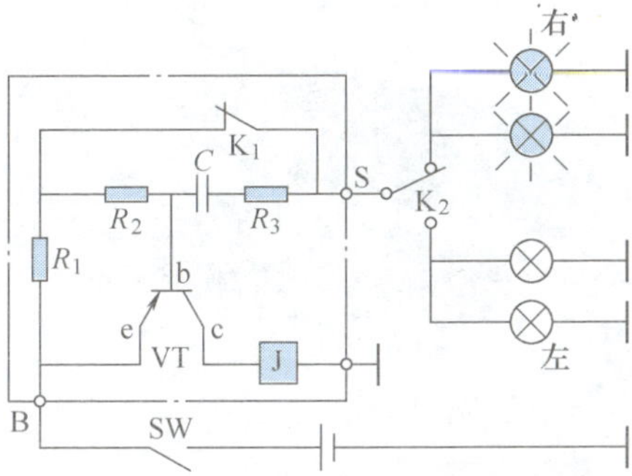

▲电子闪光器工作过程

电子闪光器的工作过程：汽车向右转弯时，接通电源开关 SW 和转向灯开关 K_2，电流经蓄电池正极接线柱 B→电阻 R_1→继电器的常闭触点 K_1→接线柱 S→转向灯开关 K_2→右转向灯→搭铁→蓄电池负极，形成回路，右转向灯亮。当电流通过电阻 R_1 时，在电阻 R_1 上产生电压降，晶体管 VT 因正向偏压而导通，集电极电流通过继电器线圈 J，使继电器的常闭触点 K_1 立即打开，右转向灯随之熄灭。在晶体管 VT 导通的同时，基极电流向电容器 C 充电。充电电路：蓄电池正极→电源开关 SW→接线柱 B→VT 的发射极 e→基极 b→电容器 C→电阻 R_3→接线柱 S→转向灯开关 K_2→右转向灯→搭铁→蓄电池负极。在充电过程中，随着电容器电荷的积累，充电电流逐渐变小，直到不能维持衔铁吸合时，继电器触点又重新闭合，在充电过程中，转向灯又再次发亮。这时电容器 C 通过电阻 R_2、继电器的常闭触点 K_1、电阻 R_3 放电。放电电流在 R_2 上产生的电压降为晶体管提供反向偏压，加速晶体管的截止。当放电电流接近零时，R_1 上的电压降为晶体管提供正向的偏压使其导通。这样，电容器不断充电和放电，晶体管也就不断导通与截止，控制继电器触点反复打开、闭合，使转向灯闪烁。

（2）制动信号装置　当驾驶人踏下制动踏板，汽车制动或减速时，汽车尾部的制动灯点亮，发出较强的红光，用于提示后部车辆和行人。制动信号装置由制动灯、制动开关组成。

名　称	图　示	说　明
制动灯	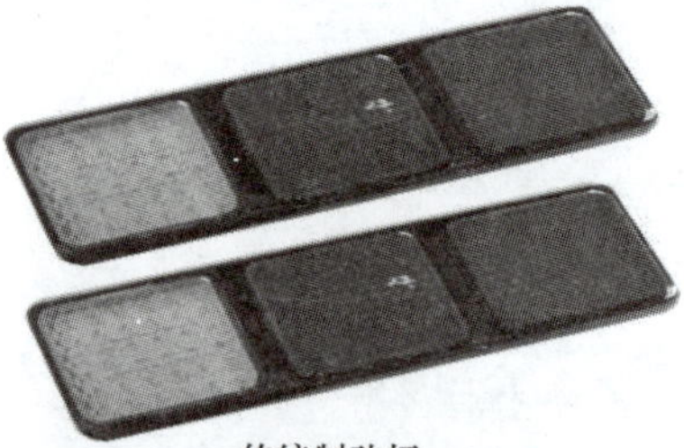 传统制动灯  LED制动灯  高位制动灯	制动灯安装在汽车尾部，一般为红色，功率为 20 ~ 25W。很多轿车在车后窗加装了由发光二极管制成的高位制动灯

（续）

名 称	图 示	说 明
制动灯灯泡	 充气式双丝 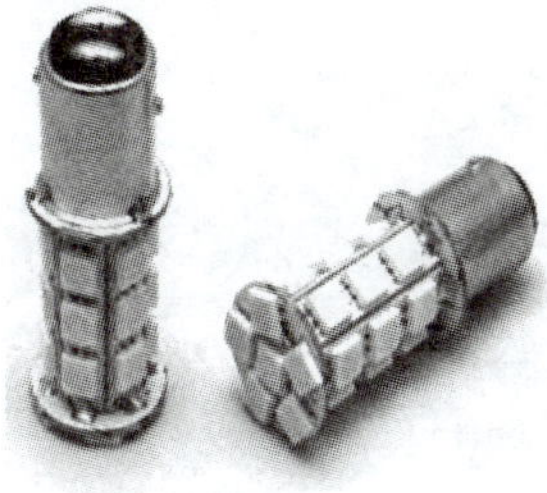 新型LED光源制动灯	充气式双丝，一根灯丝为示宽灯，另一根灯丝为制动灯 新型 LED 光源制动灯是今后信号灯的发展趋势，已被很多车辆采用，具有发光亮度高，节能和使用寿命长等特点
制动灯开关	 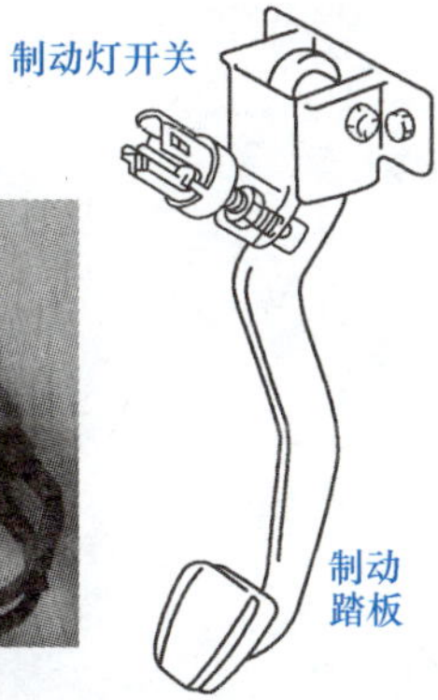 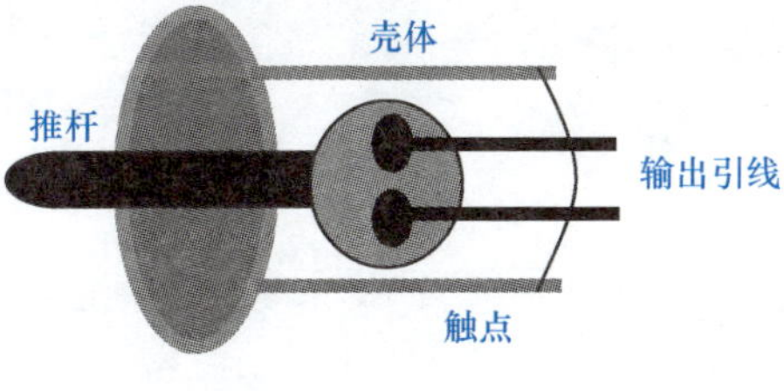 	制动灯安装在制动踏板上方，当驾驶人踏下制动踏板时，制动开关内部的一对触点闭合，接通电路，制动灯点亮

（3）倒车信号装置　倒车信号装置由倒车灯、倒车灯开关和蜂鸣器组成。

名　称	图　　示	说　　明
倒车灯		安装在汽车尾部，当挂入倒挡时，点亮倒车灯，用于汽车后部照明，并同时起到警示后方车辆和行人的作用。其功率一般为 20 ~ 25W，光色为白色
倒车灯开关	 手动变速器倒车灯开关 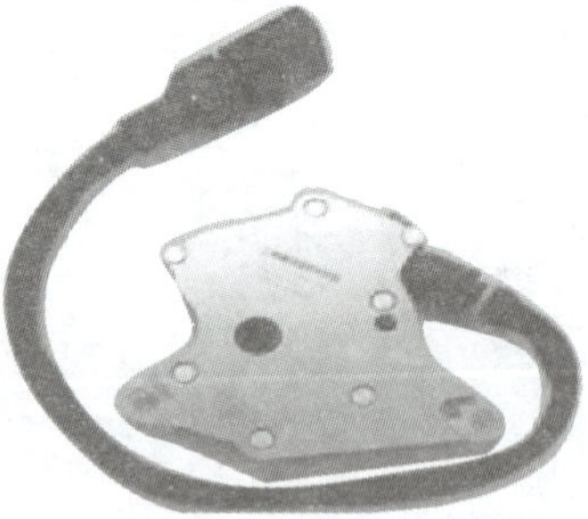 自动变速器使用的多功能开关	倒车灯开关安装在变速器上，自动变速器则采用多功能开关，取代手动变速器使用的倒挡开关。自动变速器的倒车灯由车身控制单元控制

（4）电喇叭信号装置　电喇叭是用于警告行人和车辆，保证汽车行车安全的装置，安装在汽车散热器的前方，散热器格栅的后方。汽车喇叭可分为气喇叭和电喇叭。气喇叭多用于大型货车或客车，

这些车辆采用气压制动系统，可用制动气源兼作电喇叭动力源；轿车多用电喇叭，因体积小、声音悦耳而被广泛使用。电喇叭信号装置由电喇叭、电喇叭开关和电喇叭继电器组成。

<table>
<tr><th>名称</th><th>图　示</th><th>说　明</th></tr>
<tr><td>电喇叭</td><td>
普通电喇叭
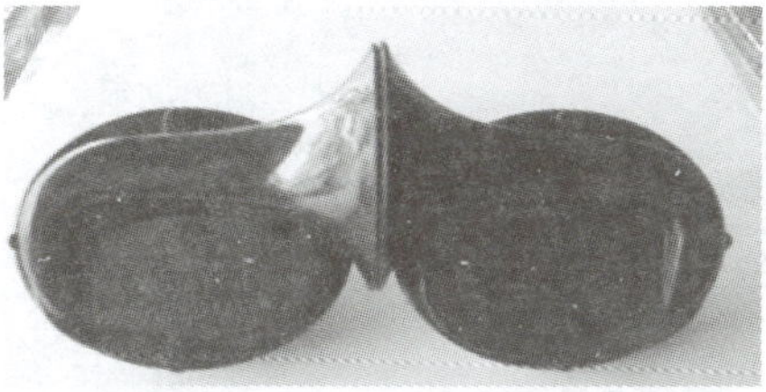
电子电喇叭</td><td>电喇叭可分为普通电喇叭和电子电喇叭</td></tr>
<tr><td>电喇叭的结构和工作过程</td><td colspan="2">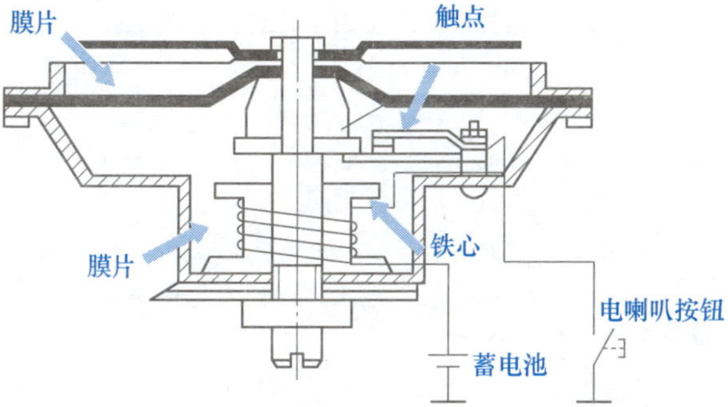

按下电喇叭按钮，电流经蓄电池正极→线圈→触点→电喇叭按钮→负极，形成回路。电流流经线圈产生磁场，吸引衔铁向下运动，与下铁心碰撞，同时触点断开，磁场消失，铁心回位，触点闭合，再次产生磁场。如此往复，膜片产生振动，与共鸣板共鸣发声</td></tr>
</table>

（续）

名称	图　示	说　明
电喇叭开关		汽车电喇叭开关一般与转向盘制成一体，位于转向盘中部，向下按压，开关触点闭合，电喇叭鸣叫
电喇叭继电器		因电喇叭工作电流较大，大约为15A左右，若用开关直接控制，开关非常容易烧坏，所以采用电喇叭继电器控制 其内部结构和工作原理与灯光继电器相同

技能39　转向灯与闪光器的检查

因大部分车辆的前后转向灯与前照灯、尾灯一体，前照灯和尾灯的拆卸在第6章已经论述，在此不再重复介绍。

1. 转向灯灯泡的检查

检查转向灯灯泡内部是否发黑，灯丝是否则断，若是，则更换灯泡。

2. 转向闪光器的检查

使用试验法检查闪光器：将电子闪光器B（转向闪光器供电端子）与蓄电池相连接，E（转向闪光器接地端子）与蓄电池负极相连接，取一只 21W 的灯泡串联在 L（连接转向灯的端子）与 E 之间，观察灯泡是否闪亮，若闪亮正常，则表明闪光器工作正常，否则表明闪光器已经损坏。

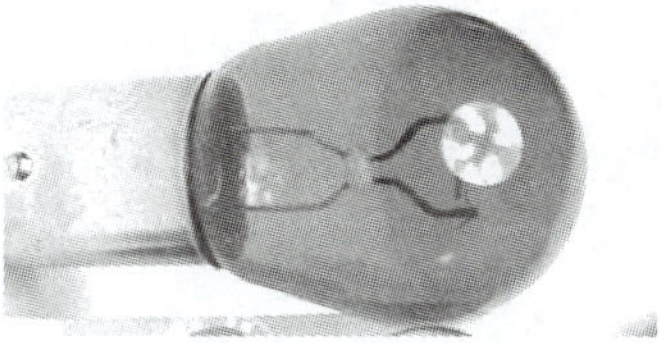

▲转向灯灯泡的检查

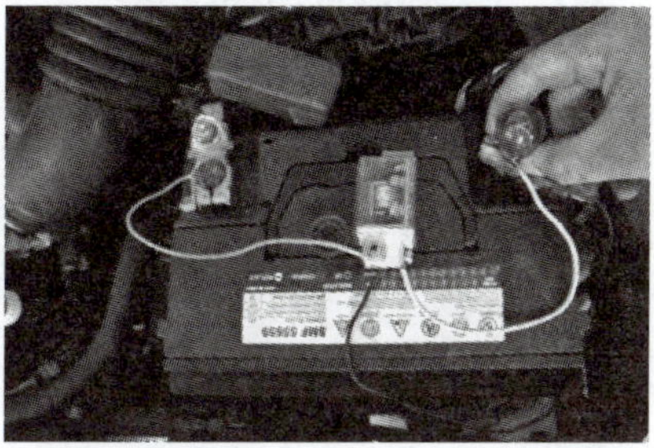

▲转向闪光器的检查

技能 40　制动灯与制动灯开关的检查

1. 制动灯灯泡的检查

检查制动灯灯泡内部是否发黑，灯丝是否则断，若是，则更换灯泡。

2. 制动灯开关的检查

用手按下制动灯开关的推杆，使用万用表导通挡测量，按下推杆后万用表应该导通，蜂鸣器应该鸣叫，否则表明制动灯开关损坏。

▲制动灯灯泡的检查

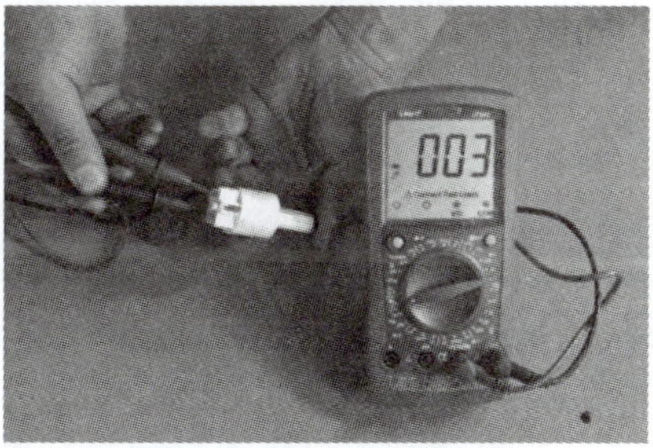

▲制动灯开关的检查

技能41　倒车灯与倒车灯开关的检查

1. 倒车灯灯泡的检查

检查倒车灯灯泡内部是否发黑，灯丝是否则断，若是，则更换灯泡。

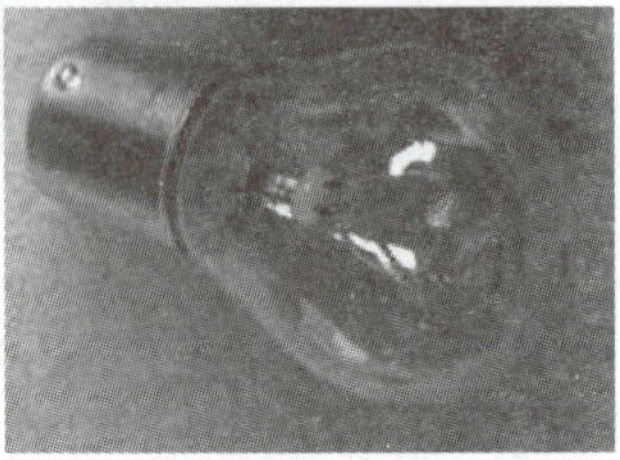

▲倒车灯灯泡的检查

2. 倒车灯开关的检查

将倒车灯开关从变速器上拆下，用手按下推杆，使用万用表导通挡测量，按下推杆后万用表应该导通，蜂鸣器应该鸣叫，否则表明倒车灯开关损坏。

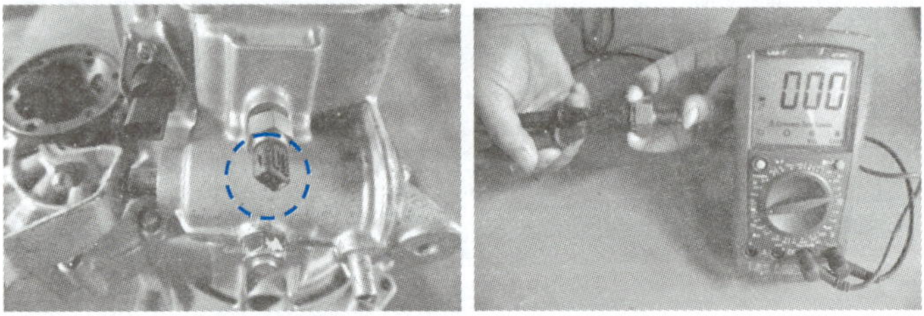

▲倒车灯开关的检查

技能42　电喇叭的检查和调整

1. 电喇叭的检查

可按下电喇叭听其声音来判断其好坏。如果电喇叭发声变坏，往往成对更换电喇叭。安装蜗牛电喇叭时，应注意将口冲下，以免进入水和灰尘。

2. 电喇叭的调整

▲调整电喇叭音量

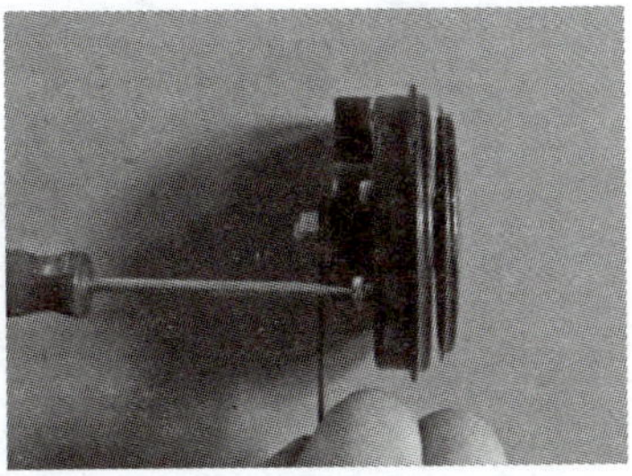

▲调整电喇叭音调

技能 43 典型信号系统电路分析

1. 大众新捷达轿车信号系统电路分析

图（一）中，S14 为倒车灯熔丝，彩色线标示的为倒车灯供电

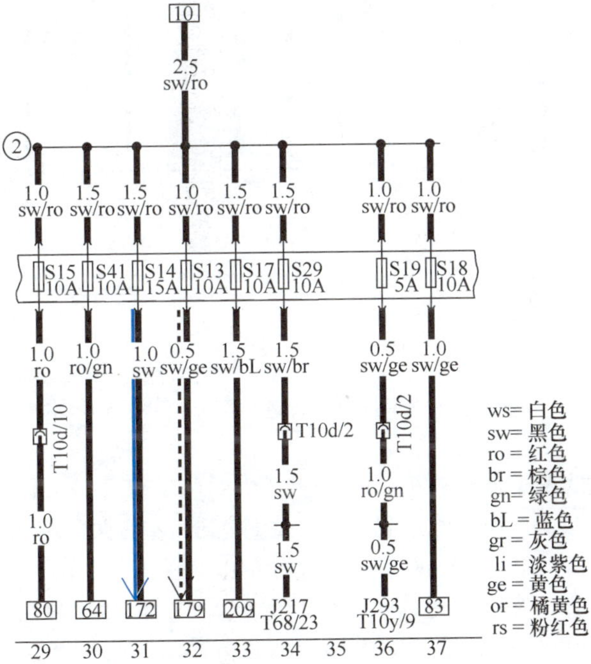

▲大众新捷达轿车信号系统电路（一）

线路（地址码为172），S13为电喇叭供电熔丝，虚线标示的为电喇叭供电线路。

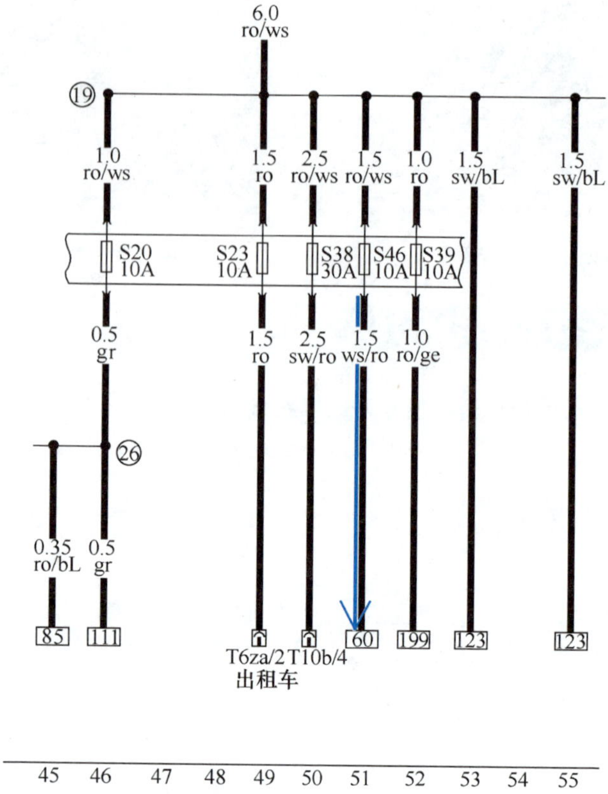

▲大众新捷达轿车信号系统电路（二）

图（二）中，S46为制动灯供电熔丝，彩色线标示的为制动灯供电线路。

驾驶人踏下制动踏板，图（三）中的制动灯开关F闭合，来自制动灯熔丝的电源，经过制动灯开关F，到达左右两侧制动灯和高位制动灯，点亮制动灯，以提醒后方行人和车辆。

图（四）中，灰色箭头（地址码为141）标示的为左侧转向灯供给J285的转向信号，J285接收到此信号后，会点亮仪表板上左侧转向指示灯；彩色箭头（地址码为155）标示的为右侧转向灯供

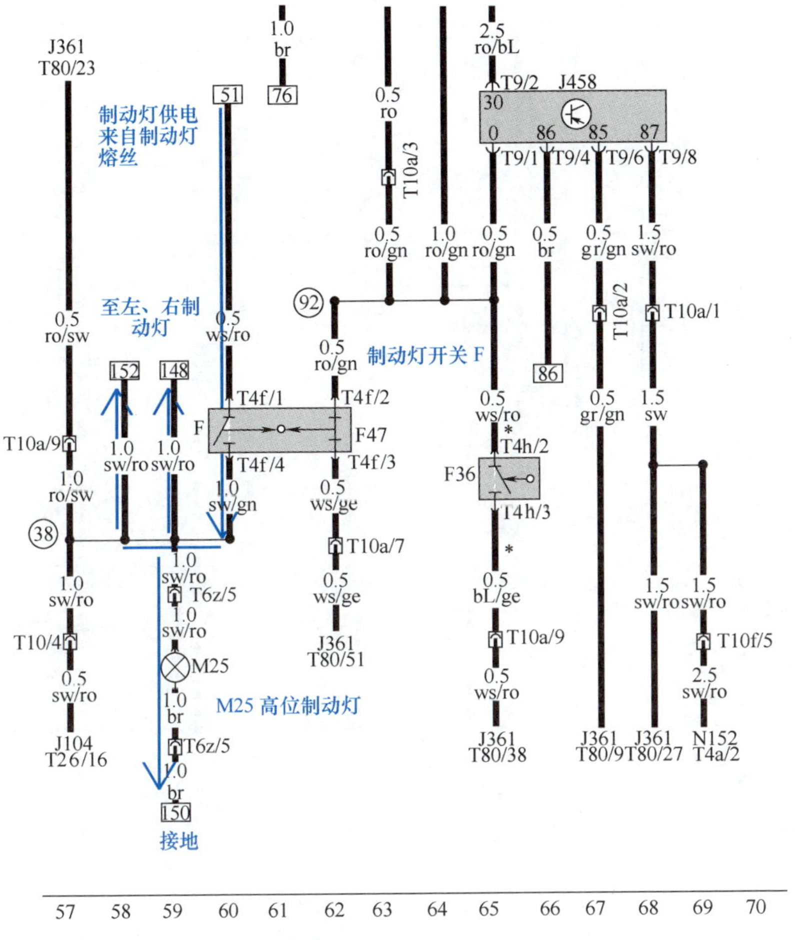

▲大众新捷达轿车信号系统电路（三）

给 J285 的转向信号，J285 接收到此信号后，会点亮仪表板上右侧转向指示灯。

图（五）中，灰色线标示的为左前转向灯电路，M5 是左前转向灯（地址码为 142）；绿色线标示的为右前转向灯电路，M7 是右前转向灯。它们的供电均来至转向开关危险警告开关。

转向灯开关 E2 的供电来自图（六）中的危险警告灯开关 E3，用彩色虚线标示。当驾驶人向左打方向时，将转向开关扳向左侧，

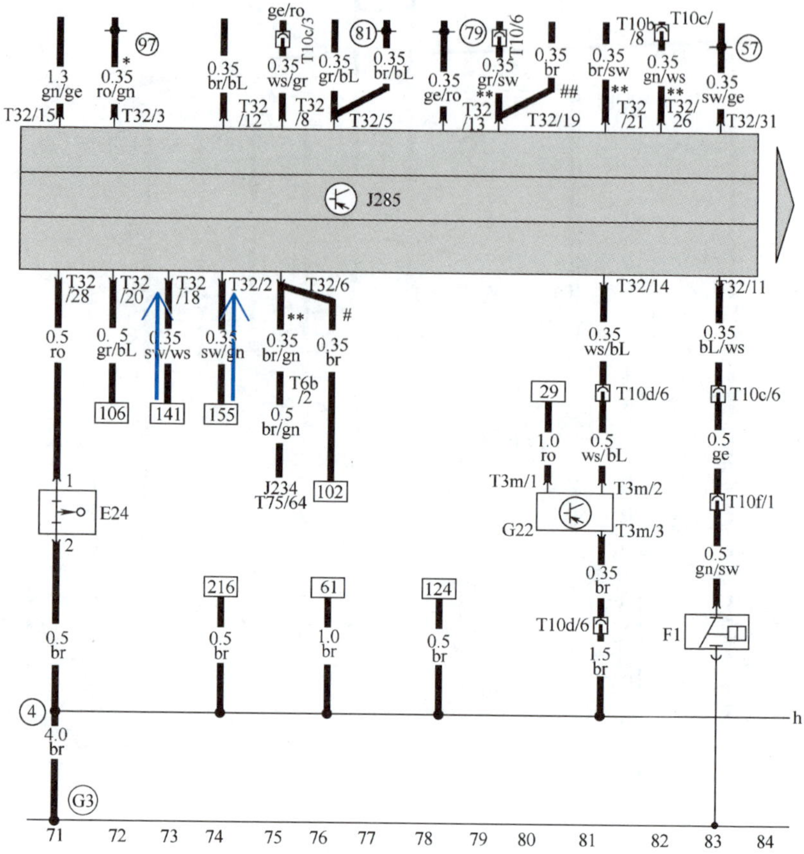

▲大众新捷达轿车信号系统电路（四）

通过彩色实线标示的电路向左侧转向灯供电（地址码为141）；当驾驶人向右打方向时，将转向开关扳向右侧，通过灰色线标示的电路向右侧转向灯供电（地址码为157）。

图（七）中的彩色实线标示的为左转向时的电路，当驾驶人向左打方向时，来自转向灯开关E2的供电共有以下几条路径：通过地址码73为仪表板控制单元提供左侧转向信号，通过地址码117向左前转向灯供电，同时向左侧转向灯M18、左后转向灯M6供电。左侧灰色线标示的电路为来自J393舒适系统控制单元供电，主要用于遥

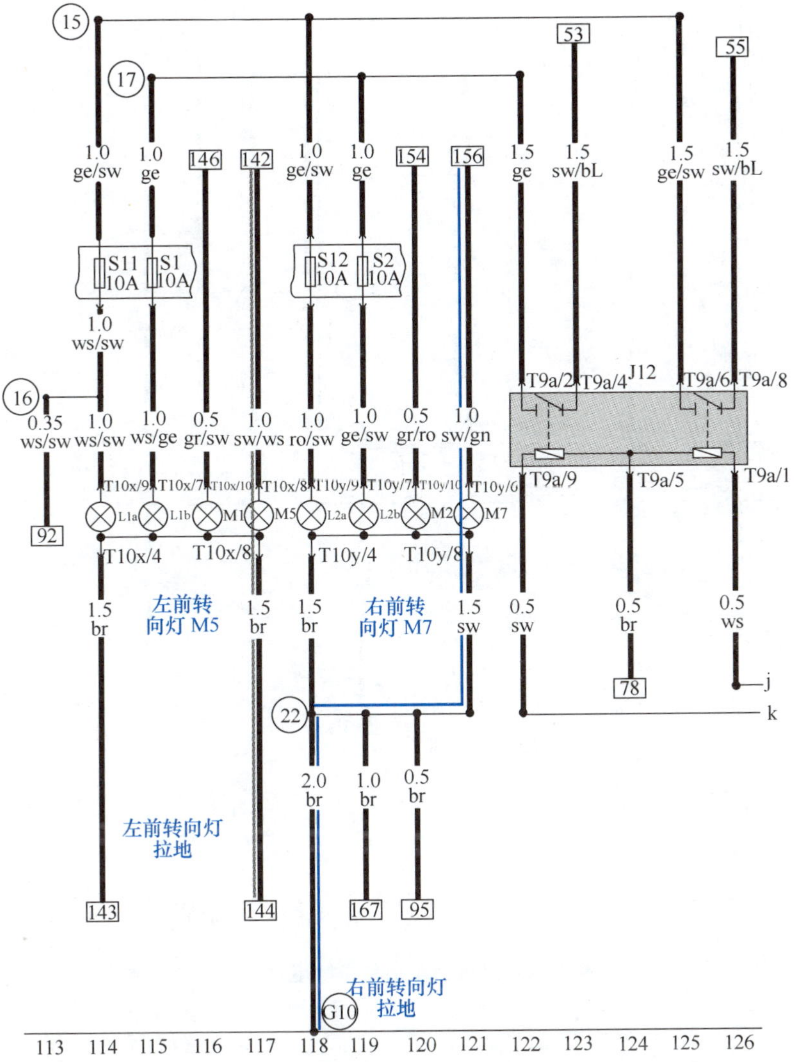

▲大众新捷达轿车信号系统电路（五）

控解锁转向灯闪亮指示；右侧灰色线标示的电路来自危险警告灯开关 E3，用于开启警告灯转向灯同时点亮控制灯。

图（七）中的彩色虚线标示的为右后转向灯电路，图（八）中

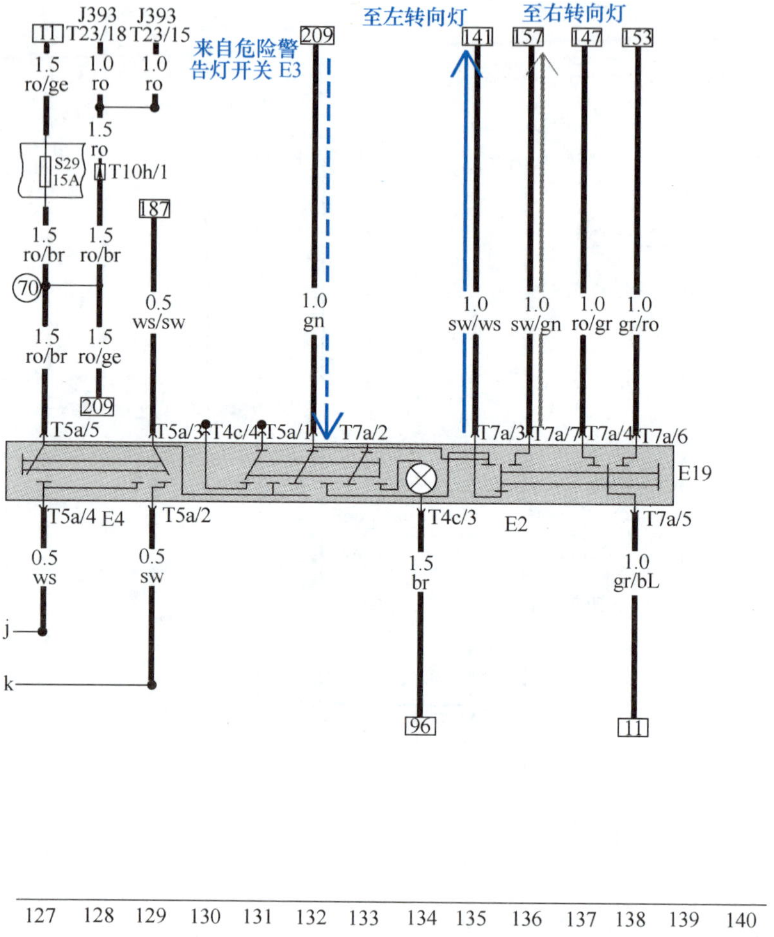

▲大众新捷达轿车信号系统电路（六）

的彩色实线标示的为右转向时的电路，当驾驶人向右打方向时，来自转向灯开关 E2 的供电共有以下几条路径：通过地址码 74 为仪表板控制单元提供右侧转向信号，通过地址码 121 向左前转向灯供电，同时向左侧转向灯 M19、右后转向灯 M8 供电。图（八）中上方的彩色虚线标示的电路来自 J393 舒适系统控制单元供电，主要用于遥控解锁转向灯闪亮指示；图（八）中下方的彩色虚线标示的电路来

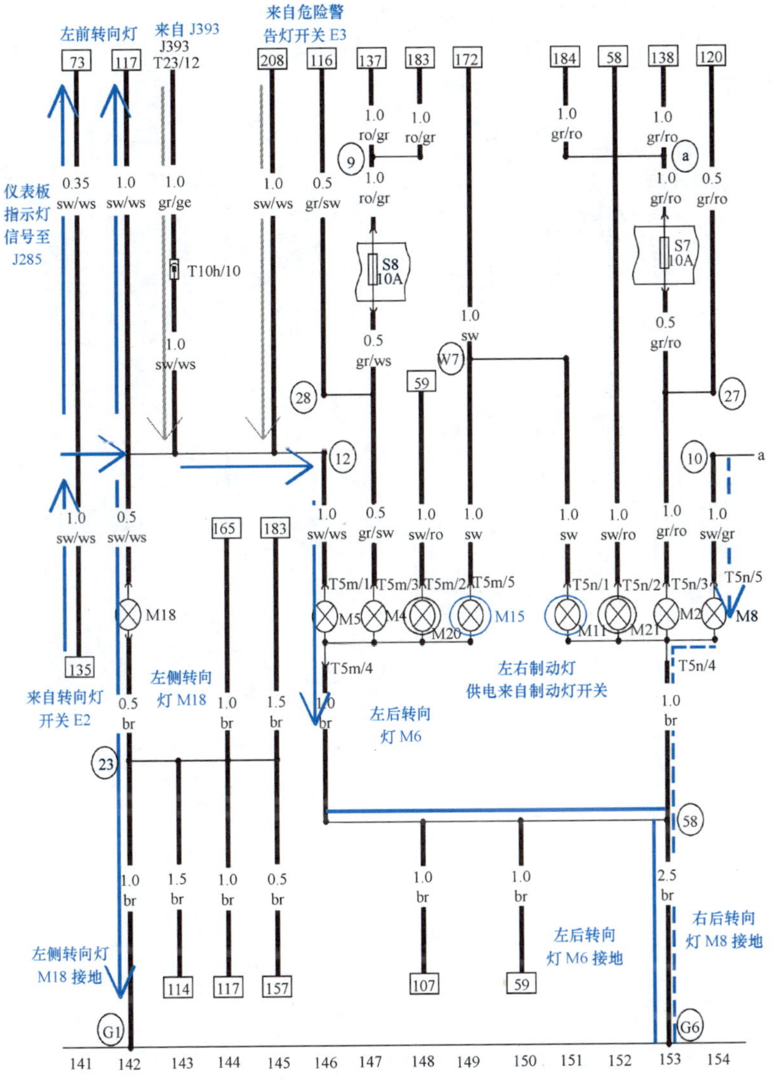

▲大众新捷达轿车信号系统电路（七）

自危险警告灯开关 E3，用于开启转向灯同时点亮控制灯。

图（七）中黑色圆圈标示的为左右两侧制动灯 M20、M21，其供电来自制动灯开关（地址码分别为58、59），与左后和右后转向灯共用同一接地点；彩色圆圈标示的为倒车灯M16、M17，其供电来自倒车灯开关（地址码为172），与左后和右后转向灯共用同一接地点。

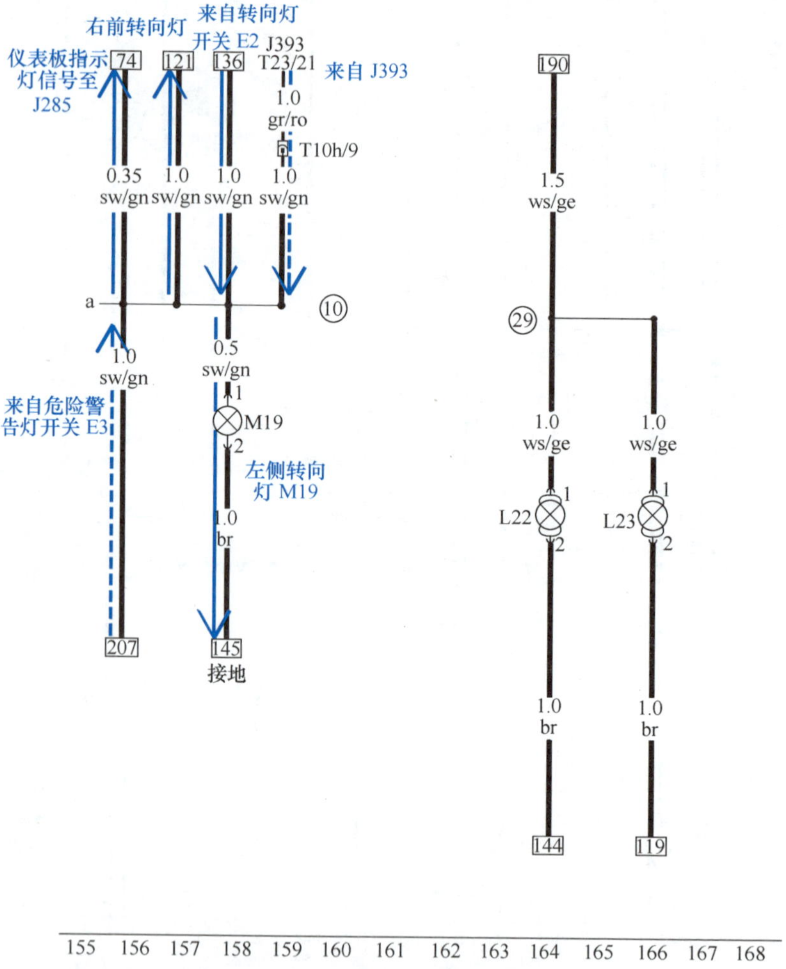

▲大众新捷达轿车信号系统电路（八）

图（九）中的彩色虚线标示的为倒车灯电路，在驾驶人挂入倒挡后，倒挡开关闭合，来自倒车灯熔丝的供电经过倒车灯开关F4到

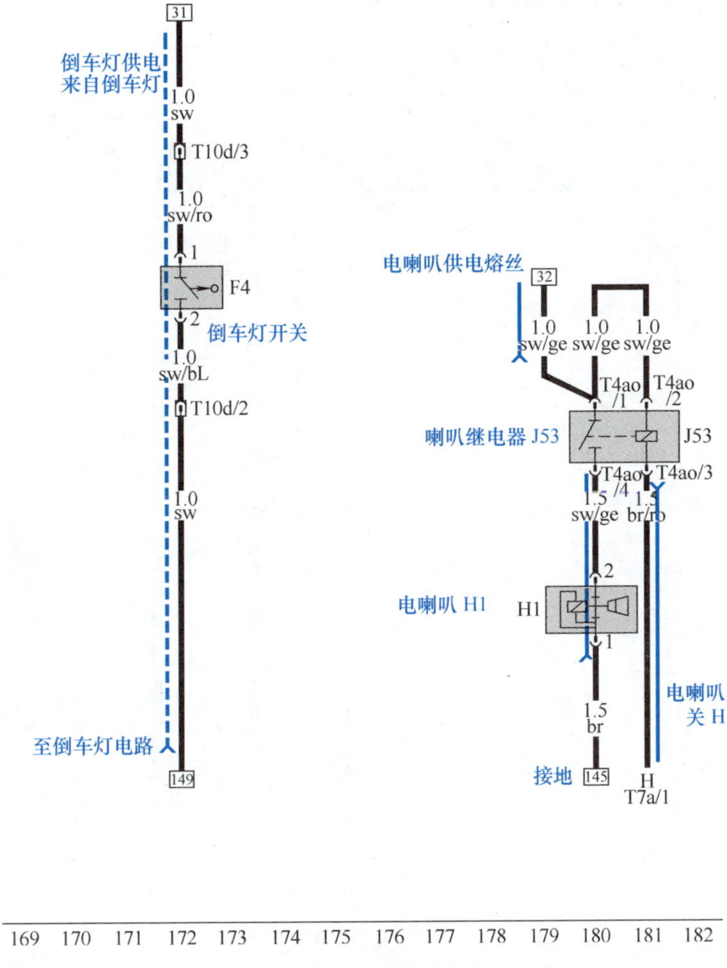

▲大众新捷达轿车信号系统电路（九）

达倒车灯电路，将倒车灯 M16、M17 点亮（地址码为 149），照亮汽车后部，起到警示照明的作用。

图（九）中的彩色实线标示的为电喇叭电路，H 为电喇叭开关，在驾驶人按下电喇叭开关后，电喇叭继电器 J53 线圈接地，线圈产生磁场吸引衔铁，使触点闭合，来自电喇叭熔丝的供电经过触点，到达电喇叭 H1 后接地，电喇叭工作。

2. 大众新宝来轿车信号系统电路分析

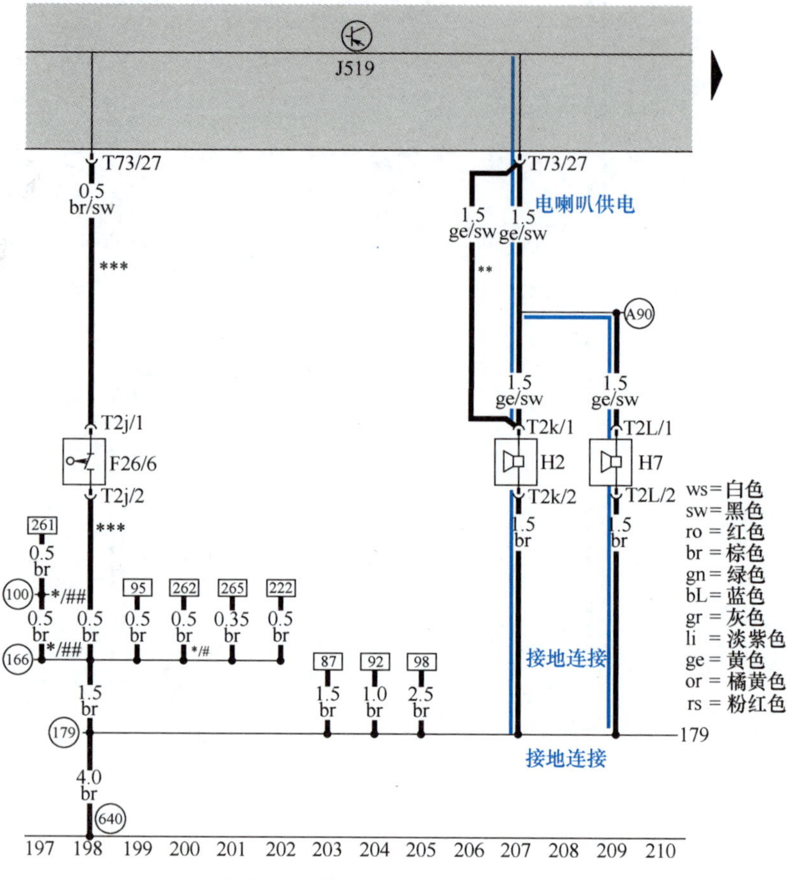

▲大众新宝来轿车信号系统电路（一）

电喇叭 H2 和 H7 由车身控制单元 J519 供电：电喇叭按钮 H 通过安全气囊螺旋弹簧和复位环，向车身控制单元 J519 提供负触发信号。当车身控制单元 J519 接收到电喇叭按钮 H 提供的负触发信号时，会为电喇叭 H2、H7 供电，使电喇叭鸣叫。此种控制方式与传统电路中电喇叭的控制有很大区别，主要原因是新宝来轿车采用了 J519 对车身电器进行统一管理，接收驾驶人提供的操作信号，并控制相应电器设备执行动作。新宝来轿车的转向信号装置、倒车灯信号装置、危险警告灯装置，均采用此种控制模式，因篇幅所限仅介绍电喇叭控制电路，读者可参考新宝来轿车相关资料。

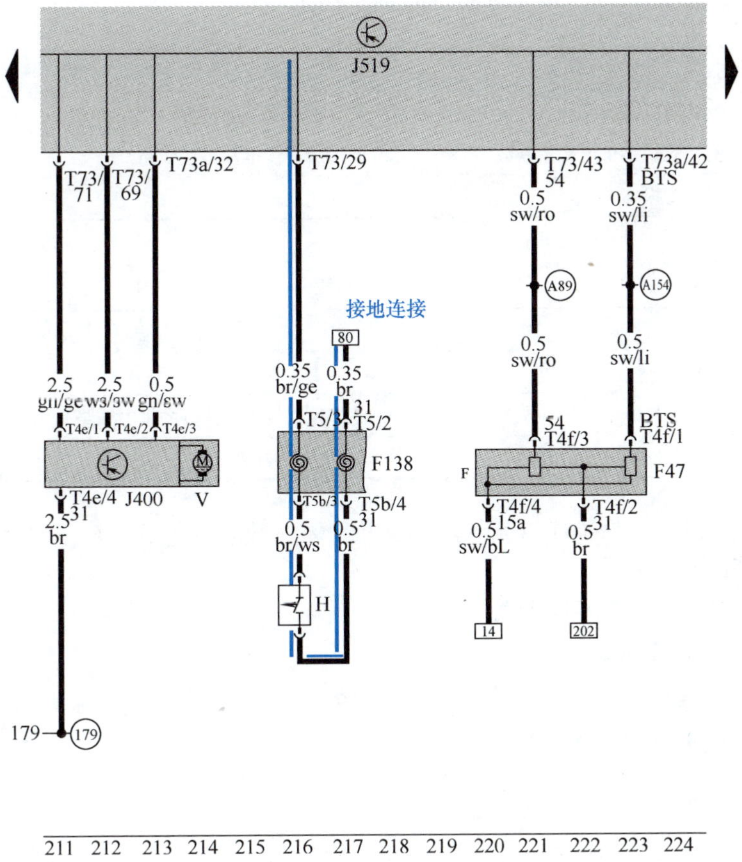

▲大众新宝来轿车信号系统电路（二）

技能 44　信号系统常见故障的诊断与排除

一、转向灯不能点亮故障的诊断与排除

1. 故障现象

打开点火开关，无论开启哪一侧的转向灯，都不亮或只有一侧

的转向灯正常。

2. 故障原因及排除方法

（1）转向灯一侧能点亮一侧不能点亮

故障原因	排除方法
单侧转向灯泡故障	更换损坏的灯泡
单侧转向线路供电或搭铁故障	检查供电和搭铁线路
转向开关损坏	更换转向开关

（2）两侧转向灯均不能点亮

故障原因	排除方法
熔丝损坏	更换损坏的熔丝
供电线路故障	检查转向灯开关的供电线路
转向开关损坏	更换转向开关

排除转向灯不能点亮故障的技巧：通过开启危险警告灯来对比判断故障原因。

二、倒车灯不能点亮

1. 故障现象

驾驶人挂入倒挡后倒车灯不能点亮。

2. 故障原因及排除方法

故障原因	排除方法
倒车灯熔丝损坏	更换熔丝
倒车灯开关调整不当或损坏	检查并调整倒车灯开关或更换倒车灯开关
倒车灯线路供电或搭铁线路故障	检查并排除线路故障
倒车灯灯泡损坏	更换倒车灯灯泡

三、制动灯不亮

1. 故障现象

驾驶人踏下制动踏板后制动灯不能点亮。

2. 故障原因及排除方法

故障原因	排除方法
制动灯熔丝损坏	更换熔丝
制动灯开关调整不当或损坏	检查并调整制动灯开关或更换制动灯开关
制动灯线路供电或搭铁线路故障	检查并排除线路故障
制动灯灯泡损坏	更换制动灯灯泡

四、电喇叭不响

1. 故障现象

按下电喇叭按钮后电喇叭不响。

2. 故障原因及排除方法

故障原因	排除方法
电喇叭熔丝熔断	更换电喇叭熔丝
电喇叭开关损坏	更换电喇叭开关
电喇叭继电器线圈损坏或触点严重烧蚀	更换电喇叭继电器
电喇叭继电器供电线路断路	检查电喇叭继电器供电线路并修复
电喇叭供电或搭铁线路断路	检查并修复断路故障
电喇叭损坏	更换电喇叭

典型故障案例分析

故障现象： 斯柯达明锐轿车转向灯不能点亮故障的诊断与排除。

故障分析： 驾驶人反应转向灯突然不工作了，无论哪一侧转向灯都不工作。维修人员试车发现故障与驾驶人描述一致，使用故障诊断仪读取故障码，发现转向灯短路，初步怀疑转向灯线路有问题。

故障诊断： 拆下转向灯插头，检查左右两侧的转向灯均正常，断开蓄电池，拆下车身控制单元J519线束，检查J519至转向灯线路情况，检查结果正常。根据电路图进一步分析，驾驶人打转向灯时，会将一个负触发信号首先送至转向柱控制单元J527，J527通过CAN总线将此信号传给J519，J519控制转向灯点亮，在读取故障码时并没有发现其他故障，初步确定故障点为J519损坏，更换一个新的车身控制单元并进行编码后，故障排除。

故障排除总结：当今轿车电气设备不断丰富，为了满足工作可靠性和车辆轻量化的需要，采用了大量的控制单元，并通过CAN总线进行信号传输，这不仅使线束结构简单，而且大大降低了故障率。本案例中的斯柯达轿车安装有转向柱控制单元，用于收集驾驶人操作的灯光开启信息、转向信息、刮水器工作信息，并将这些信息传给J519车身控制单元控制执行器动作。对于此类车辆，维修时首先要使用故障诊断仪读取故障码，并通过电路分析确定故障位置，由于其故障的排除有别于传统电路，因此维修人员对电路的结构和控制原理必须熟知，才能准确快速地排除故障。

第 8 章 电子仪表与报警装置的维修

技能 45 认识电子仪表与报警装置的作用和组成

1. 电子仪表与报警装置的作用

为了保证汽车行驶安全和可靠，让驾驶人了解并能够观察到汽车各系统的工作状况，在车辆出现故障和故障隐患时能够及时提醒驾驶人，汽车均安装有仪表装置和报警装置。仪表装置包括电压表、电流表、冷却液温度表、燃油表、发动机转速表和汽车行驶里程表等；报警装置包括机油压力报警装置、充电系统报警装置、冷却液温度报警装置、制动系统报警装置、燃油不足报警装置、制动蹄片磨损报警装置等。

2. 仪表装置

（1）按工作原理划分

1）机械式仪表：就是基于机械作用力而工作的仪表。

2）电气模拟式仪表：通过各类传感器将被测的非电量变换成模拟电信号后加以测量的仪表。

3）数字式仪表：就是由 ECU 采集传感器的信号，将模拟量转换为数字量，经分析处理后控制显示装置的仪表。数字式组合仪表由传感器、计算机、显示器三大部分组成，一般都具有自诊断功能。

▲数字式仪表

▲传统仪表

（2）按安装方式划分

1）组合式仪表：就是将各仪表组合安装在一起，一般安装在驾驶人前方，也有部分车辆采用中置式。

2）独立式仪表：就是将各仪表单独安装。

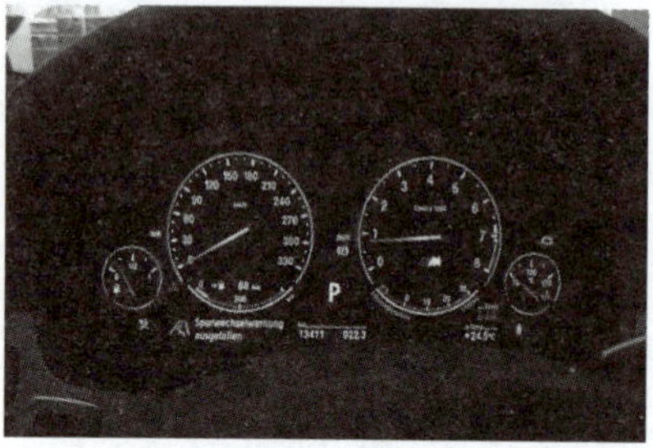

▲组合式汽车仪表

▲独立式汽车仪表

（3）传统仪表按照功能的不同分类　包括电流表、电压表、车速表、燃油表、冷却液温度表和发动机转速表。

<table>
<tr><th>名称</th><th>图　示</th><th>说　明</th></tr>
<tr><td>电流表</td><td>

电磁式汽车电流表
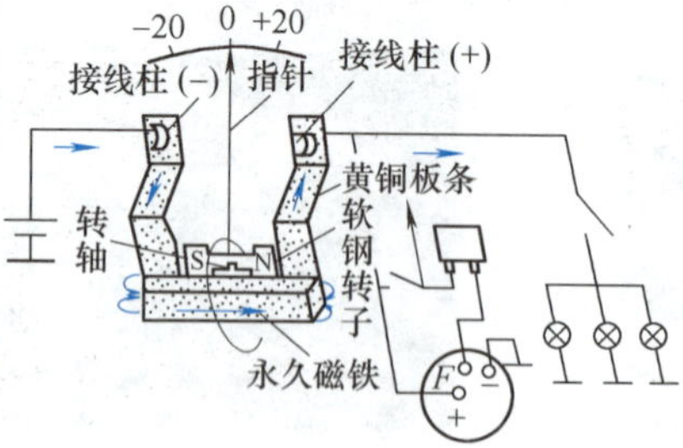
</td><td>用于指示汽车蓄电池充电和放电的电流值，便于驾驶人了解汽车充电系统的工作状态，多用于载货汽车，现代轿车已经不再使用
当电流表中无电流流过时，指针在零位，当蓄电池放电时，其通过黄铜板条产生的磁场与永久磁铁的磁场形成合成磁场，使指针向左偏转，电流越大偏转角度越大，充电时反之</td></tr>
</table>

（续）

名称	图　　示	说　　明
电压表	 电磁式电压表 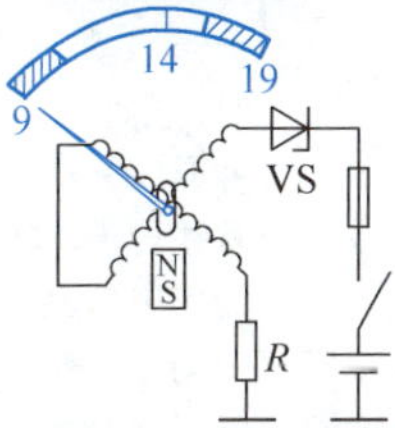	用于显示蓄电池电压值，以便观察充电系统的工作状况 当电压表电路接通、电源电压达到稳压管稳定电压时，电磁线圈中有电流通过 其工作原理与电流表类似：当开关断开时，在永久磁铁的作用下，指针保持在中央位置；当开关闭合时，电流流过两个线圈，产生磁场，与永久磁场共同作用使指针偏转，电压越高，指针越偏右
机油压力表	 机油压力表  压力传感器 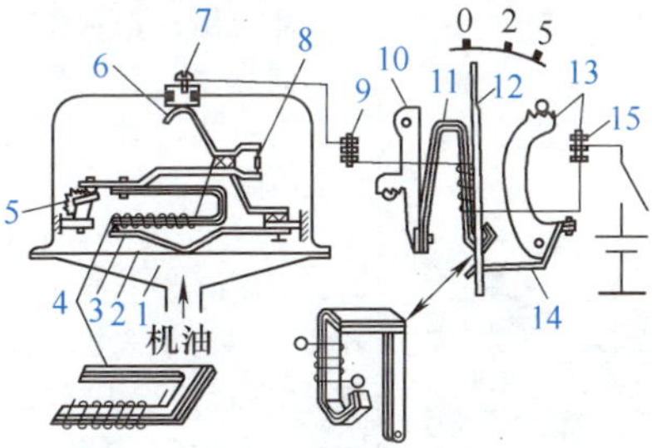 双金属片式机油压力表 1—油腔　2—膜片　3—弹簧片　4、11—双金属片　5—调节齿轮　6—接触片　7—传感器接线柱　8—校正电阻　9、15—油压表接线柱　10、13—调节齿扇　12—指针　14—弹簧片	检测发动机润滑系统中机油压力值，便于驾驶人观察润滑系统工作是否正常，大型载货车辆应用较多，轿车上广泛使用机油压力警告灯 机油压力表有电热式、电磁式和动磁式三种，电热式应用最多。图中所示为电热式机油压力传感器，当点火开关置“ON”位置时，电流流过双金属片 4 的加热线圈，双金属片 4 受热变形，使触点分开；随后双金属片 4 又冷却伸直，触点重又闭合。如此反复，电路中形成脉冲电流。当油压降低时，传感器膜片 2 变形小，触点压力小，闭合时间短，打开时间长，变化频率低，电路中平均电流小，双金属片 11 弯曲变形小，指针偏摆角度小，指向低油压；反之，当油压升高时，指针偏摆角度大，指向高油压

（续）

名称	图　　示	说　　明
冷却液温度表	 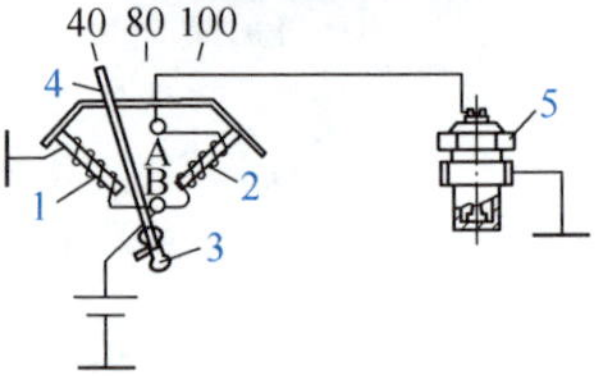 电磁式冷却液温度表 1—线圈 L1　2—线圈 L2　3—转子 4—指针　5—热敏电阻	冷却液温度表有电磁式和电热式两种，现代轿车广泛使用电磁式 冷却液温度表用来检测和显示发动机水套中冷却液的工作温度，以防因冷却液温度过高而使发动机过热 当点火开关置“ON”位置时，左 L1、右 L2 两线圈通电，各形成一个磁场，同时作用于软铁转子，转子3便在合成磁场的作用下转动，使指针指在某一刻度上 当冷却液温度降低时，传感器热敏电阻阻值增大，线圈 L2 中电流变小，合成磁场逆时针转动，使指针指在低温处；反之，当冷却液温度升高时，传感器热敏电阻阻值减小，线圈 L2 中电流增大，合成磁场顺时针转动，使指针指在高温处
燃油表	 燃油表  滑动电阻式燃油量传感器	燃油表用来指示燃油箱内燃油的储存量，有电磁式、动磁式和电热式三种，传感器均为可变电阻器 当点火开关置“ON”位置时，电流由蓄电池正极→点火开关 11→燃油表接线柱 10→左线圈 1→燃油表接线柱 9→右线圈 2→搭铁到达蓄电池负极。同时电流由燃油表接线柱 9→传感器接线柱 8→可变电阻器 5→滑片 6→搭铁到达蓄电池负极。左线圈 1 和右线圈 2 形成合成磁场，转子 3 就在合成磁场的作用下转动，使指针指在某一刻度上

（续）

名称	图　示	说　明
燃油表	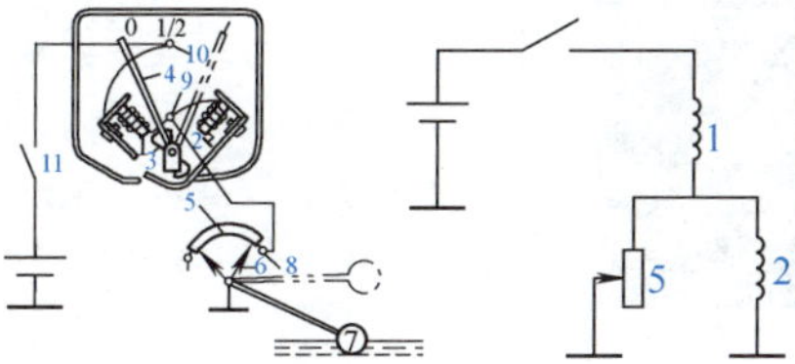 电磁式燃油表 1—左线圈　2—右线圈　3—转子　4—指针　5—可变电阻器　6—滑片　7—浮子　8—传感器接线柱　9、10—燃油表接线柱　11—点火开关	当油箱中无油时，浮子下沉，可变电阻器 5 上的滑片 6 移至最右端，可变电阻器 5 被短路，右线圈 2 也被短路，左线圈 1 的电流达最大值，产生的电磁吸力最强，吸引转子 3，使指针停在最左面的“0”位上 随着油箱中油量的增加，浮子上浮，带动滑片 6 沿可变电阻器滑动。可变电阻器 5 部分接入电路，左线圈 1 电流相应减小，而右线圈 2 中的电流增大。转子 3 在合成磁场的作用下向右偏转，带动指针指示油箱中的燃油量。如果油箱半满，则指针指在“1/2”位；当油箱全满时，指针指在“1”位
电子式车速里程表	 电子车速里程表 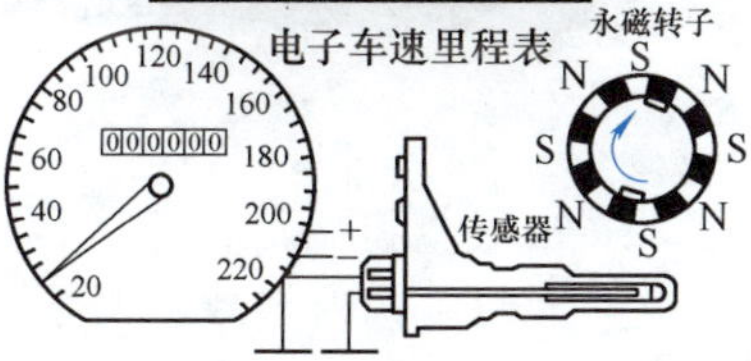	电子式车速里程表主要由车速传感器、电子电路、车速表和里程表四部分组成 传感器安装在变速器上，将车速信号变成频率信号传送给电子车速里程表，内部处理器通过计算，控制步进电动机使指针动作，并显示相应里程 一些中高档轿车是通过 ABS 控制单元以 CAN 总线方式传输给仪表控制单元来获取车速信息的

（续）

名称	图　示	说　明
发动机转速表		用于显示发动机转速，通过发动机 ECU 获取发动机转速信号。有些轿车具有仪表板控制单元，通过车载网络获取发动机转速信号，经过内部电路分析计算，控制步进电动机使指针动作，指示发动机转速

电热式、电磁式仪表已经趋于淘汰，现代轿车大部分使用的是步进电动机式汽车仪表。有些轿车并没有设置机油压力表和冷却液温度表，而是通过指示灯来提醒和警告驾驶人。

（4）数字式仪表　随着电子技术的发展和汽车行驶信息量的不断增多，传统仪表已经远远不能满足需要。数字式仪表以其能够提供大量复杂的信息，具有高精度和高可靠性，而正被广泛推广使用。

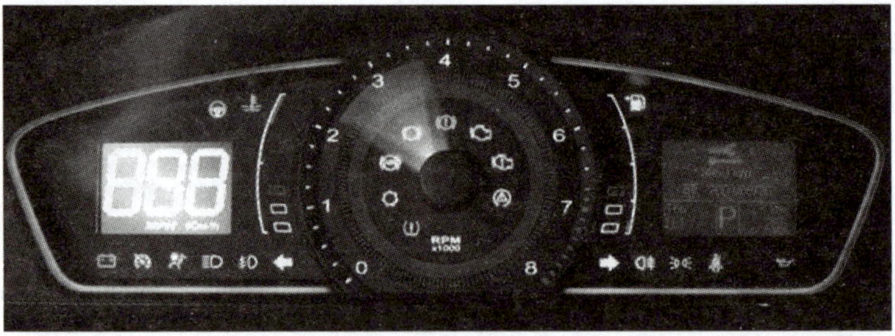

▲数字式仪表

数字式汽车仪表由传感器、微处理器和显示器三大部分组成。其显示器有 LED 显示器和真空荧光管两种；内部微处理器具有故障自诊断功能，一旦发生故障，可以通过故障诊断仪读取故障码来进行故障分析和排除。上图所示为荣威轿车采用的数字仪表。数字式仪表一般不可分解，除照明灯泡损坏可以单独更换外，其他部分只能整体更换。

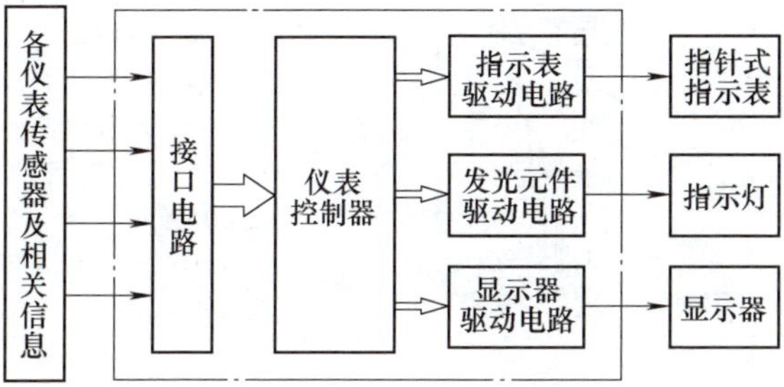

▲数字式仪表的组成框图

数字式仪表接受各传感器信号及其他控制单元共享的车辆信息，并将这些信息通过接口电路传输给仪表控制器，仪表控制器控制指示表驱动电路、发光元件驱动电路和显示器驱动电路，将车辆行驶信息和警告信息显示在仪表板上。

3. 报警装置

（1）报警装置的组成　报警装置通常由警告灯和报警传感器组成。当被监测的系统不正常时，传感器将信号传输给报警电路，控制指示灯发亮，提醒驾驶人注意，如机油压力过高或过低报警、制动液压力不足报警、燃油不足报警、冷却液温度过高或过低报警等。

名称	图　示	说　明
机油压力报警装置	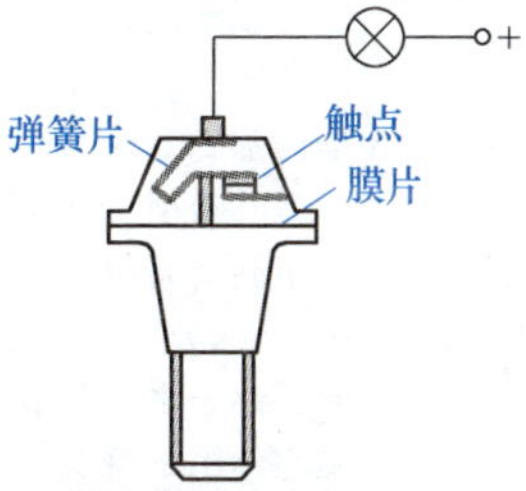 膜片式机油压力报警开关控制电路	起动发动机后，当机油压力低于规定值时，膜片带动动触点向下动作，与静触点接触，接通警告灯电路 起动发动机后，当机油压力正常时，膜片在压力作用下，带动动触点向上运动，触点不接触，警告灯熄灭

（续）

名称	图　示	说　明
冷却液温度过高报警装置	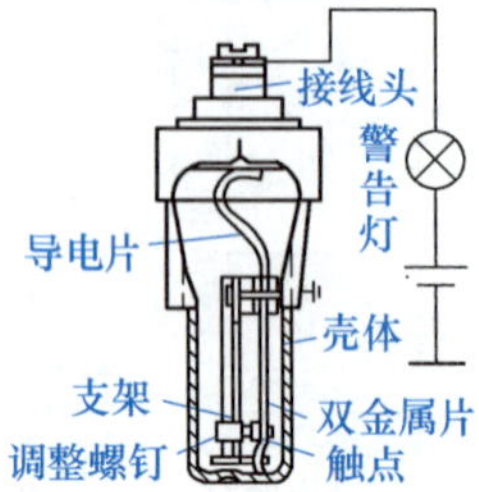	当发动机温度超过规定的极限温度时，传感器内部的双金属片因受热而使温度升高，发生较大的变形，使其内部的触点闭合接通警告灯电路，警告灯点亮，当发动机温度正常时触点断开。现代轿车很多只有冷却液温度警告灯，而取消了冷却液温度表
燃油量不足报警装置	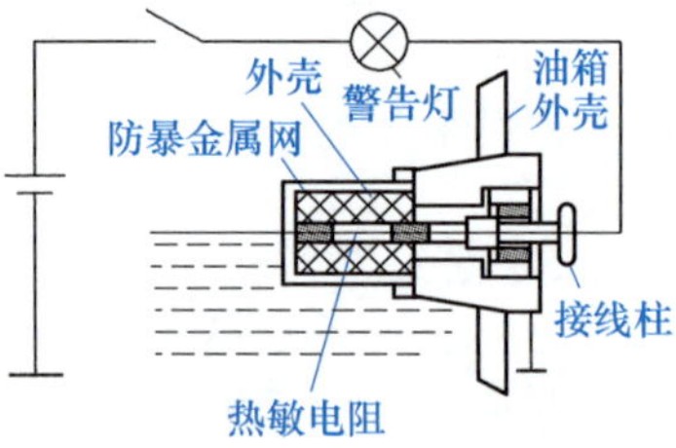	采用负温度系数热敏电阻传感器，传感器安装在油箱内，当油箱内存油较多时，热敏传感器散热快，温度低、阻值高，流过警告灯的电流小；当存油较少时，超过最低规定值，因油少散热慢，温度高、阻值低，流过警告灯的电流大，警告灯点亮
制动摩擦片磨损过量报警装置	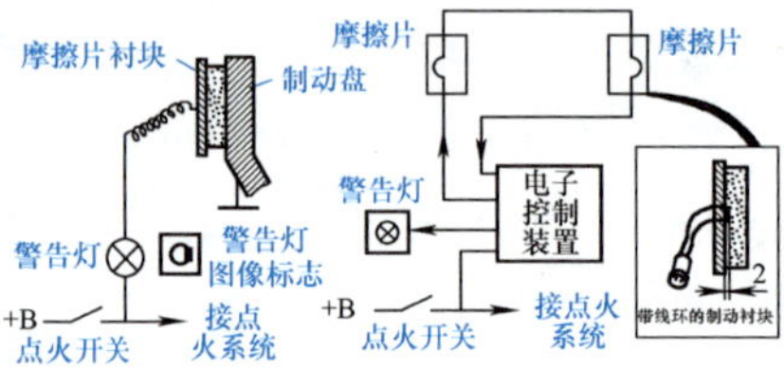 金属触点式　　导线断路式	金属触点在摩擦片内部，其位置是使用极限位置，当制动片磨损到此位置时，警告灯电路构成回路，警告灯点亮 导线断路式报警装置正常工作时，电子控制装置在点火开关打开后自检，能够检测到摩擦片回路正常，当摩擦片磨损至极限时，摩擦片内电路磨损断路，电子控制单元检测后点亮警告灯
制动液液位过低报警	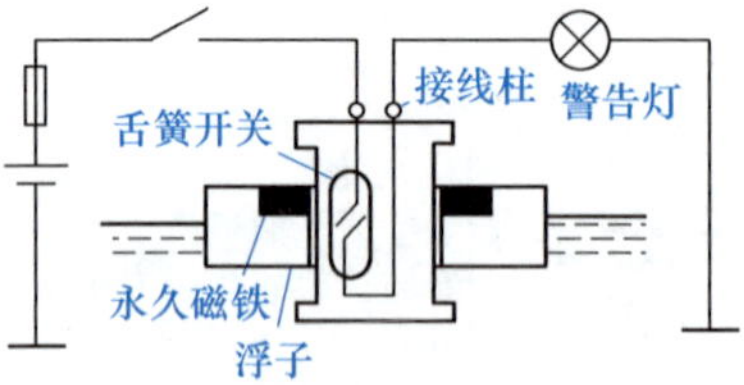	当制动液充足时，浮子随着制动液上浮，处于较高位置，传感器内部的磁铁与舌簧开关位置较远，其吸引力不足时开关闭合。如果制动系统发生泄漏，制动液缺失，液位下降到规定极限值时，浮子也下降到较低位置，在磁力作用下开关闭合，接通警告灯电路，警告灯点亮，提醒驾驶人制动液不足

（2）警告灯图标

图形符号	指示灯或警告灯的名称	图形符号	指示灯或警告灯的名称
	左转向指示灯		右转向指示灯
	近光指示灯		远光指示灯
	小灯或位置灯		前雾灯指示灯
	后雾灯指示灯		充电指示灯
	安全带未系警告灯		车门警告灯
	燃油液位警告灯		冷却液温度警告灯
	后风窗除霜指示灯		ESP 警告灯
	机油压力警告灯		制动液位警告灯
	发动机故障灯		驻车制动指示灯
	ABS 故障灯		停车检查灯
	安全气囊警告灯		发动机防盗指示灯

4. 仪表稳压器

为了保证冷却液温度表、燃油表等指示的准确性，在电路中设置了仪表稳压器，使仪表的供电电压不受蓄电池电压波动的影响，以提高其准确性和可靠性。仪表稳压器有电热式和电子式两种。

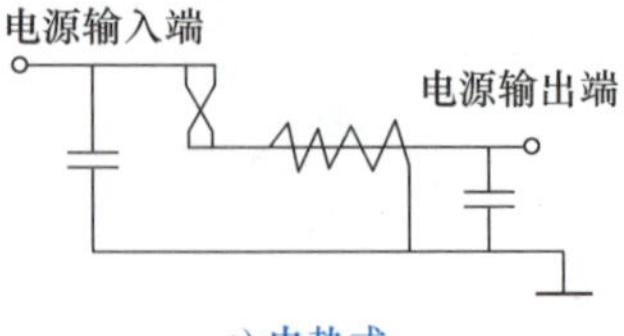

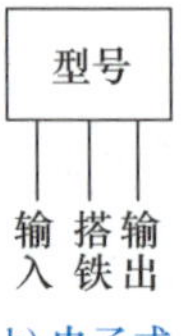

▲仪表稳压器电路

技能46 组合仪表的拆装

1. 丰田卡罗拉轿车组合仪表的拆卸

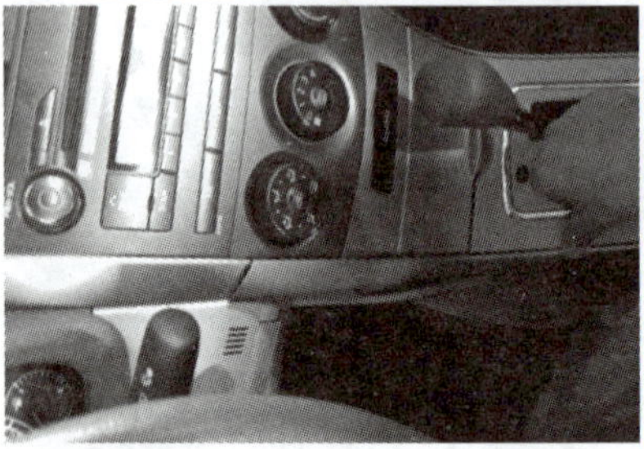

1. 拆下仪表板左下装饰条

2. 拆下仪表板左上装饰条

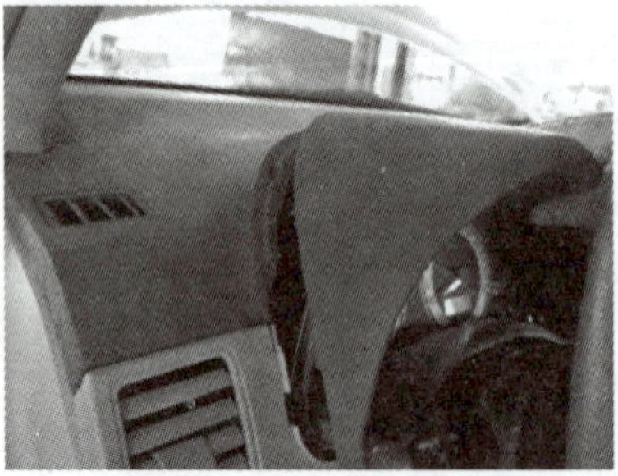

3. 拆下仪表上方装饰盖板

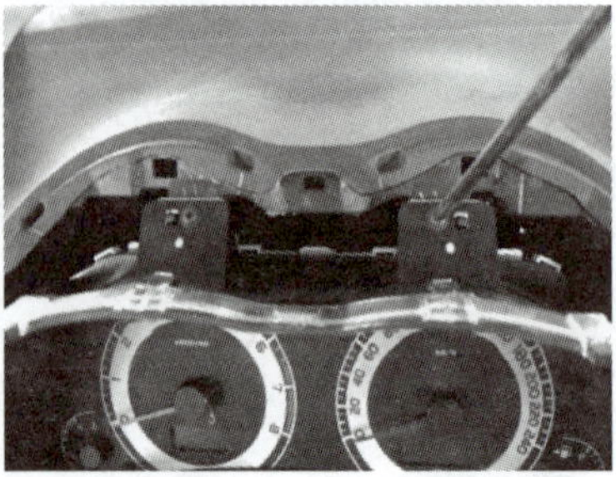

4. 拆下组合仪表固定螺钉

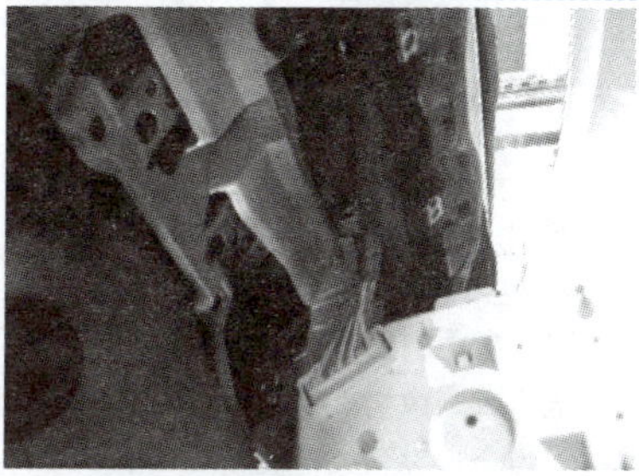

5. 拔下仪表板插头

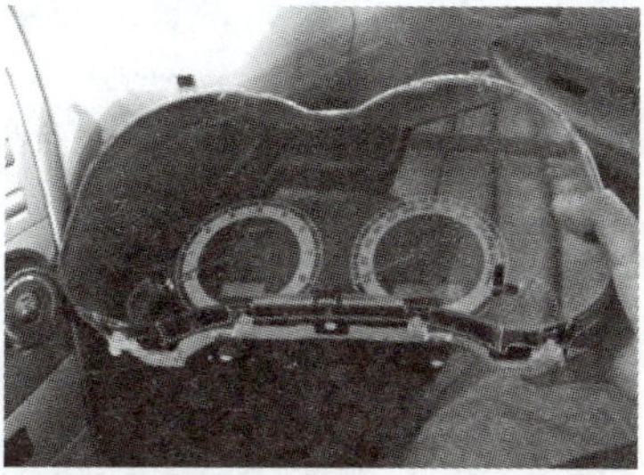

6. 取下组合仪表总成

2. 丰田卡罗拉组合仪表的安装

组合仪表的安装按照拆卸的相反顺序进行，在此不再赘述。如果组合仪表出现故障，只能总体更换，不可维修。

技能 47　机油压力报警装置的检查

1. 机油压力报警功能状态的检查

将点火开关旋至“ON”挡，此时组合仪表的机油压力警告灯应点亮，若不点亮，则为故障，应检查组合仪表、机油压力报警开关及其线路。

将点火开关旋至起动挡，起动发动机后，若机油压力警告灯熄灭，则表明发动机润滑系统压力正常；若发动机起动后仍然点亮，则应在排除润滑系统故障的前提下检查机油压力报警开关、线路及组合仪表是否出现故障。

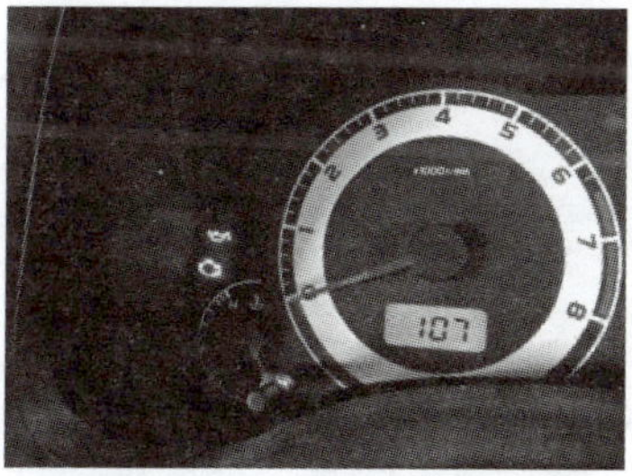

▲将点火开关旋至“ON”挡

▲将点火开关旋至起动挡

2. 机油压力报警开关的检查

将点火开关旋至“ON”挡，使用万用表20V电压挡检查机油压力报警开关供电电压值，正常值应为12V左右，若无电压，则应检查机油压力报警开关线路、组合仪表和组合仪表供电情况

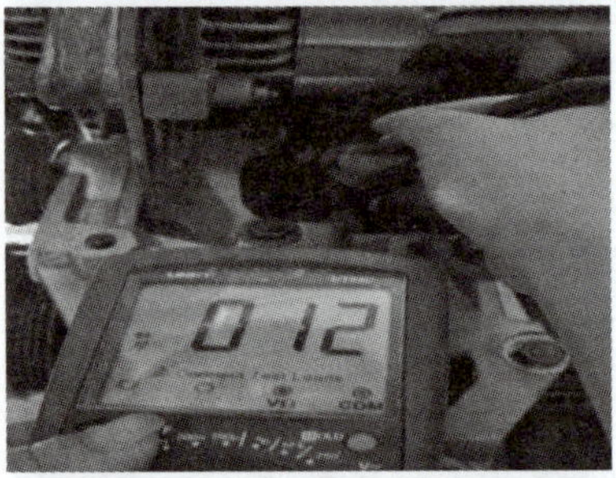

使用万用表导通挡检查机油压力报警开关的工作状态：一只表笔与压力开关输出端子相连接，另一只表笔与发动机缸体金属部位相接，在不发动发动机的情况下测量，应导通

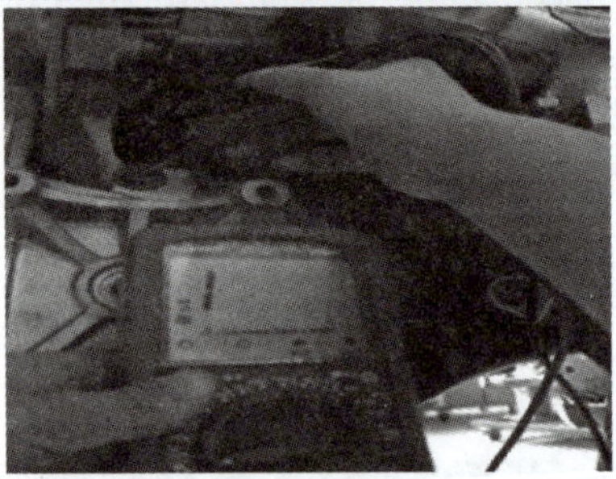

使用万用表导通挡检查机油压力报警开关（单线压力开关）的工作状态：起动发动机，在发动机稳定运转后，检测开关的导通状态，若不导通，则表明压力开关正常工作

技能48 冷却液温度传感器的检查

1. 冷却液温度表功能的检查

打开点火开关并起动发动机，随着发动机温度的升高，冷却液温度表指针也应不断上移，达到正常的冷却液温度值（冷却液温度表指针中间偏下一点位置）后，若通过发动机冷却系统的控制，冷

却液温度表指示值基本无变化，则可以初步判断冷却液温度表工作正常。当然也可以使用诊断仪，读取发动机动态数据流，通过比对，观察冷却液温度表工作是否正常。

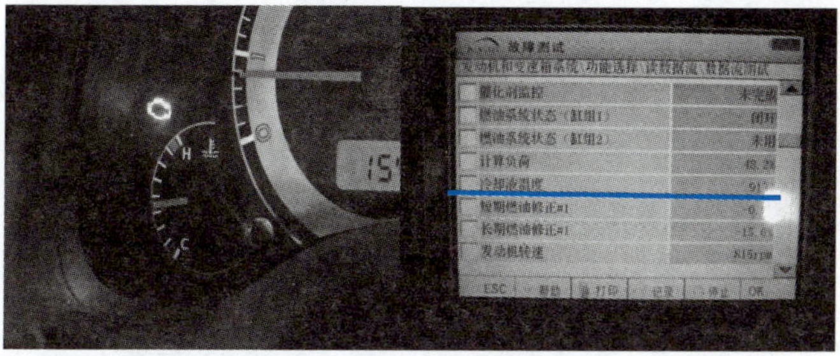

▲冷却液温度表功能的检查

2. 冷却液温度传感器的检查

冷却液温度传感器一般安装在发动机与散热器水管连接处靠近发动机的一侧。冷却液温度传感器信号传输给发动机控制单元，作为点火和喷油的主修正信号。由于现代轿车均采用车载网络，该冷却液温度信息可以通过 CAN 总线与仪表控制单元共享，因此不再需要两个冷却液温度传感器。有些轿车甚至取消了冷却液温度表，取而代之的是冷却液温度警告灯，如本田锋范轿车就采用此种设计

打开点火开关旋至“ON”挡，测量冷却液温度传感器的供电电压，正常值为 5V 左右，此供电电压是由发动机控制单元提供的。如果供电电压不正常，则应进一步检查器线束、发动机控制单元及其供电电压

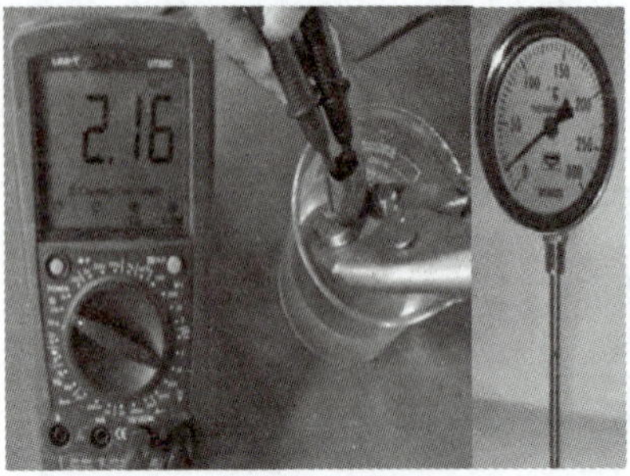

发动机冷却液温度传感器采用的是负温度系数的热敏电阻，冷却液温度越高，其阻值越低。为了检查传感器本身的好坏，可以将传感器放入烧杯内，然后向烧杯内放入适量的水，将烧杯加热，并用温度计检测加热的温度，同时测量传感器阻值，应符合原厂维修手册要求。为避免烫伤，最好用钳子夹住传感器测量

技能 49　燃油量传感器的检查

1. 燃油量传感器的拆卸

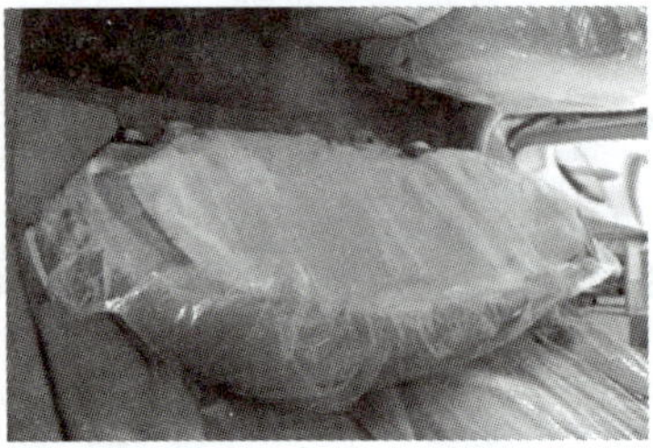

1. 向上抬起后车座，并将车座从车内取出

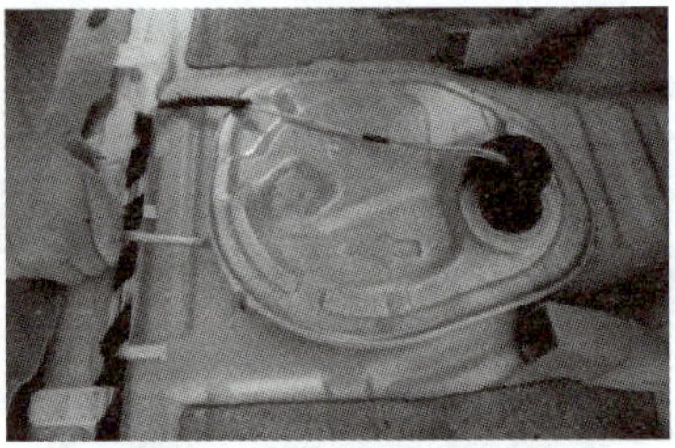

2. 用螺钉旋具撬起盖板，应均匀并分几次撬起，以免变形

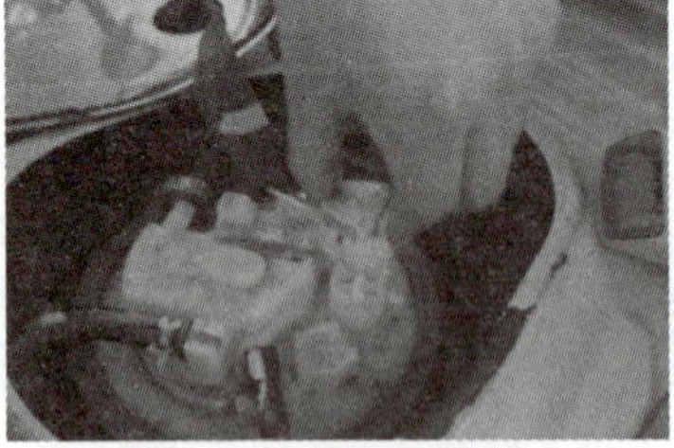

3. 拔下油泵油量传感器线束

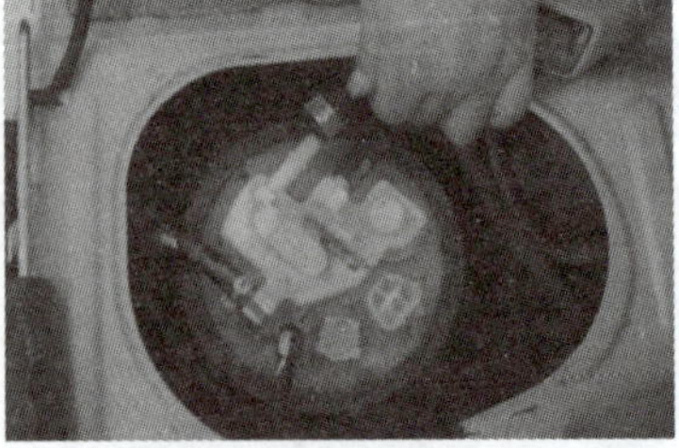

4. 分别拆下油管和燃油蒸发收集管路。应在拆卸管路前进行燃油系统泄压

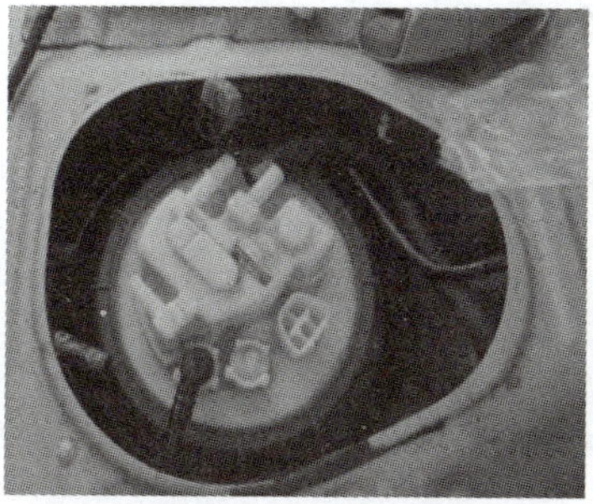

5. 使用专用工具（可自制扳手）逆时针旋转蓝色塑料螺母

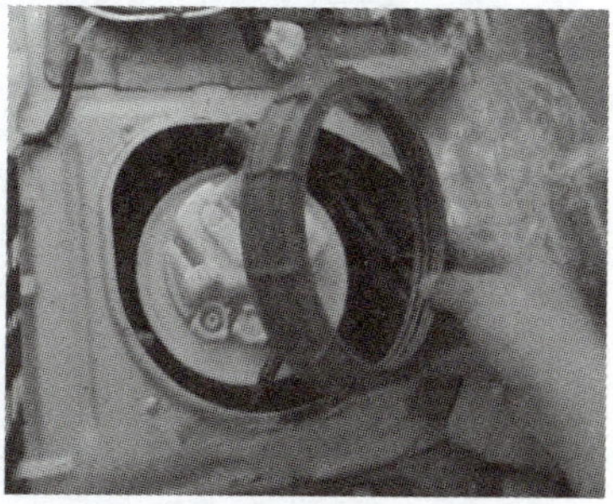

6. 取下蓝色塑料螺母，并向上缓慢提拉燃油泵总成，将油泵总成从油箱中取出

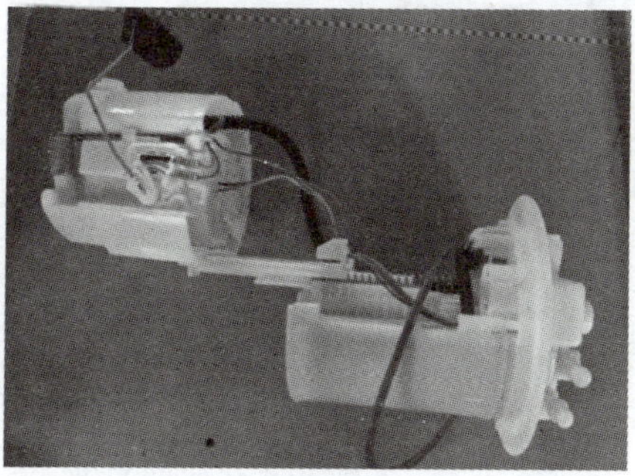

7. 将燃油泵取出

2. 燃油量传感器电阻值的测量

使用万用表“kΩ”挡测量油量传感器的电阻值，其应在油浮子最低时的电阻值和最高时的电阻值之间连续变化，并符合维修手册要求。也可用经验法判断：将浮子放置在某一位置，测量电阻值并记录，然后缓慢扳动浮子使其移动，其电阻值应连续变化（浮子在较低位置时电阻值变高，在较高位置时电阻值变低）。

3. 燃油量传感器供电电压的测量

打开点火开关旋至“ON”挡，使用万用表 20V 电压挡测量燃油量传感器的供电电压。该供电电压正常值为 5V 左右，如果不正常，则应检查线束、组合仪表及其供电电压。

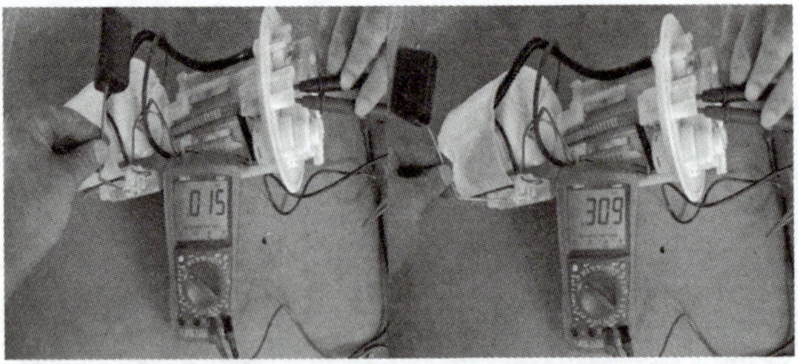

▲燃油量传感器电阻值的测量

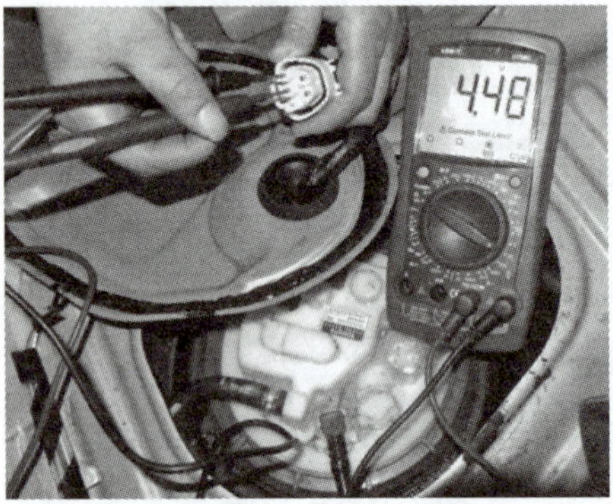

▲燃油量传感器供电电压的测量

4. 燃油泵总成的安装

1. 将油泵总成缓慢放入。油泵总成有唯一方向，不要装错

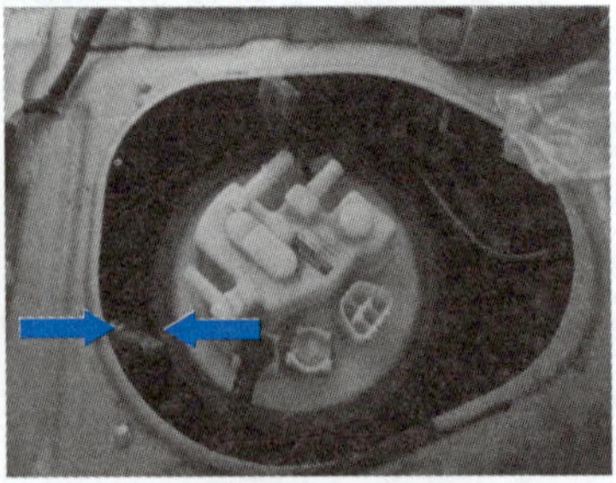

2. 将蓝色塑料螺母盖旋紧，箭头所指处为旋入起始标记位置（在螺母上和油箱上均有箭头标记）

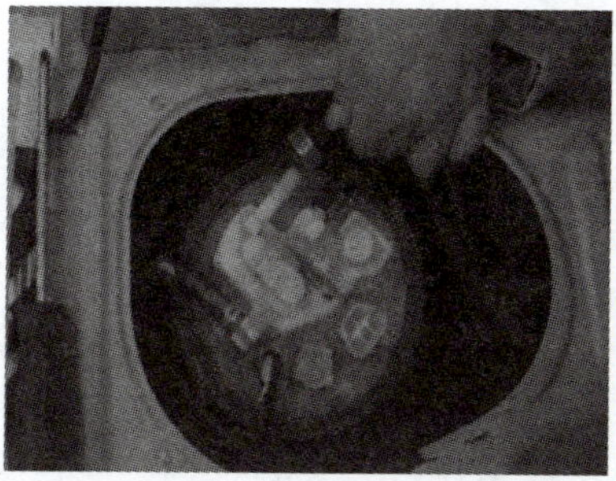

3. 安装管路

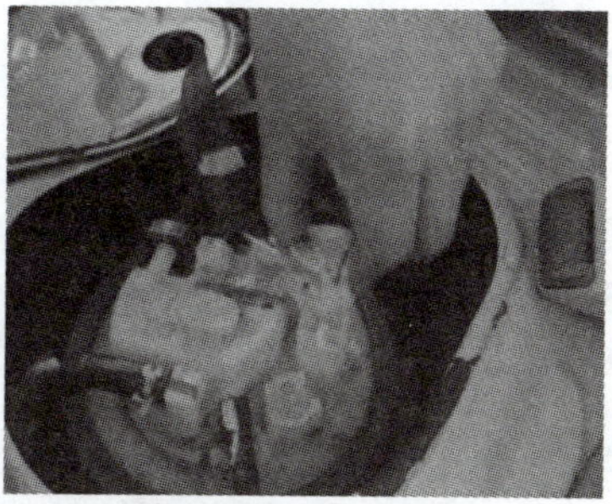

4. 安装插头

5. 在盖板下方重新涂抹密封胶，然后盖好盖板即可

注意事项

1）拆卸油泵总成时应注意防火安全。

2）在断开油泵管路前，必须对燃油系统泄压。

3）安装蓝色塑料螺母时应注意其起始安装位置。

4）在装入油泵总成前应检查其密封圈是否损坏，并按原位装入，否则会导致油箱漏气，出现发动机工作异常。

5）拆卸和安装蓝色塑料螺母时应使用专用工具，无专用工具时也可自制，不可野蛮拆卸，以免损坏。

技能50　制动液不足报警装置及驻车制动警告灯开关的检查

1. 制动液不足传感器功能状态的检查

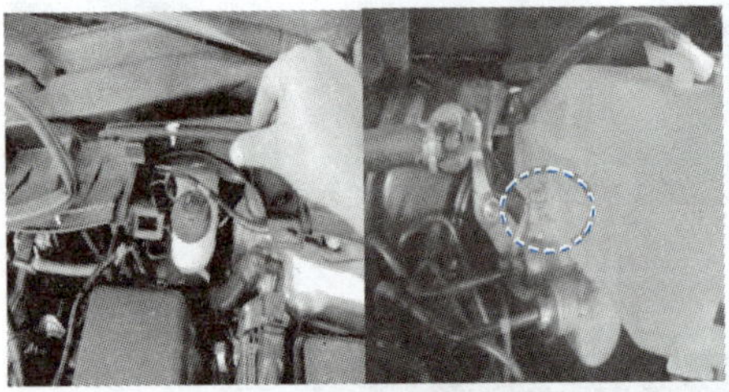

制动液不足传感器安装在制动液储液罐上，其作用是当制动液泄漏不足时，点亮组合仪表的警告灯，提醒驾驶人应对制动系统进行检修

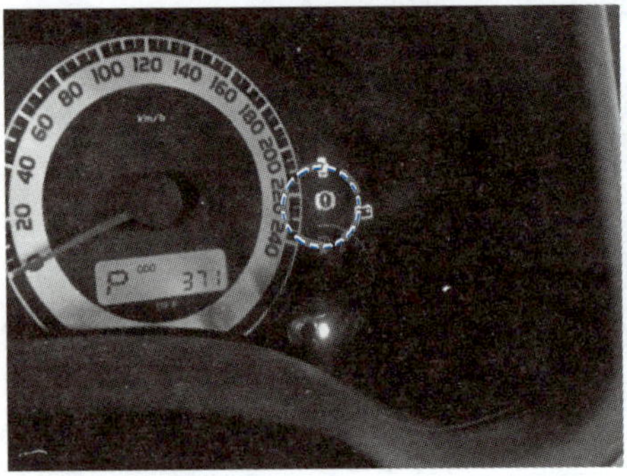

将点火开关旋至点火挡，如果此时驻车制动器操纵杆已经拉起，仪表板红色制动警告灯点亮，解除驻车制动后红色指示灯熄灭，则说明驻车制动开关和警告灯电路正常。该指示灯同时也是制动液不足警告灯，如果驾驶人未使用驻车制动时该指示灯点亮，则应检查制动液是否充足，制动液充足时则为组合仪表或其线路故障，不充足应检查制动系统

2. 制动液不足警告开关的检查

检查制动液不足警告开关：如果制动液充足，则使用万用表导通挡检查，应不导通，否则说明开关损坏；当制动液缺失至极限值时，检查该开关，应导通，否则说明其不正常

将点火开关旋至点火挡，检查制动液不足警告开关供电电压，正常值为 12V 左右

技能 51　发动机转速表和车速里程表的检查

对于丰田卡罗拉车型，组合仪表的转速信号由发动机控制单元提供，车速信号由防滑控制单元提供。如果发动机转速或车速无法指示，可通过故障诊断仪读取动态数据流进行检查，若能够观察到转速信号或车辆行驶后有车速信号，则为组合仪表线束、组合仪表故障；若无法读取动态数据流，则应进一步检查发动机转速传感器、发动机控制单元、车速传感器是否正常。对于安装手动变速器的车型，车速信号由车速传感器（安装在手动变速器上）提供给组合仪表；对于丰田卡罗拉车型，车速信号则由轮速传感器获取，然后传输给防滑控制单元，并通过 CAN 总线传输给组合仪表。

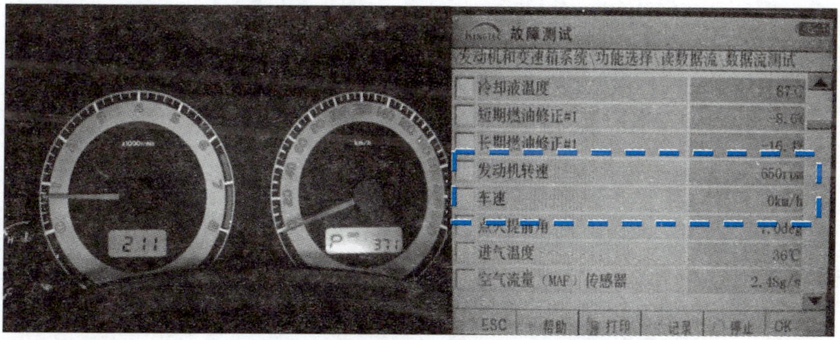

▲发动机转速表和车速里程表的检查

技能 52　典型汽车电子仪表电路分析

1. 基本仪表电路

下图为国产载货车基本仪表电路。打开点火开关第一挡（“ON”挡），通过蓄电池向各警告灯、警告灯传感器供电，同时经过 5A 熔断器向油压表和传感器供电，经过稳压器向冷却液温度表、冷却液温度传感器、油量表和油量传感器供电；当某一报警传感器检测到异常时，报警开关闭合接通某一警告灯电路，警告灯点亮；仪表传感器将冷却液温度信号、油量信号和油压信号提供给各仪表，仪表指示相应数值。

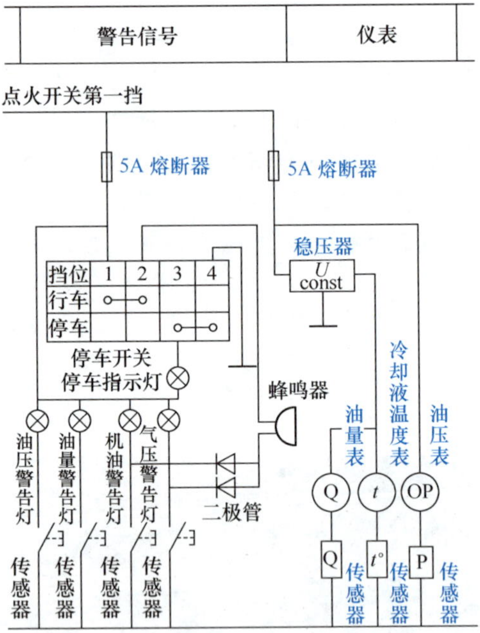

▲国产载货车基本仪表电路

2. 大众新捷达轿车仪表电路

G 是燃油存量传感器，为仪表控制单元 J285 提供燃油量信号；G2 是发动机冷却液温度传感器，为仪表控制单元 J285 提供燃油量信

组合仪表、转速传感器、油压开关

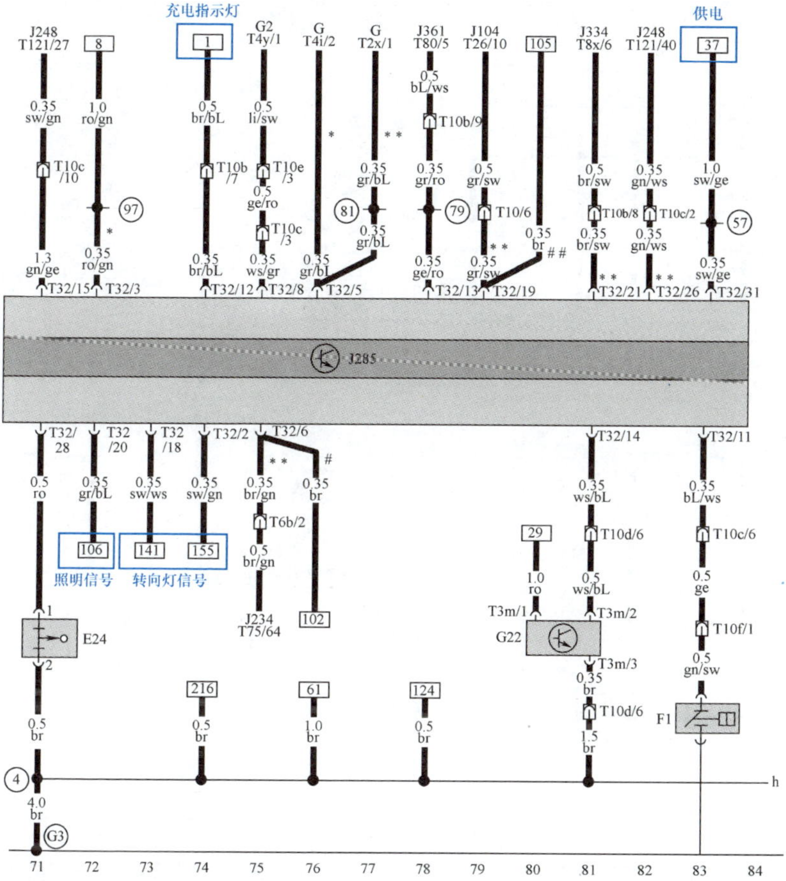

▲大众新捷达轿车仪表电路（一）

E24—驾驶人侧安全带开关　F1—油压开关　G22—转速传感器　G—燃油存量传感器　G2—冷却液温度传感器　J104—ABS 控制单元　J248—柴油直接喷射装置控制单元　J285—组合仪表　J334—防盗锁止系统控制单元　J361—Simos 发动机控制单元　T10c—10孔黑色插头，继电器支架上　T10b—10 孔棕色插头，继电器支架上　T10d—10孔红色插头，继电器支架上　T10f—10 孔插头连接　T32—蓝色 32 孔插头，仪表板内　T80—80 孔插头连接　④—接地连接，车身线束内　57—正极连接，车身线束内　79—线束连接，在仪表板线束内　81—线束连接，在车身线束内　97—正极连接，在仪表板线束内　G3—接地点，在继电器支架旁车身处　*—仅适用于汽油发动机　* *—仅适用于柴油发动机　#—仅适用于柴油发动机/无安全气囊的汽车　##—仅适用于柴油发动机/无 ABS 的汽车

组合仪表、驻车制动灯开关、制动液位传感器、防盗器读出线圈

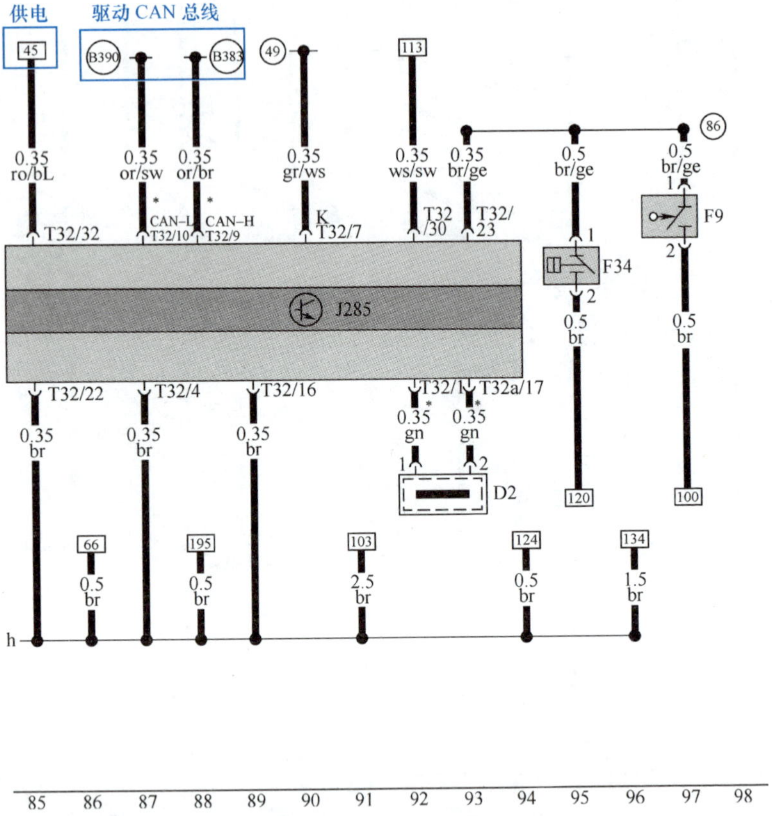

▲大众新捷达轿车仪表电路（二）

D2—防盗器读出线圈　F9—驻车制动灯开关　F34—制动液液位传感器　J285—组合仪表　T32—蓝色 32 孔插头，仪表板内　㊾—自诊断 K 线连接　㊻—线束连接，仪表线束内　(B383)—主线束中的连接（驱动总线 CAN 高频）　(B390)—主线束中的连接（驱动总线 CAN 低频）　*—仅适用于装备汽油发动机的车辆　ws—白色　sw—黑色　ro—红色　br—褐色　gn—绿色　bL—蓝色　gr—灰色　ge—黄色　or—橘黄色

号；冷却液温度信号由发动机控制单元 J361 通过 CAN 总线传输；G22 是转速传感器（车速信号），为组合仪表提供行驶转速信号；J104 为组合仪表提供 ABS 警告灯点亮信号；J234 为组合仪表提供安全气囊警告灯点亮信号；F1 是油压开关，即机油压力报警开关；E24 是驾驶人侧安全带开关；F9 为驻车制动灯开关，在驾驶人拉起驻车制动器操纵杆时点亮警告灯；F34 是制动液液位传感器，当制动液不足时发出信号，制动液不足警报开关闭合，警告灯点亮。

技能 53　电子仪表常见故障的诊断与排除

当组合仪表发生故障时，应检查是个别仪表或警告灯故障还是整个组合仪表故障。如果是个别仪表或警告灯故障，则只需检查与该仪表或警告灯有关的电路；如果是整个组合仪表故障，则应检查仪表供电、搭铁和组合仪表自身的问题。

一、转速表不工作故障的排除

1. 故障现象

在起动发动机后，发动机转速表无指示。

2. 故障原因及排除方法

故障原因	排除方法
转速信号线断路或短路	检查并修复线束
转速表损坏	更换组合仪表

二、车速里程表不工作故障的排除

1. 故障现象

车辆行驶后车速里程表不显示车速。

2. 故障原因及排除方法

故障原因	排除方法
车速表传感器至组合仪表的线束断路或接触不良	检查并修复线束
车速传感器损坏	更换车速传感器
车速里程表损坏	更换组合仪表

三、燃油表不工作故障的排除

1. 故障现象

打开点火开关，燃油表无指示或指示值不准确。

2. 故障原因及排除方法

故障原因	排除方法
燃油表至燃油量传感器的线路断路或接触不良	检查并修复线束
燃油量传感器损坏	更换传感器
燃油表损坏	更换组合仪表
仪表稳压器损坏	更换仪表稳压器

四、冷却液温度表不工作或指示值不准确故障的排除

1. 故障现象

在发动机运转后，冷却液温度表，指针不动或指示值不准确。

2. 故障原因及排除方法

故障原因	排除方法
冷却液温度传感器与组合仪表之间的线路断路或接触不良	检查并修复线束
冷却液温度传感器损坏	更换冷却液温度传感器
冷却液温度表损坏	更换组合仪表

五、机油压力警告灯不亮故障的排除

1. 故障现象

打开点火开关，机油压力警告灯不亮，起动发动机后也不亮。

2. 故障原因及排除方法

故障原因	排除方法
机油压力报警开关至组合仪表之间的线路断路或接触不良	检查并修复线束
机油压力报警开关损坏	检查并更换机油压力报警开关
机油压力警告灯损坏	更换组合仪表

典型故障案例分析

故障现象：一辆 2006 年款的雪佛兰赛欧轿车发动机转速表不工作故障的排除。

故障分析：接车后维修人员起动发动机，观察转速表工作情况，在急加速时发动机转速表偶尔动作，但指示值不准确，初步判断转速表损坏。

故障诊断：通过电路图（见下页图）分析得知，该车的发动机转速信号是由发动机转速传感器提供的，如果该传感器损坏，那么发动机将无法起动，因此初步判断发动机转速传感器正常，发动机控制单元正常，问题只能出在发动机控制单元至组合仪表之间的信号线和组合仪表本身。随后使用万用表测量发动机控制单元与组合仪表线束电阻值，正常，使用示波器检测发动机输出转速信号，正常，更换组合仪表后故障排除。

故障排除后将更换下来的组合仪表分解检查，以找到故障的具体原因。当维修人员将驱动转速表的步进电动机拆下后，发现步进电动机的驱动齿轮磨损严重（齿轮是塑料材质的），因此故障原因是转速表步进电动机驱动齿轮磨损。

故障排除总结：仪表故障发生的概率较低，故障的原因多数是由仪表线路和仪表本身导致的。排除此类故障时一定要根据电路原理分析原因，比如此款车的燃油传感器信号直接提供给发动机控制单元，而不是燃油表，燃油表的信号是通过发动机控制单元获取的，如果燃油表出现不工作故障时仍然按照传统的电路结构排除故障，就会走很多弯路，所以搞清电路结构非常重要。

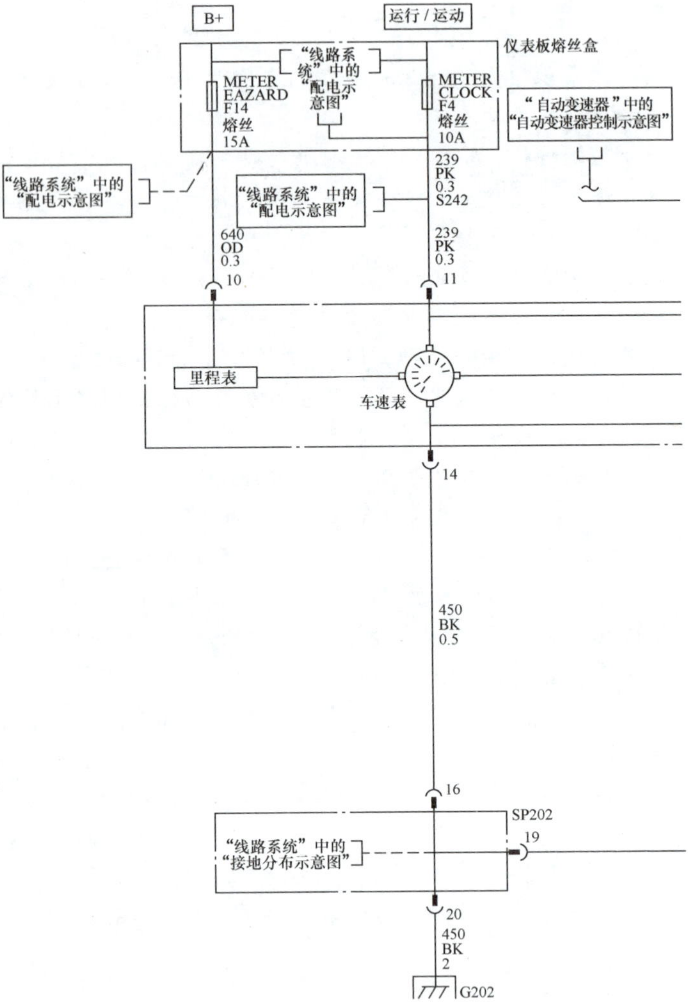
B+
运行 / 运动
仪表板熔丝盒
“线路系统”中的“配电示意图”
METER
EAZARD
F14
熔丝
15A
METER
CLOCK
F4
熔丝
10A
“自动变速器”中的
“自动变速器控制示意图”
“线路系统”中的
“配电示意图”
“线路系统”中的
“配电示意图”
239
PK
0.3
S242
640
OD
0.3
239
PK
0.3
10
11
里程表
车速表
14
450
BK
0.5
16
SP202
19
“线路系统”中的
“接地分布示意图”
20
450
BK
2
G202

▲2006 年款雪佛兰

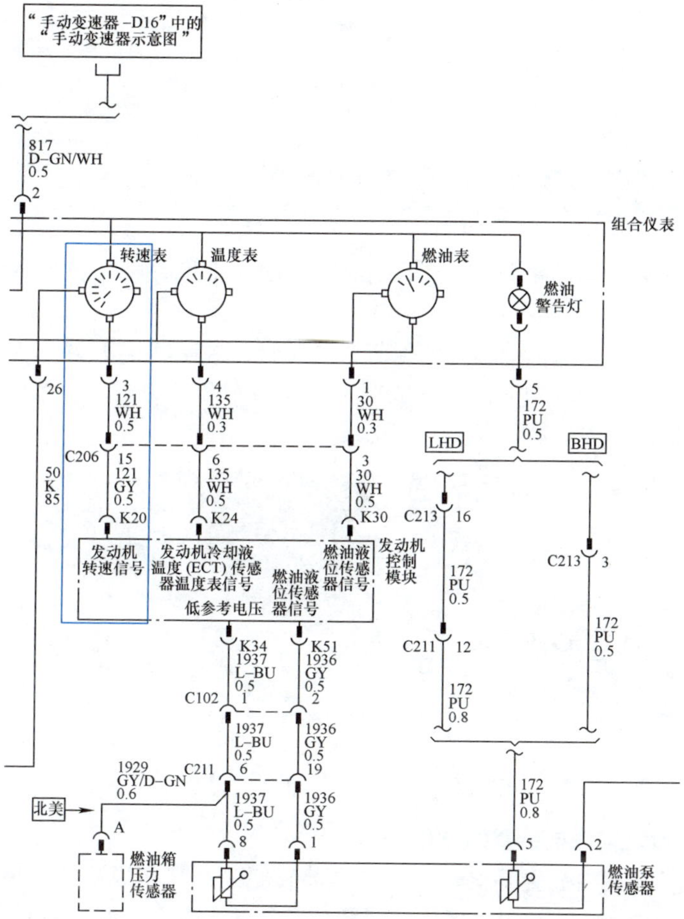
“手动变速器 -D16”中的
“手动变速器示意图”
817
D-GN/WH
0.5
组合仪表
转速表
温度表
燃油表
燃油
警告灯
26
50
K
85
C206
3
121
WH
0.5
15
121
GY
0.5
K20
4
135
WH
0.3
6
135
WH
0.5
K24
1
30
WH
0.3
3
30
WH
0.5
K30
5
172
PU
0.5
LHD
BHD
C213
16
172
PU
0.5
C211
12
172
PU
0.8
C213
3
172
PU
0.5
发动机
转速信号
发动机冷却液
温度 (ECT) 传感
器温度表信号
燃油液
位传感
器信号
燃油液
位传感
器信号
低参考电压
发动机
控制
模块
K34
1937
L-BU
0.5
K51
1936
GY
0.5
C102
1
2
1937
L-BU
0.5
1936
GY
0.5
1929
GY/D-GN
0.6
C211
6
19
北美
A
1937
L-BU
0.5
1936
GY
0.5
8
1
燃油箱
压力
传感器
172
PU
0.8
5
2
燃油泵
传感器

赛欧轿车仪表电路

第 9 章
辅助电气设备的维修

技能 54　汽车风窗玻璃清洁装置的维修

汽车风窗玻璃的清洁包括前风窗玻璃的清洁和后风窗玻璃的清洁。

（1）前风窗玻璃的清洁　清除前风窗玻璃的雨雪和污物。

（2）后风窗玻璃的清洁　一般用于两厢轿车和越野车，清除后风窗玻璃的雨雪和污物。

▲前风窗玻璃的清洁

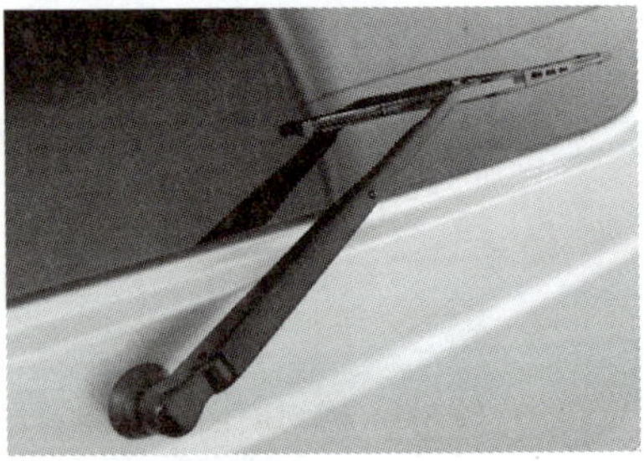

▲后风窗玻璃的清洁

1. 风窗玻璃清洁装置的作用

风窗玻璃清洁装置是汽车主动安全装置之一，其作用是清除风窗玻璃上的雨、雪、灰尘，保证汽车行驶时驾驶人具有良好的视野，确保行车安全。

2. 风窗玻璃清洁装置的组成与工作原理

风窗玻璃清洁装置一般由刮水器、洗涤器和除霜装置组成。

（1）刮水器　刮水器安装在前后风窗玻璃上，有些车辆的前照灯也安装有刮水器。

1）刮水器的结构：刮水器由刮片、刮片臂、传动机构、直流电动机和开关组成。

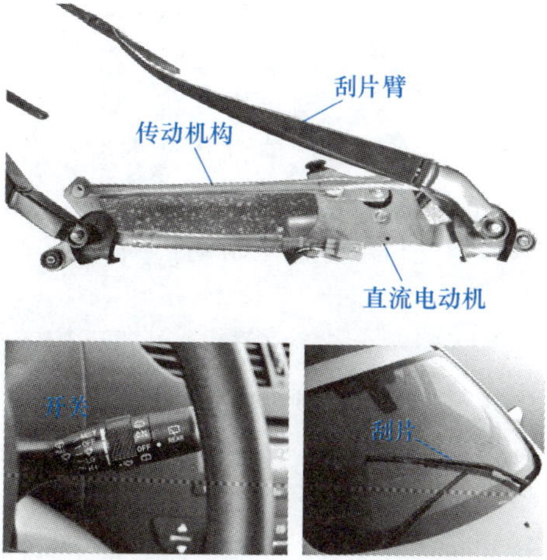

▲刮水器的结构

2）刮水器的工作过程：刮水器一般有三个挡位，分别是间歇挡、低速挡和高速挡，间歇功能是通过间歇继电器实现的，在此只介绍高速、低速和复位功能。

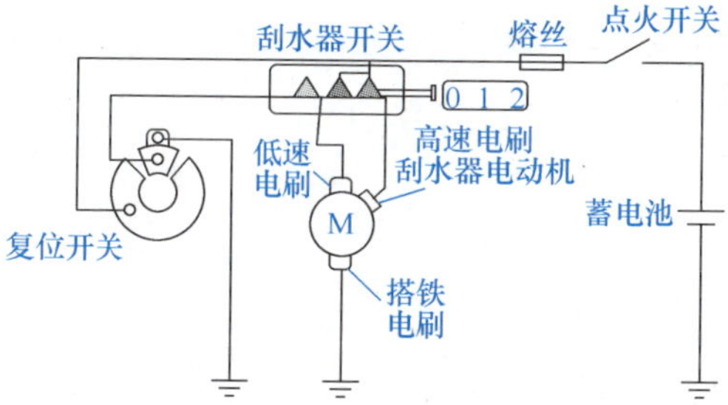

▲控制相线式刮水器电路

闭合点火开关，将控制开关拉至第一挡（中间三角位置），电流通过点火开关，流经熔丝、刮水器开关，到达低速电刷、电动机绕组，通过搭铁电刷接地，此时刮水器低速运转；驾驶人将刮水器开关开至第二挡（右侧三角位置），电流通过高速电刷经由电动机绕组至搭铁电刷接地，刮水器高速工作。当驾驶人关闭刮水器开关时，为了避免刮片臂停在任意位置，影响驾驶人视线和美观，刮水器在关闭挡将实现自动复位功能。其原理如下：驾驶人关闭刮水器开关时，复位电路接通，如果此时刮片臂停在除风窗玻璃最下端的任意位置，刮水器电动机内复位开关的导电片、刮水器开关将继续通过低速电刷供电，使刮片臂继续运转，当刮片臂运行到风窗玻璃最下端时，复位开关内的导电片将复位线接地，刮水器电动机对地短路，并实现能耗制动，刮片臂立即停止在规定位置。

3）刮水器变速原理：大多数车辆刮水器采用永磁直流电动机式，其转速的改变是通过改变电刷间导体的数目实现的。

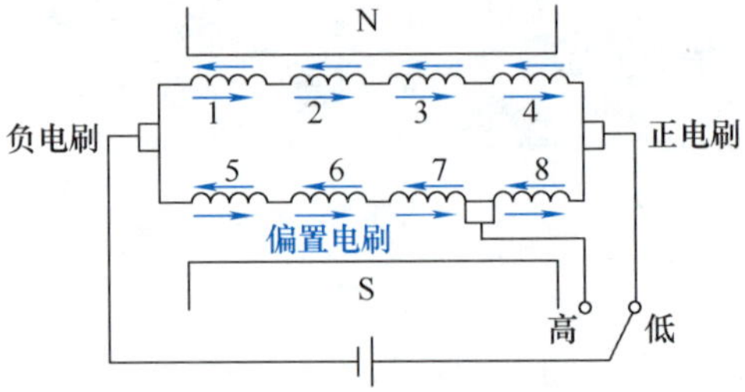

▲低速电刷接通

当刮动器电动机工作时，在电枢内同时产生反向电动势，其方向与电枢电流方向相反，在低速挡时1、2、3、4线圈与5、6、7、8线圈并联，因串联线圈数为4个，反向电动势较大，故转速较低。

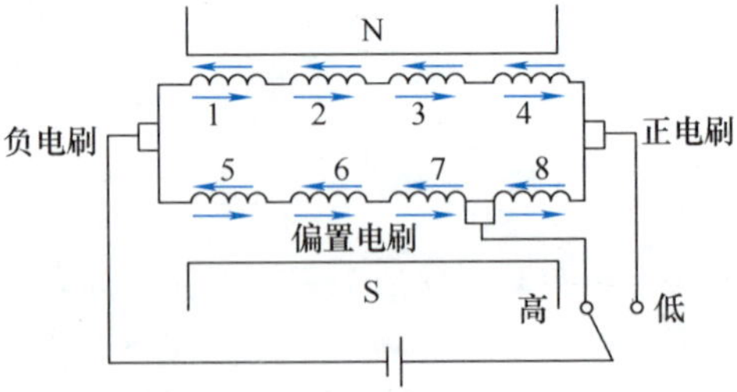

▲高速电刷接通

当高速电刷接通时，5、6、7 线圈串联，1、2、3、4、8 线圈串联，因线圈 8 与 1、2、3、4 线圈绕向相反，故产生的电动势与线圈 4 抵消，串联线圈数目减少，电动机转速较高。

（2）玻璃洗涤器　与刮水器配合，向风窗玻璃上喷射洗涤液，能够更好地清除灰尘和污物，保证驾驶人有良好的视线。

1）洗涤器的组成。洗涤器由洗涤液罐、喷嘴、洗涤泵、开关和管路组成。

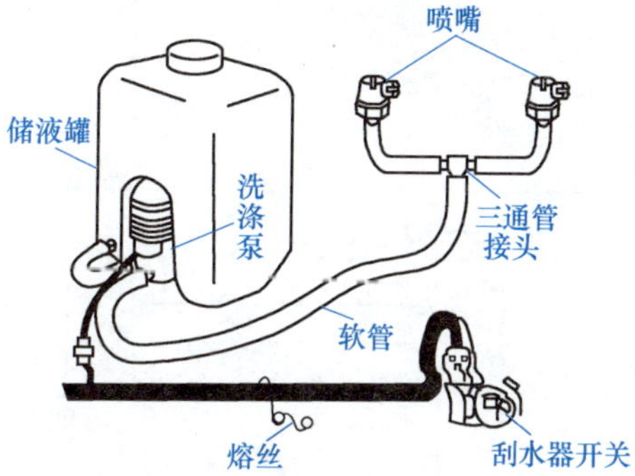

▲洗涤器的组成

2）洗涤器的工作过程：驾驶人闭合洗涤器开关，电流经开关到达洗涤泵，洗涤泵将洗涤液泵出，洗涤液通过管路输送给喷嘴后喷向风窗玻璃，同时刮水器也会参与工作，以便清除风窗玻璃上的灰尘和杂物。在洗涤泵停止后，刮水器还会工作三次左右，以刮净残余的洗涤液。

3. 风窗清洁装置典型控制电路

（1）基本刮水器控制电路　根据刮水器开关的控制方式不同，刮水器电路可以分为两种，一种为刮水器开关控制电源式，另一种为刮水器开关控制搭铁式。

两者的工作过程基本相同，主要区别在于刮水器开关的控制方式和复位开关的复位电路，当今的轿车应用较多的是控制电源式。

（2）大众轿车刮水器控制电路　该车型具备舒适系统控制单元 J393，当驾驶人操作刮水器开关时，各挡位开启信号传给 J393 舒适

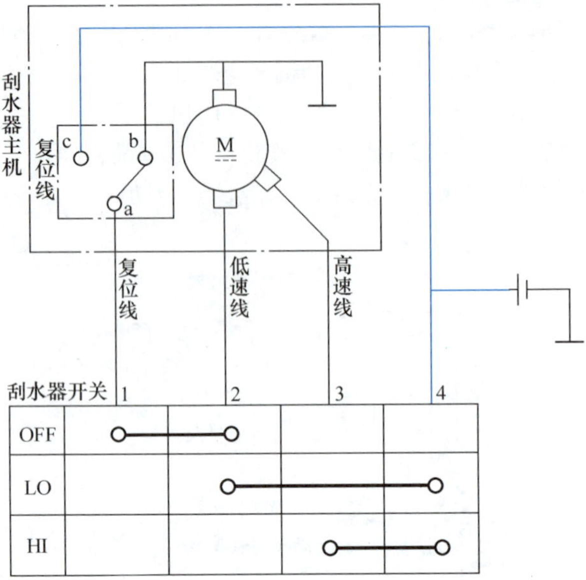

▲刮水器开关控制电源式的双速刮水器电路

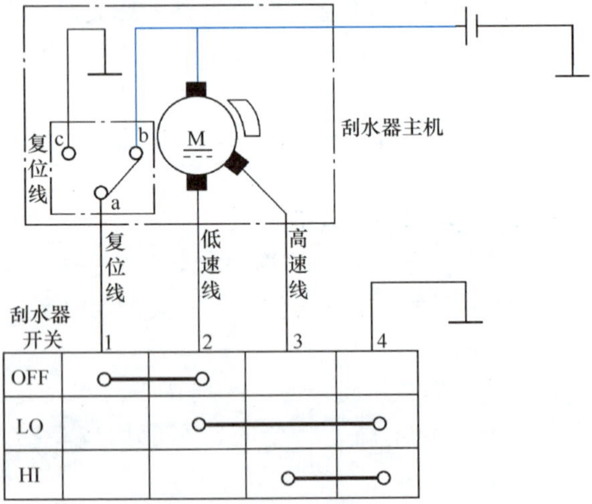

▲刮水器开关控制搭铁式的双速刮水器电路

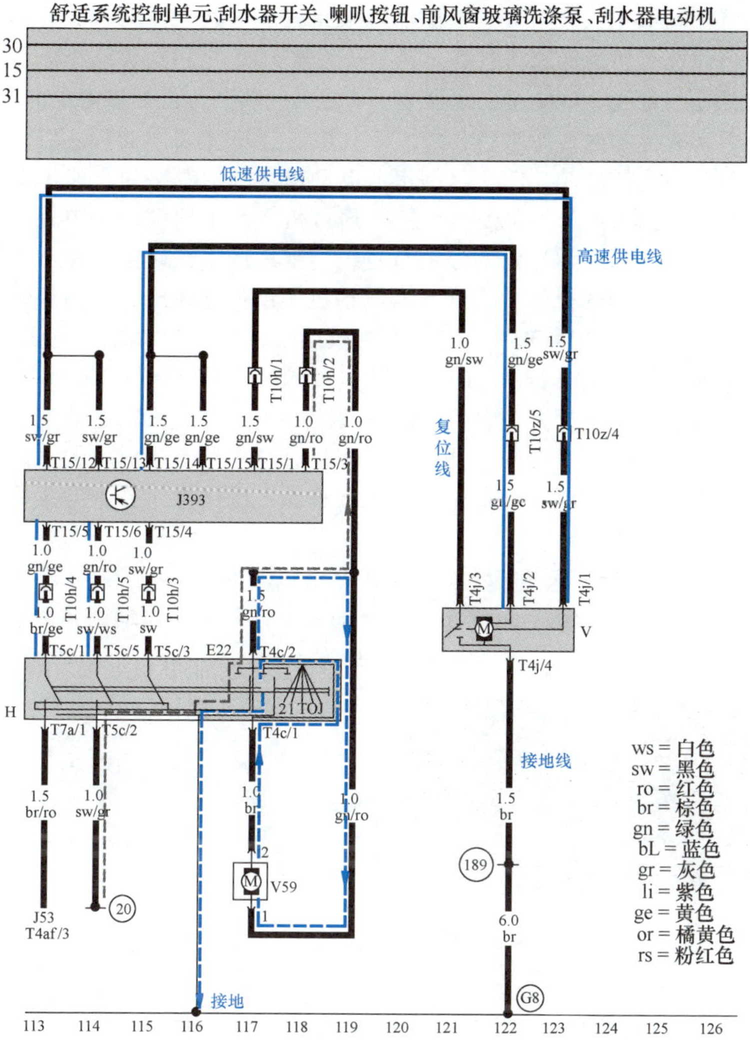

▲大众轿车刮水器控制电路

E22—刮水器开关 H—喇叭按钮 J53—喇叭继电器 J393—舒适系统控制单元 V59—前风窗玻璃清洗泵 V—刮水器电动机 T4c—4 孔插接件，在转向柱开关后 T5c—5 孔插接件，在转向柱开关后 T4j—4 孔插接件 T4af—4 孔插接件 T7a—7 孔插接件，在转向柱开关后 T10h—10 孔黑色插头，在继电器支架上。其中，通过 T10h/4 的为高速信号，通过 T10h/5 的为低速信号，通过 T10h/3 的为间歇信号 T10z—10 孔色插头连接，在继电器支架上 T15—15 孔插头，插接舒适系统控制单元 ⑳—线束连接，在车身线束内 (189)—空调线束中的接地连接 (G8)—接地点，左前翼子板系统控制单元，控制单元根据信号来完成刮水器的控制。上页图中灰色线标示的为低速挡电路，其中开关与 J393 之间的灰色线标示的为低速信号线，J393 至刮水器电动机之间的线路为低速供电电源线；彩色实线标示的为高速挡电路，其中开关与 J393 之间的彩色实线标示的为高速信号线，J393 至刮水器电动机之间的线路为高速供电电源线。当刮水器开关关闭时，J393 通过检测刮水器电动机中复位开关的位置来判断刮片臂的停留位置，当刮片臂不在风窗玻璃下方规定位置时，J393 会继续为刮水器电动机提供低速供电，当刮片臂到达规定位置时，J393 停止向刮水器电动机供电，刮水器停止运行。当驾驶人操作洗涤器开关时，通过上页图中的线束连接 20，到达洗涤器开关（刮水器开关右侧位置）；通过灰色虚线标示的电路为 J393 提供刮水工作信号，刮水器低速工作；通过彩色虚线标示的电路为洗涤泵电动机供电，经过洗涤开关后搭铁，洗涤泵工作，向风窗玻璃喷出洗涤液。

（3）大众轿车（带转向柱控制单元）雨量自动感应刮水器的控制原理　雨量传感器可以感知雨量的大小，并据此自动调整刮水速度。雨量传感器一般安装在后视镜后方。

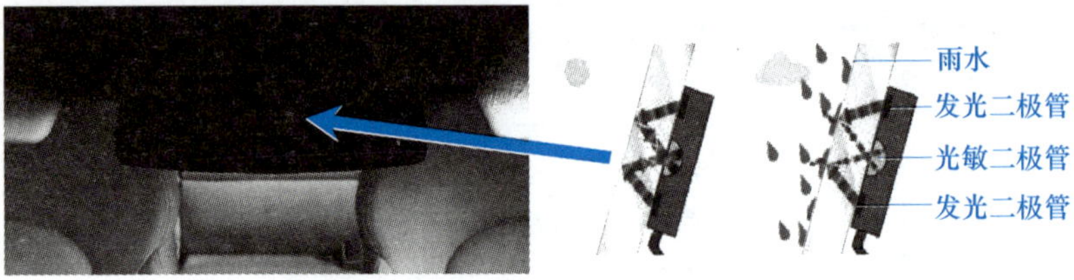

▲雨量传感器的安装位置及组成

传感器由发光二极管和光敏二极管组成。发光二极管发出一束光，通过风窗玻璃反射，被光敏二极管接受。若全部光被反射到光敏二极管上，则说明雨量小；如果雨量大，则反射到光敏二极管的光少。反射光的多少取决于雨量大小，雨量传感器把此信号传给控制单元 BCM，BCM 据此控制刮水器单元 J400 的运行速度。

驾驶人操作刮水器开关，开关信号被传送到转向柱控制单元

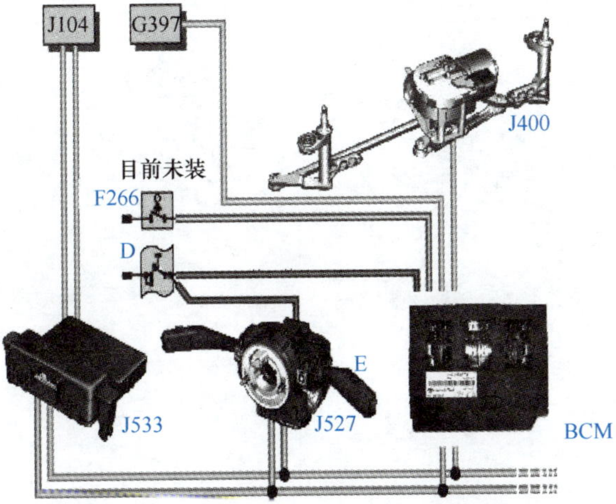

▲大众轿车雨量自动感应刮水器控制电路

J527，该控制单元将此信号通过 CAN 总线传输给 BCM，BCM 根据所得信号控制刮水器控制单元 J400，实现低速、高速、间歇和复位功能。

4. 刮片的更换与刮水器的拆装

(1) 常见刮片的更换方法

1) 无骨刮片的更换方法

拆卸过程	安装过程
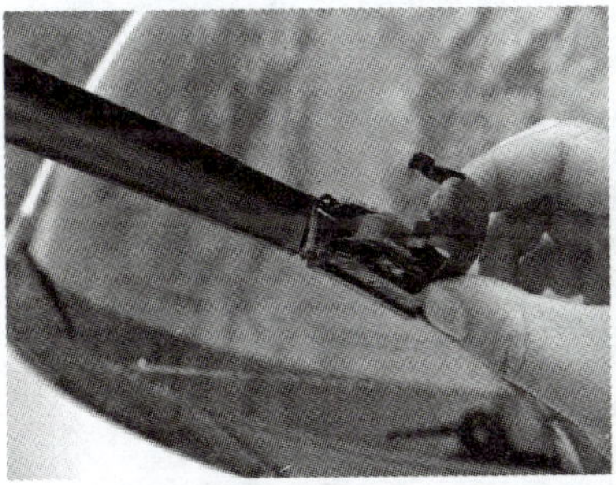 1. 将锁止塑料盖打开	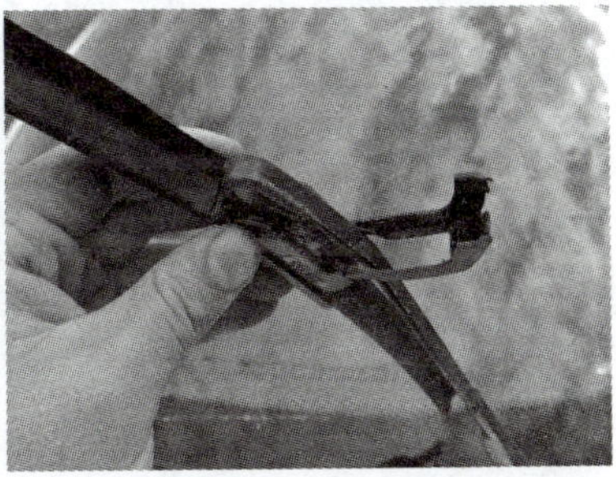 1. 将新刮片塑料盖穿过挂钩

（续）

拆卸过程	安装过程
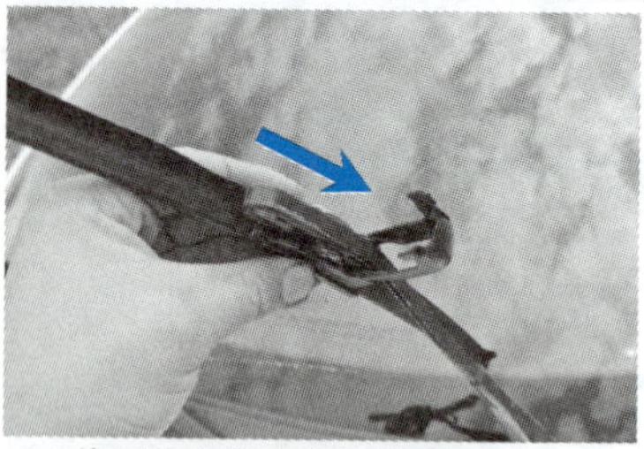 2. 将刮片向箭头方向推动	 2. 将挂钩挂到刮片上
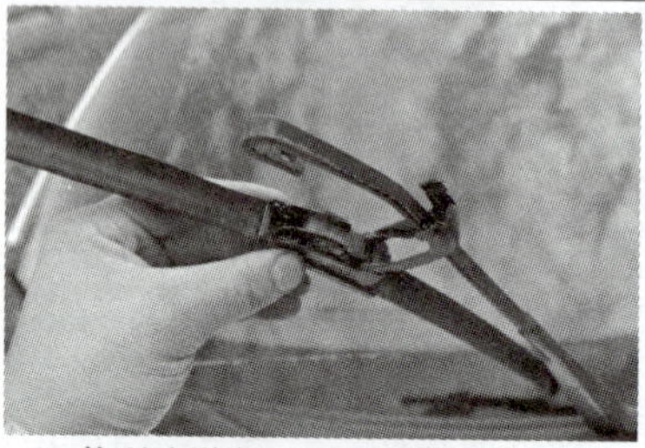 3. 使刮片脱离刮片臂挂钩	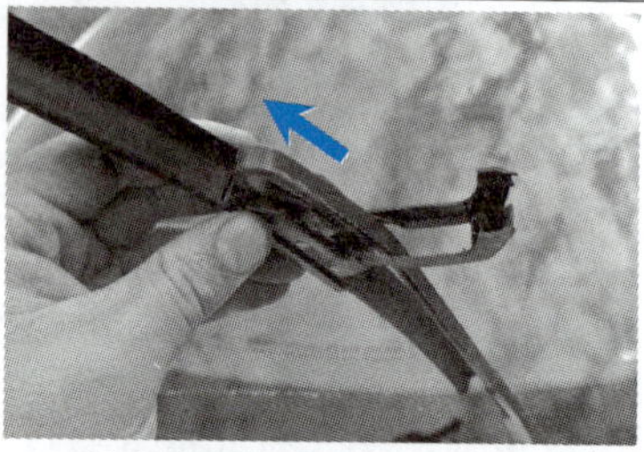 3. 将刮片沿箭头方向向上拉
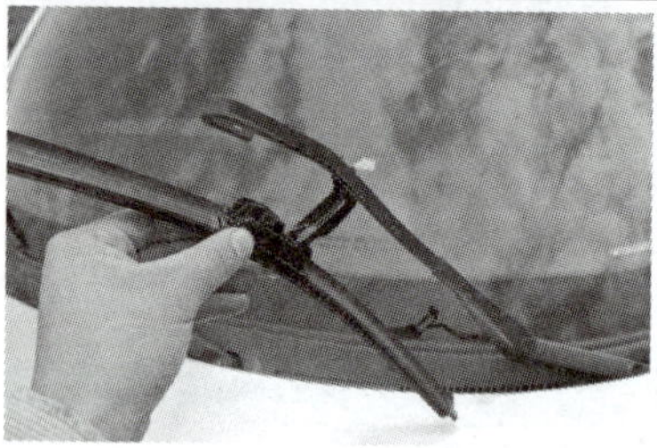 4. 取下刮片	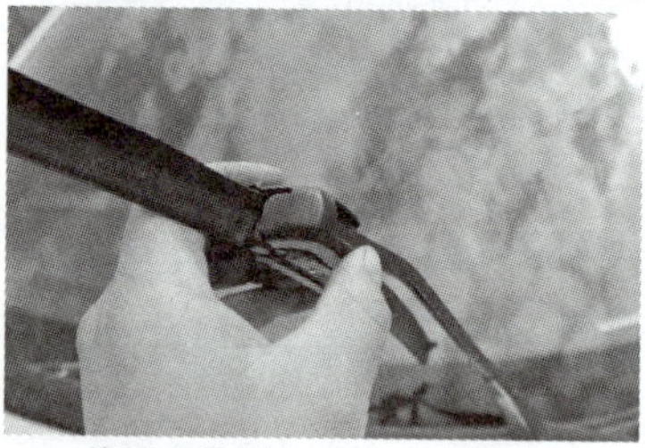 4. 将锁止塑料盖按下，安装完毕

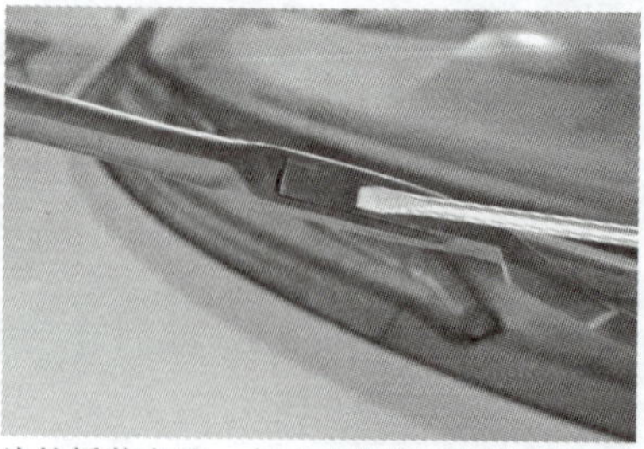

此为另一种无骨刮片的拆装方法，与上述拆卸不同的是，需要先将刮片中部的锁片用螺钉旋具撬出，随后的过程与上述完全相同，特此说明

2）有骨刮片的更换方法

拆卸过程	安装过程
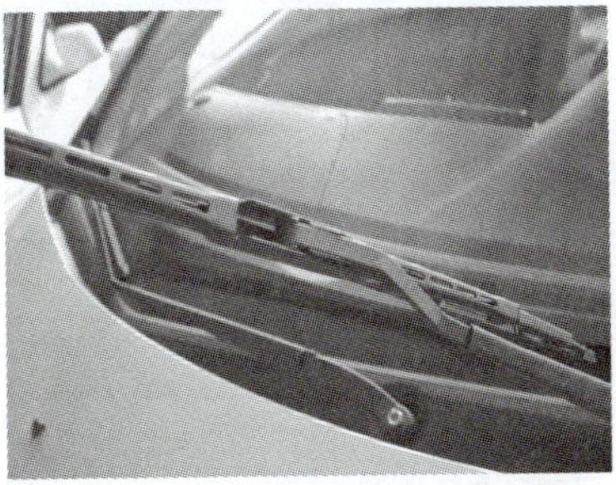 1. 将刮片臂抬起	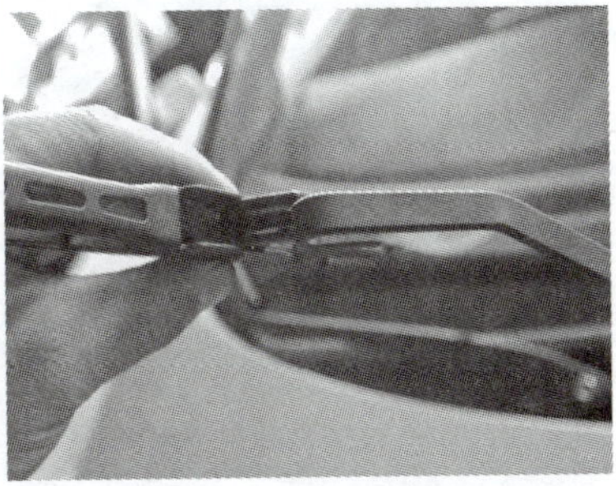 1. 将新刮片的方孔穿过挂钩
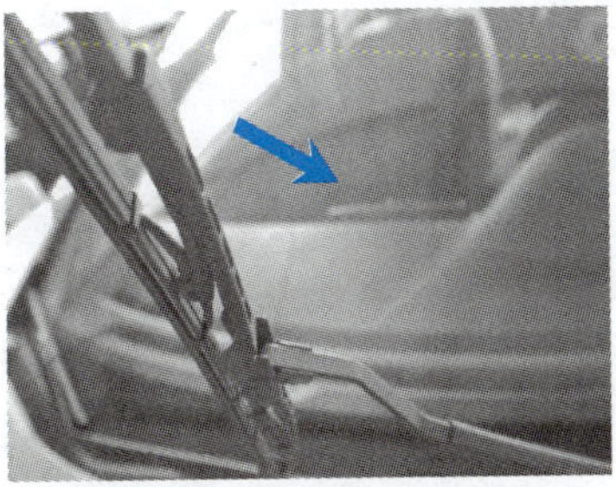 2. 沿箭头方向搬动刮片，使刮片与刮片臂呈接近垂直状态	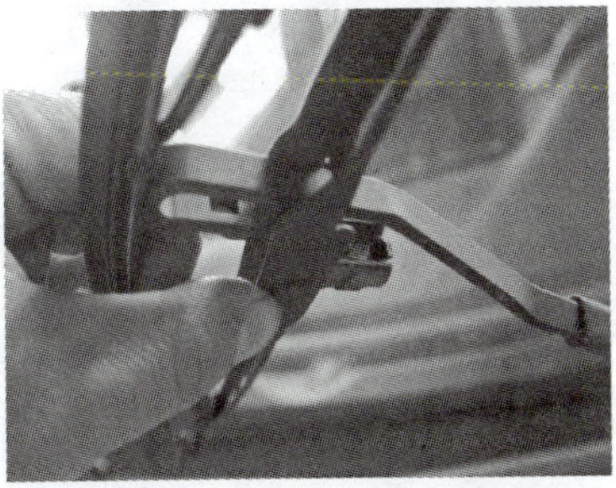 2. 使刮片与刮片臂呈接近垂直状态
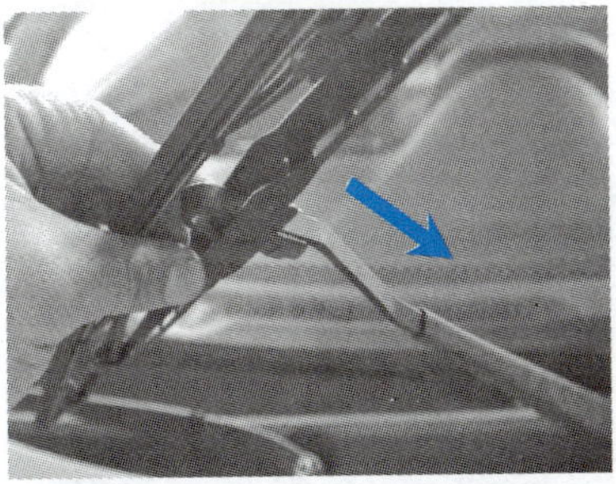 3. 向刮片臂方向慢慢推动刮片，使刮片脱离挂钩（注意，有些刮片需要压下挂钩内侧锁止片方可推出）	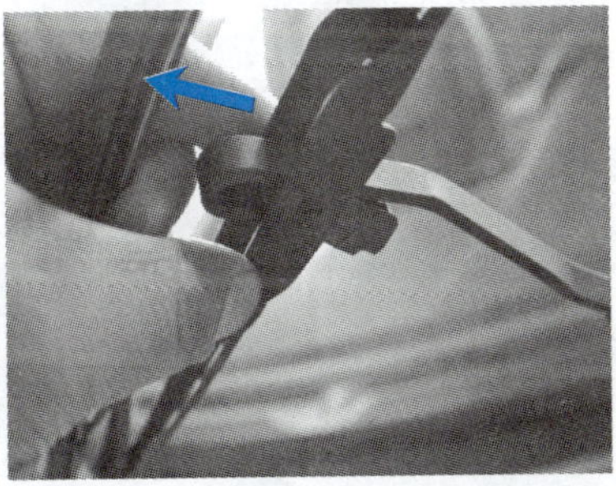 3. 向上窜动刮片，使刮片定位块与挂钩对准，然后沿箭头方向将刮片拉向挂钩

（续）

拆卸过程	安装过程
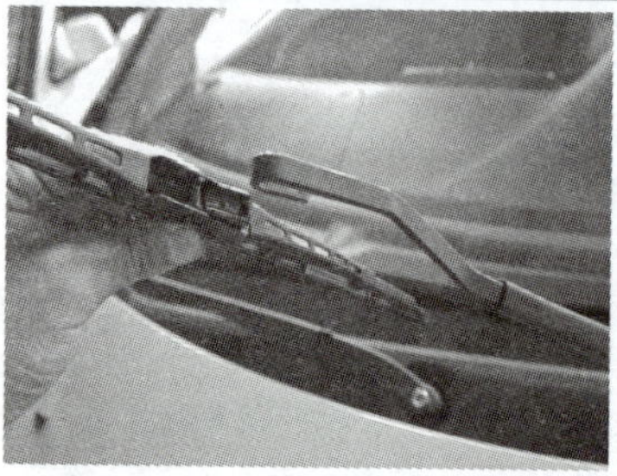	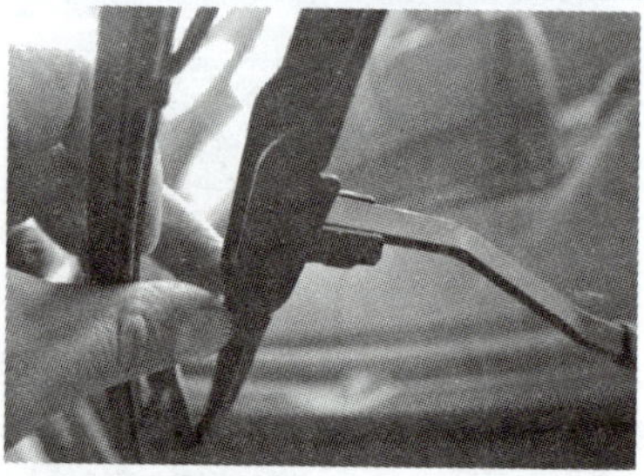
4. 在刮片脱离挂钩后，将刮片向下窜动，取下刮片	4. 确保安装到位，随后将刮片臂放回到风窗玻璃上

（2）刮水器的拆装（以丰田卡罗拉轿车为例）

1）拆卸过程

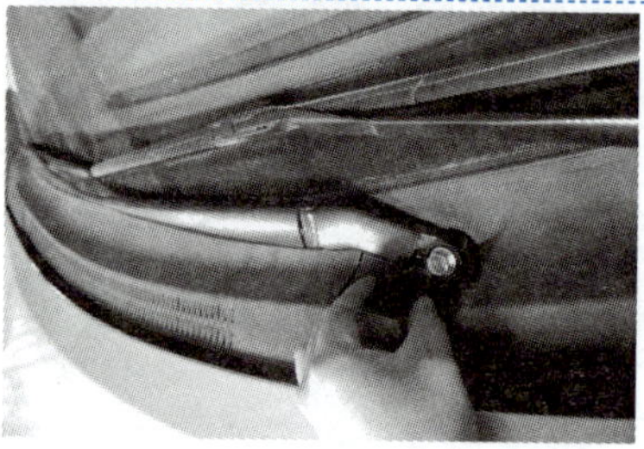

1. 拆下刮片臂固定螺栓盖板（共两个）

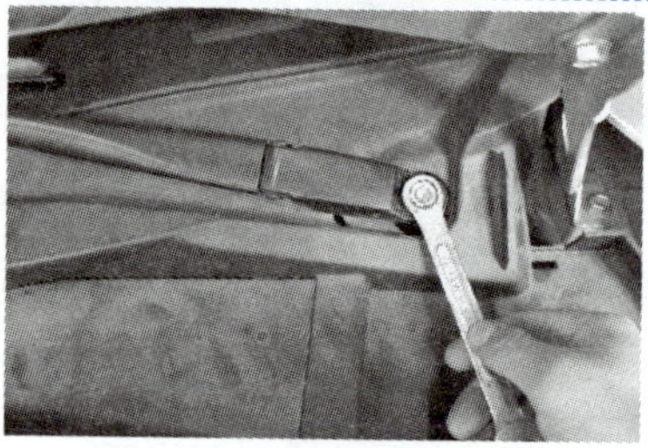

2. 打开引擎盖，拆下两颗刮片臂固定螺母

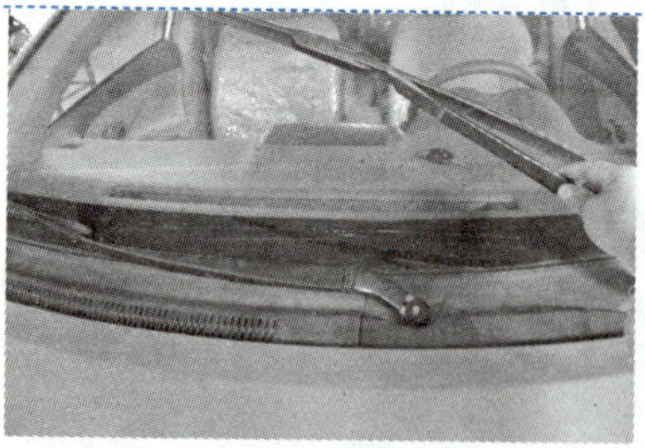

3. 盖上引擎盖，慢慢抬起刮片臂，将刮片臂从传动机构上拆除

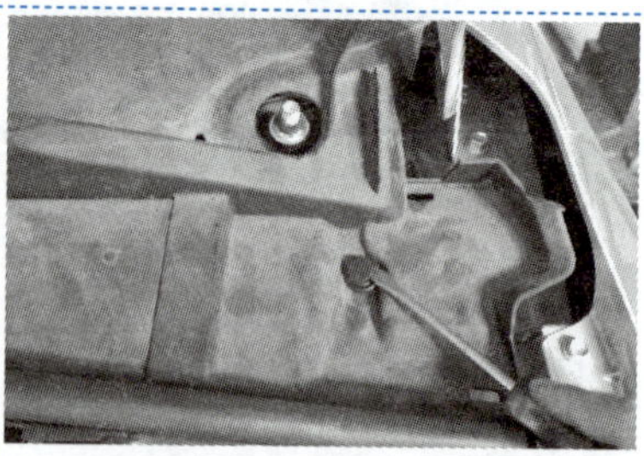

4. 再次打开引擎盖，拆除刮水器传动机构上方的装饰盖板（取下左右两颗卡扣）

5. 拆下刮水器传动机构固定螺母（共两颗）

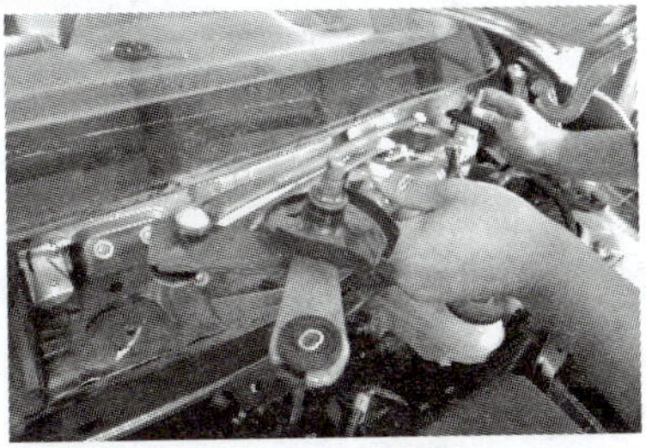

6. 将刮水器传动机构从前风窗玻璃下方取出

2）安装过程

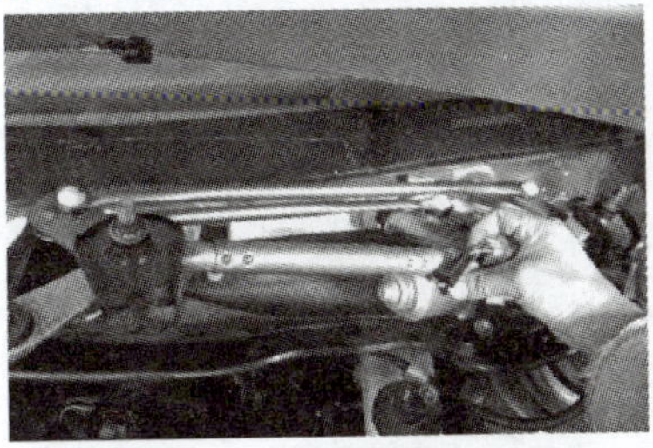

1. 将刮水器传动机构放置到原位，拧紧固定螺母

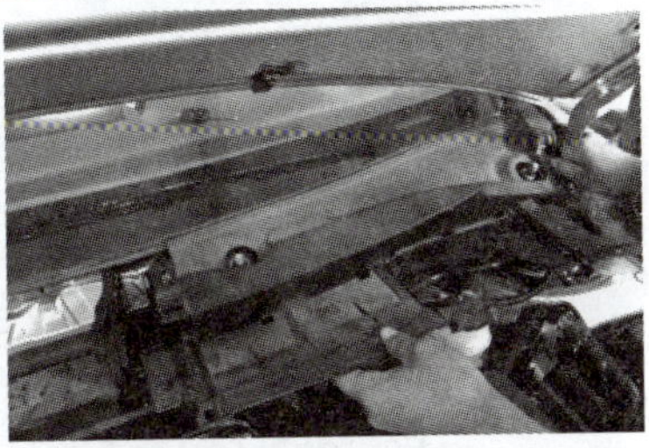

2. 安装刮水器传动机构上方的装饰盖板

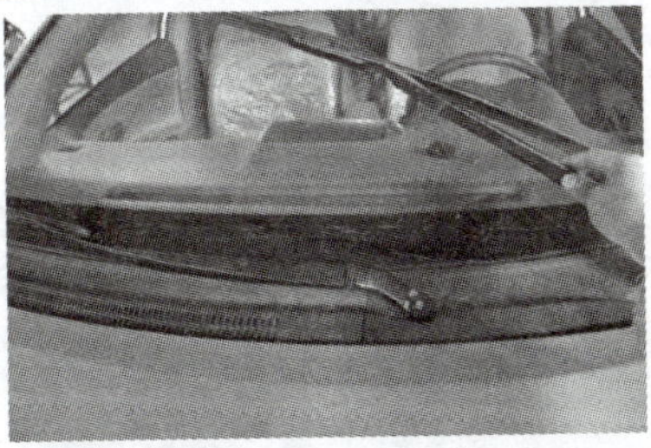

3. 放下引擎盖，将刮片臂装复至原位，并旋紧固定螺母

5. 刮水器的检查

（1）刮水器工作状况的检查　打开点火开关，分别将刮水器开关置于间歇挡、低速挡、高速挡，检查各挡位的工作是否正常；将刮水器开关关闭，检查刮水器能否复位。

（2）刮水器控制电路的检查　在检查控制电路前，首先应弄清楚电路原理，然后根据电路图或维修手册进行检查。刮水器控制电路分为控制搭铁式和控制供电式两种，现代轿车大多采用控制供电式，在此以控制供电式为例进行介绍。刮水器电动机插接器有四线制和五线制两种，分别是低速供电线、高速供电线、刮水器复位供电线、刮水器复位器线和接地线，如果是四线制，则没有接地线，接地通过刮水器电动机壳体实现。

下图所示为本田轿车刮水器电动机插接器（其他车型与其基本相同），通过测量该插接器各端子，可以判断控制电路是否正常，从而为进一步诊断提供依据。

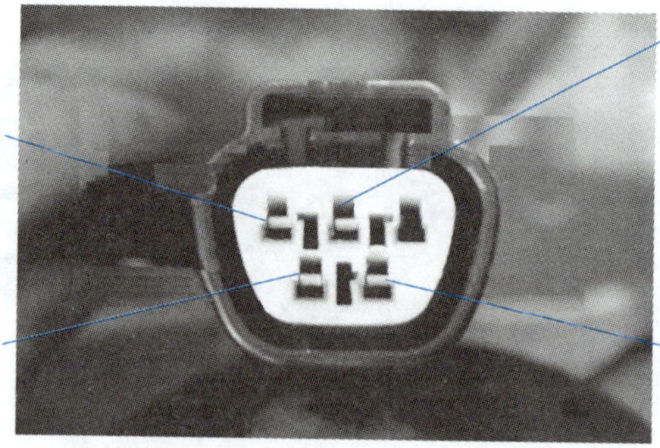

▲本田轿车刮水器电动机插接器

（3）各挡位供电电压的检查

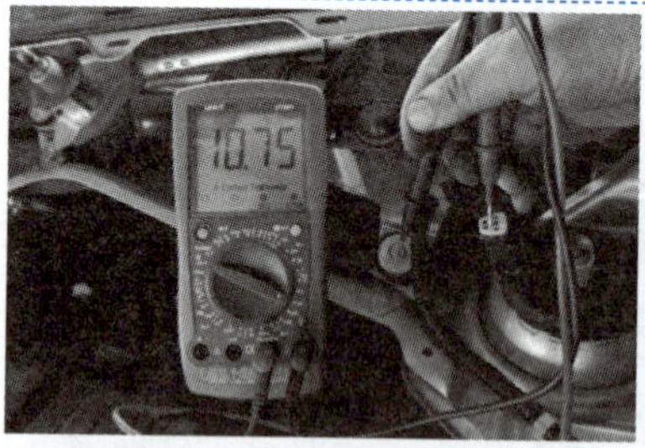

1. 检查复位器供电端子电压值，无论刮水器开关是否打开，都应有电压，正常值为12V左右，若无电压，则应检查熔丝及供电线路

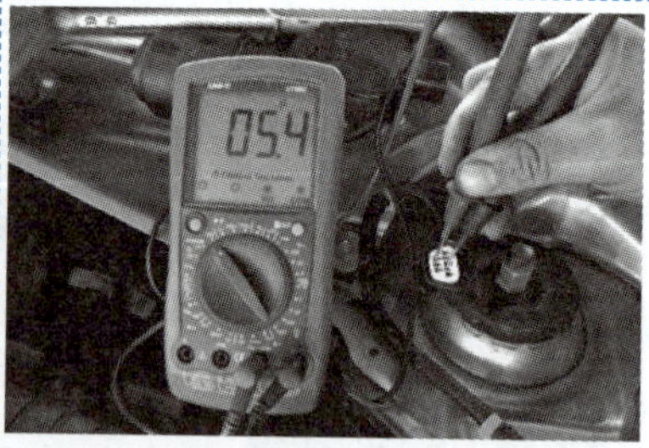

2. 检查刮水器开关关闭时，复位器端子是否通过开关与低速线相通，正常应导通，若不导通，应检查开关及其线路

3. 检查低速挡供电端子电压：将刮水器开关打至低速挡，测量此端子，电压正常值约为 12V，若无电压，则应检查开关、开关供电电压及线路

4. 检查高速挡供电端子电压：将刮水器开关打至高速挡，测量此端子，电压正常值为 12V 左右，若无电压，则应检查开关、开关供电电压及线路

（4）刮水器电动机的检查　使用数字万用表 200Ω 挡，检查刮水器电动机的低速线圈和高速线圈，正常值为 1Ω 左右。

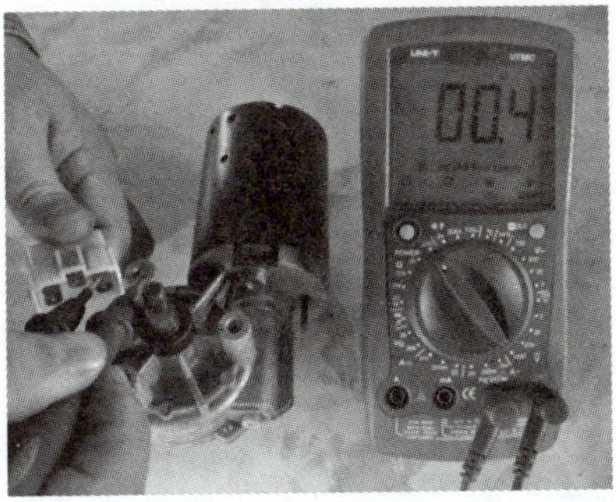

▲刮水器电动机的检查

注意事项

1）在拆卸和安装刮片臂时，应注意避免刮片臂突然弹回击伤风窗玻璃。

2）刮水器安装后应做运转试验，观察其运转时是否有异响，是否复位在规定位置。

3）为了避免刮水器工作时的振动传递到车身上，刮水器传动机构与车身采用橡胶支承连接，安装时应避免漏装缓冲橡胶，并保证安装到位。

技能 55　汽车风窗玻璃除霜装置的维修

1. 除霜器的作用和工作过程

为了去除风窗玻璃上的霜，轿车均配备除霜装置。前、侧风窗玻璃的除霜是通过汽车空调系统的暖气来实现的，而后风窗玻璃多采用电加热式除霜装置。

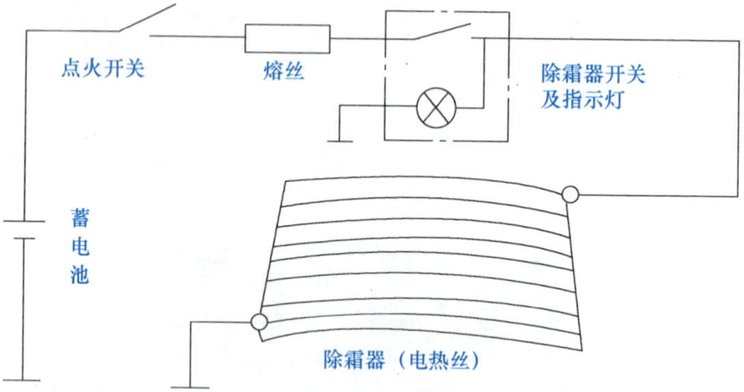

▲电加热式除霜装置电路

闭合点火开关，开启除霜开关，除霜指示灯点亮，电流通过熔丝、除霜器开关到达除霜器电热丝后搭铁，对电热丝进行加热。

2. 除霜器的检查

（1）除霜器开关的检查　打开点火开关，按下除霜器开关，此时除霜器工作指示灯点亮，除霜加热器工作。

（2）除霜加热器供电电压的检查　打开点火开关，按下除霜器开关，此时除霜器工作指示灯点亮，使用数字万用表直流电压挡检查除霜加热器供电电压（表笔一端接加热器供电插头，另一端与车身搭铁），正常值应在 12V 左右。若测量数值为负，则说明正负表笔接反。

（3）除霜加热器电阻值的检查　使用万用表 200Ω 挡，测量加热器电阻值（表笔一端与加热器插头相连，另一端与车身搭铁），正常值为 1Ω 左右。

▲除霜器开关的检查

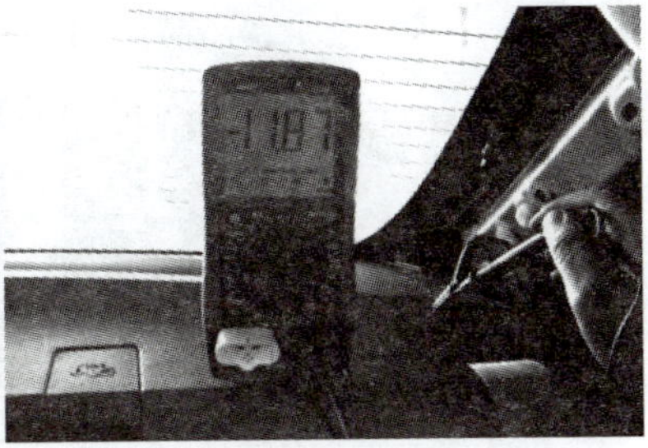

▲除霜加热器供电电压的检查

▲除霜加热器电阻值的检查

技能 56　电动后视镜的检查

一、后视镜的作用与结构

1. 后视镜的作用

后视镜的作用是让驾驶人能够观察到车辆左右两侧的状况，以保证行车安全和方便驾驶。很多车型的后视镜是通过人工机械的方法来调节的，而位于驾驶人另一侧的后视镜调节起来比较麻烦。使用电动后视镜，驾驶人能够非常方便地完成调节。在一些高级轿车上，后视镜除具备电动调节功能外，还具有位置记忆存储功能、加热除霜功能、折叠功能。

2. 后视镜的类型

后视镜的调节有车内调节和车外调节两种。

▲车外调节后视镜

▲机械式车内调节后视镜

▲电动式车内调节后视镜

3. 后视镜的结构

电动后视镜由调节开关、双向直流电动机、传动机构组成。

名称	图示	说明
后视镜调节开关	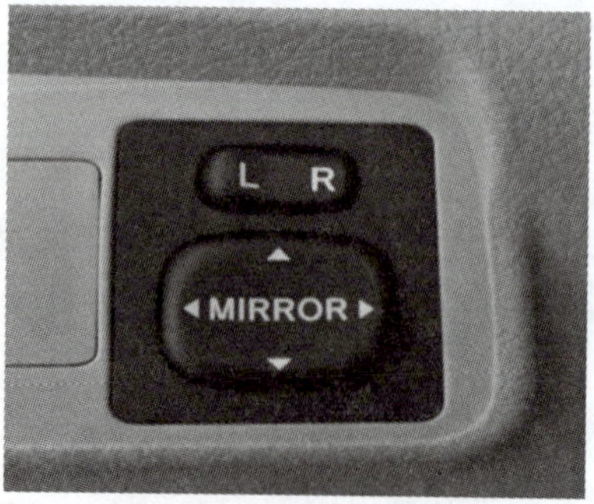	用于调节电动后视镜，上部是左右调节选择开关，下部是后视镜上下和左右调节开关

（续）

名　称	图　示	说　明
双向直流电动机	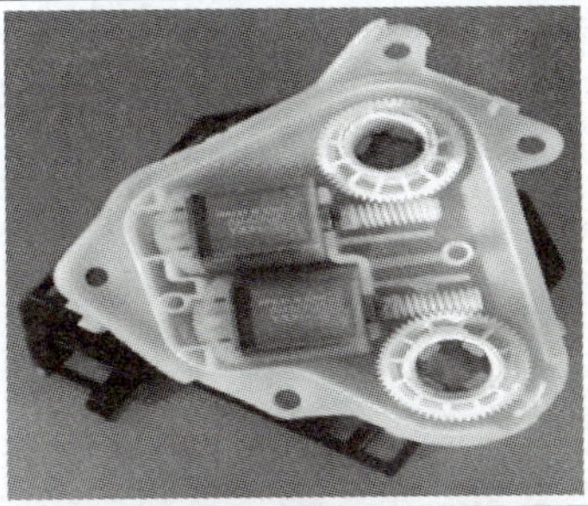	用于驱动传动机构，改变镜面角度。后视镜内有两个电动机，一个用于上下方向调节，一个用于左右方向调节
传动机构		传动机构安装在电动机的外侧，用于连接和驱动镜面，当到达调节位置极限时可自动滑脱，避免电动机过载损坏。同时，该机构还保证在电动调节损坏时进行人工手动调节，即扳动镜面直接调节
壳体		用于安装电动机和传动机构，通过支座安装在车门上

二、典型电动后视镜控制电路分析

1. 上海通用别克轿车电动后视镜控制电路

当驾驶人需要调节后视镜位置时，应打开点火开关，使电源电压作用于电动后视镜熔丝。在调节前应选择对哪一侧的后视镜进行调节，可通过操作左右后视镜选择开关来确定。在此以调节左侧后视镜为例，说明控制电路工作过程。左后视镜的上下调节：驾驶人将左右选择开关按向左侧，后视镜开关中部触点与左后视镜结合，然后驾驶人按下向上调节开关，开关 UP 触点结合（共三对，最左侧为左后视镜上下调节开关触点，中间为右侧后视镜上下调节开关触点，最右侧为公共上下调节触点），此时电流通过后视镜熔丝到达最左侧 UP 触点，通过上/下电动机到达中央部位左右选择开关（左后视镜触点闭合），公共上下调节触点 UP 闭合，然后电流通过线路后接地，双向电动机转动，后视镜镜片向上翻转；后视镜的向下调节过程与此相反。左后视镜的左右调节：左右选择开关仍然保持在左侧，后视镜开关中部触点与左后视镜结合，驾驶人按下向左调节开关，开关 L 触点结合（共三对，最左侧为公共上下调节触点，中间为左侧后视镜左右调节开关触点，最右侧为右侧后视镜左右调节开关触点），此时电流通过后视镜熔丝到达最左侧公共左右调节开关触点，然后通过左后视镜选择开关触点到达左侧后视镜右/左调节电动机，左侧左右调节开关触点 L 闭合，电流通过线路后接地，双向电动机转动，后视镜镜片向左翻转；后视镜向右调节过程与此相反。需要说明的是，无论进行左右调节还是上下调节，三对触点都会闭合，但因左右后视镜选择开关的位置不同，会使另一侧电动机无动作，电路无法构成回路。

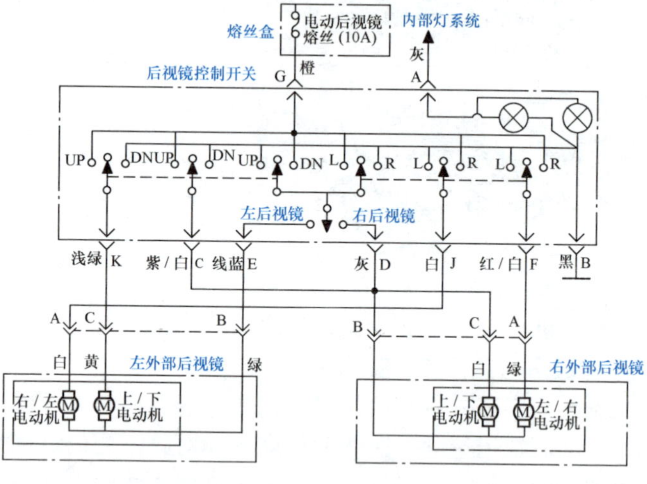

▲上海通用别克电动后视镜控制电路

2. 新宝来轿车电动后视镜控制电路分析

下图中 V17 为驾驶人侧后视镜左右调节电动机，V149 为驾驶人侧后视镜上下调节电动机，E43 为后视镜调节开关，E48 为后视镜调节转换开关，L78 为后视镜开关照明。

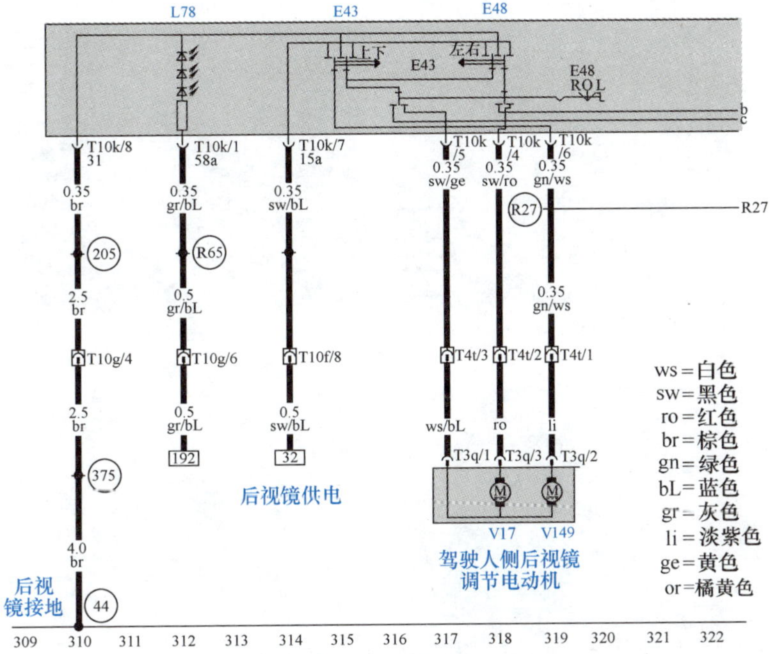

▲新宝来轿车电动后视镜控制电路

驾驶人将后视镜调节转换开关选择至左侧（驾驶人侧），此时驾驶人通过操作后视镜调节开关 E43，便可完成对驾驶人侧后视镜的上下和左右调节。因其工作过程与前述电路图相同，在此不再赘述。

三、电动后视镜的车上拆装

1. 后视镜的拆卸（以丰田卡罗拉车型为例）

1. 拆下高音喇叭装饰盖板

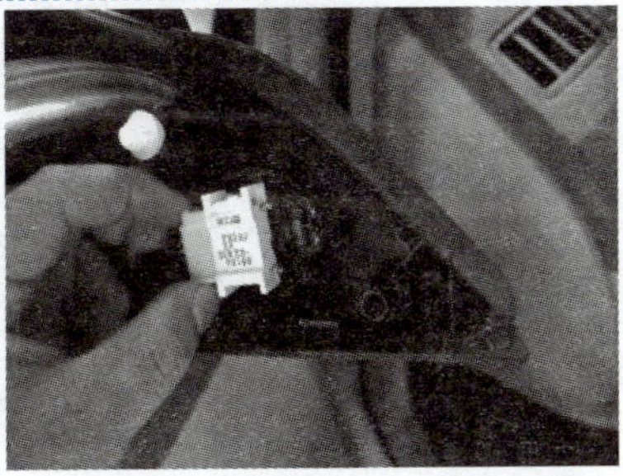

2. 拔下高音喇叭插头

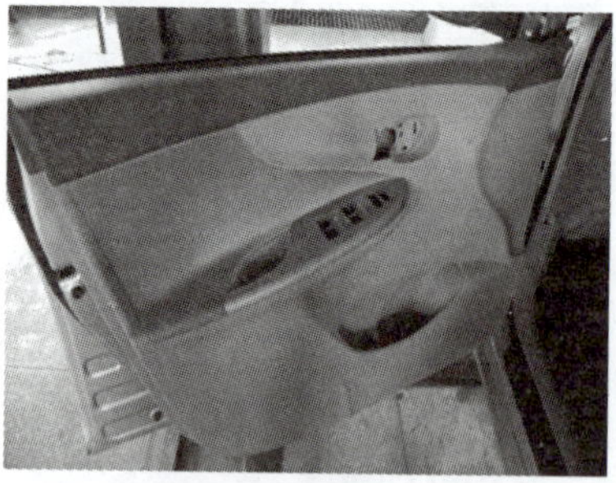

3. 拆下车门内侧衬板

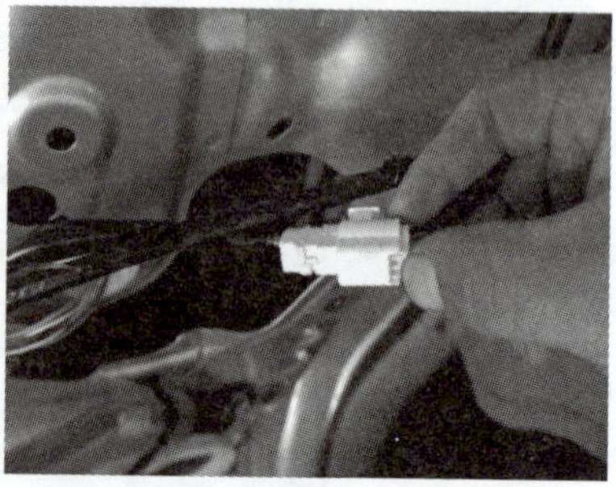

4. 拔下电动后视镜供电插头

5. 拆下后视镜固定螺栓（共三颗）

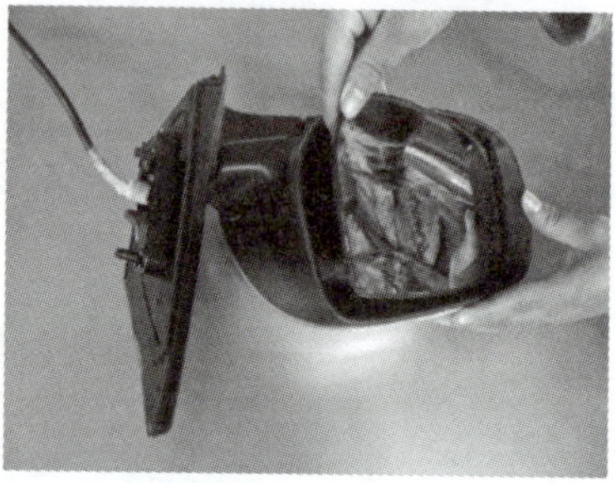

6. 后视镜拆卸完毕

2. 后视镜的安装

后视镜的安装过程与拆卸过程相反，在此不再赘述。

3. 电动后视镜的检查

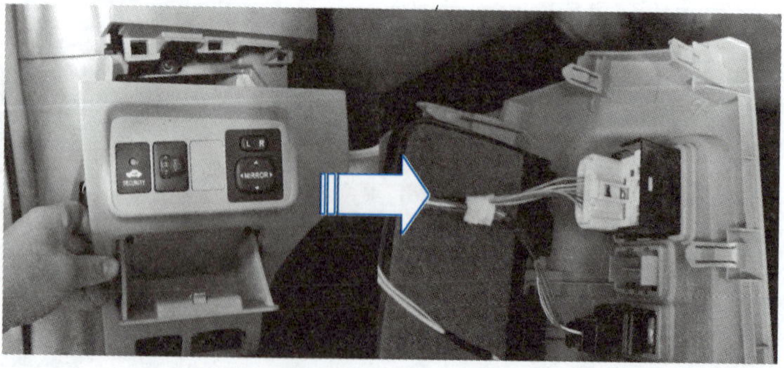

▲拆下电动后视镜的安装面板

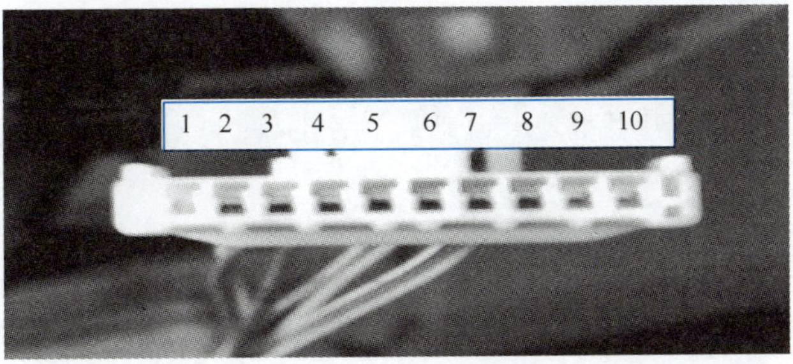

▲电动后视镜开关插座

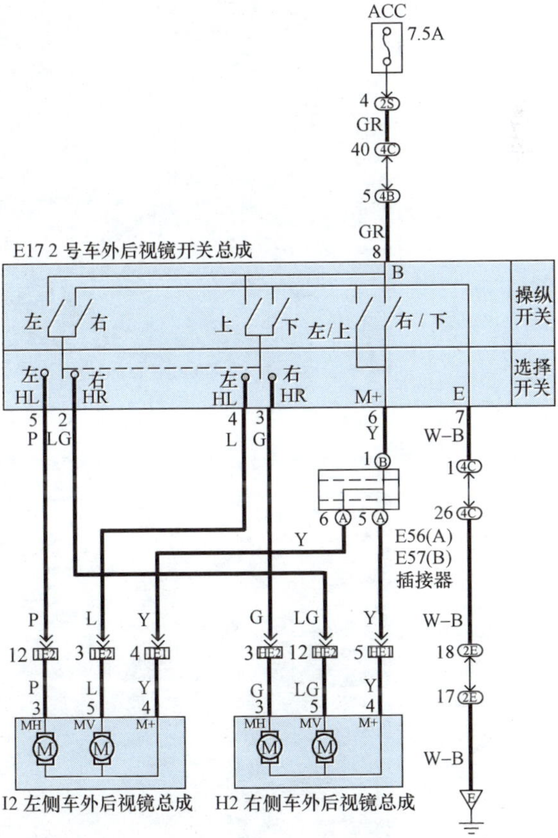

▲丰田卡罗拉车型电动后视镜电路图

以丰田卡罗拉车型为例，检查电动后视镜及其电路系统。拆下电动后视镜的安装面板，从面板后方拆下电动后视镜、防盗警告灯和灯光高度调节开关插座。电动后视镜的检查，不同的车型会略有差别，具体应根据电路图进行检查。

电动后视镜开关后端插座是一个八针脚插座，其中 1 脚为空位，2、3、4、5 脚为左右电动后视镜电动机供电脚，6 脚为左右电动后视镜公共脚，7 脚为电动后视镜搭铁脚。

检查项目	图示
1. 后视镜开关供电电压的检查 使用万用表电压 20V 挡，将红表笔与后视镜开关插座 8 脚相连，黑表笔与车身可靠搭铁处相连，打开点火开关，电压值应为 12V 左右。如果无供电电压，则应检查熔丝及供电线路是否损坏	
2. 后视镜开关搭铁的检查 关闭点火开关，使用万用表导通挡，将红表笔与后视镜开关插座 7 脚相连，黑表笔与车身可靠搭铁处相连，万用表应导通，并且蜂鸣器鸣叫。如果不导通，则应检查搭铁线路是否损坏	

（续）

检查项目	图　示
3. 电动后视镜电动机的检查 使用万用表电阻 200Ω 挡，测量后视镜插座 3 脚与 4 脚，5 脚与 4 脚的电阻值，正常电阻值为 30Ω 左右。如果电阻值为无穷大，则说明电机损坏或线路短路；如果电阻值过小，则说明电动机内部短路或线路短路	 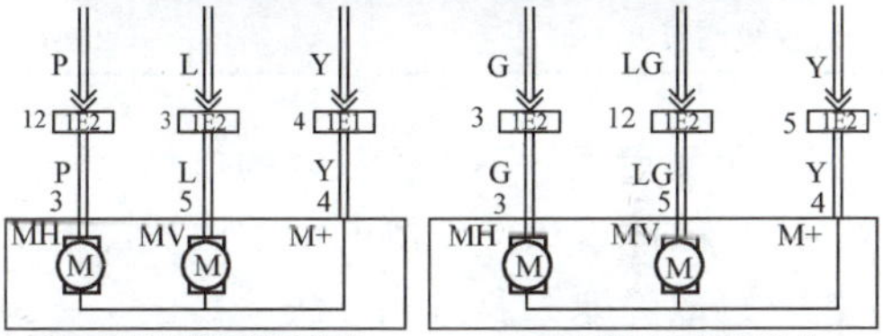 L2 左侧车外后视镜总成　H2 右侧车外后视镜总成
4. 电动后视镜线路的检查 使用万用表导通挡，检查后视镜开关至电动后视镜供电插头线路的导通情况。根据电路图，检查电动后视镜开关 2、3、4、5、6 脚与电动后视镜 3、4、5 脚之间的导通情况，正常应导通。如果电阻值过大，则证明线路虚接；如果电阻值为无穷大，则说明线路断路	

注意事项

1）拆卸后视镜固定螺栓时，需另一人扶住后视镜，避免其脱落摔坏。

2）安装后视镜时，应按照规定力矩将螺栓拧紧，拧紧力矩一般为 10N·m。

四、电动后视镜常见故障的诊断与排除

1. 后视镜不工作故障的排除

（1）故障现象　无论调整哪一侧的电动后视镜，后视镜都不工作。

（2）故障原因及排除方法

故障原因	排除方法
电动后视镜熔丝损坏	更换熔丝
电动后视镜供电电路接触不良或断路	检查并修复损坏的电路
电动后视镜接地不良或电路损坏	检查电动后视镜接地电路
后视镜调节开关损坏	更换后视镜调节开关

2. 单侧后视镜不工作故障的排除

（1）故障现象　一侧的电动后视镜不工作，另一侧正常。

（2）故障原因及排除方法

故障原因	排除方法
单侧电动后视镜电路接触不良或断路	检查并修复损坏的电路
单侧电动后视镜电动机损坏	检查电动后视镜电动机
后视镜调节开关损坏	更换后视镜调节开关

技能57　电动车窗的检查

一、电动车窗的组成与类型

1. 电动车窗的组成

电动车窗由直流电动机、车窗玻璃控制开关、车窗玻璃升降器、继电器和熔断器组成。

（1）直流电动机　电动机有永磁式和双绕组串励式两种。每个电动车窗均安装有一个电动机，现代轿车上广泛使用的是永磁式直流电动机。

（2）车窗玻璃升降开关　用来控制电动车窗直流电动机的电流和磁场方向，使车窗上升或下降。电动车窗开关有两套，一套安装

在驾驶人侧的车门上，另一套为分控开关，安装在各个车门上。驾驶人侧的主控开关可以控制其他车窗的升降，并有窗锁开关，可以使其他车窗开关失去控制。

▲直流电动机

▲车窗玻璃升降开关
（驾驶人侧的主控开关）

（3）车窗玻璃升降器　较为常用的车窗玻璃升降器有钢丝滚筒式和齿扇叉臂式两种。

（4）断路器　位于电动车窗电动机内部，在电动车窗工作时，如果出现过载故障，则断路器断开，起到保护电路的作用。

▲齿扇叉臂式车窗玻璃升降器

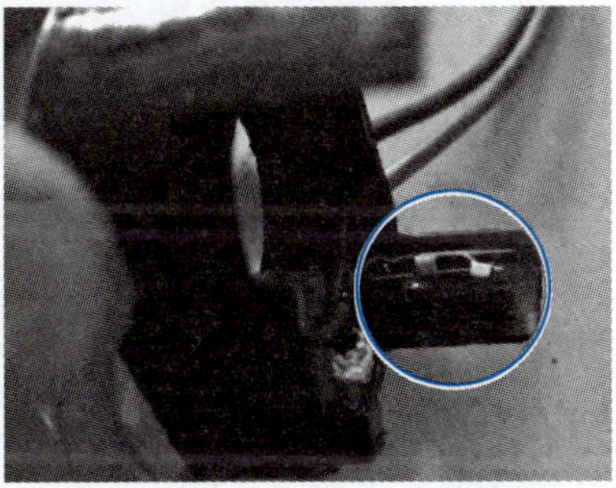

▲断路器（电动机内部）

2. 电动车窗的类型

（1）滑钢丝滚筒式电动车窗　由直流电动机、拉锁、滑动支架等组成。

（2）齿扇叉臂式电动车窗　由推力杆、齿扇、叉臂等组成。

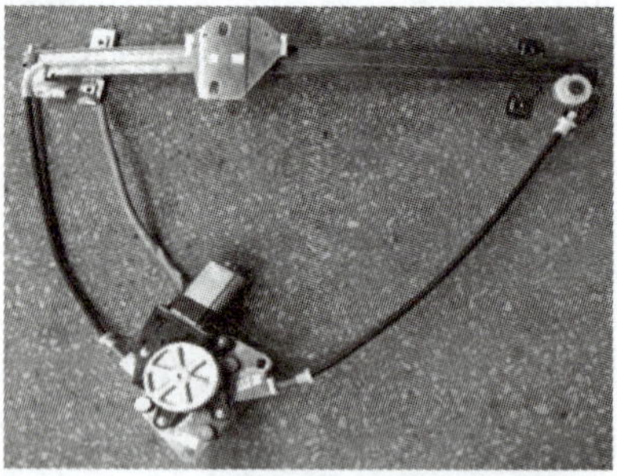

▲滑钢丝滚筒式电动车窗

▲齿扇叉臂式电动车窗

二、电动车窗的拆装与检查

1. 电动车窗的拆卸

1. 拆下车门内衬板

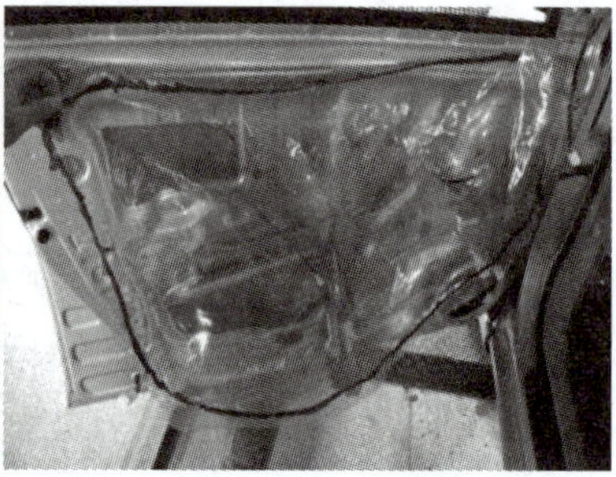

2. 拆下密封塑料

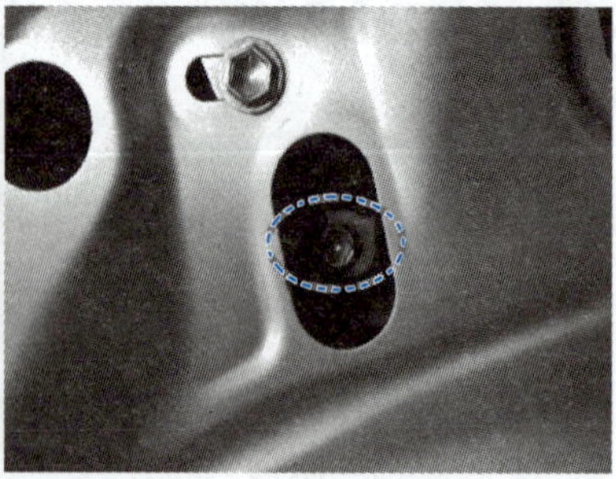

3. 将车窗主开关与线束连接，按下左侧驾驶人车窗开关，使车窗下落至右图所示螺栓位置，拆下左图所示位置玻璃托架固定螺栓

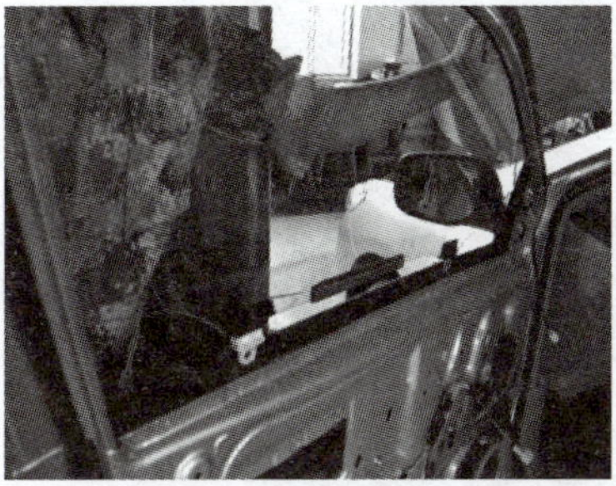
4. 取出车窗玻璃

5. 拆下玻璃升降器插座

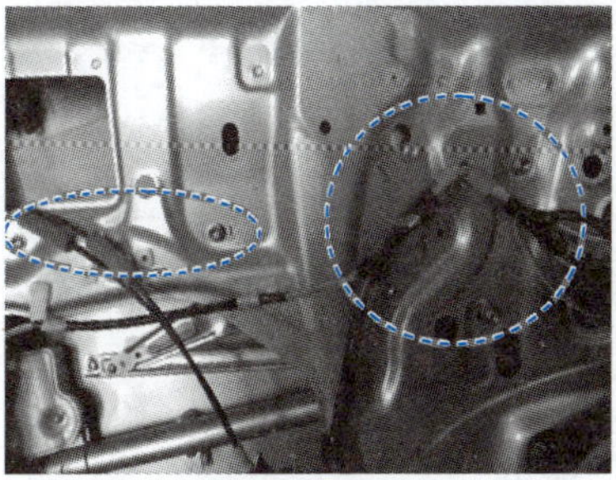
6. 拆下升降器固定螺栓

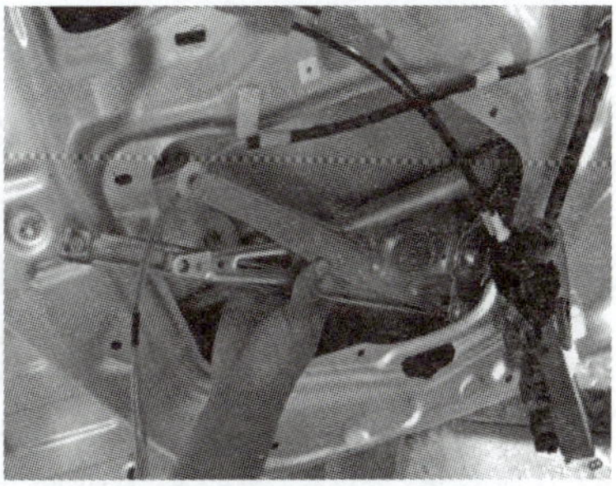
7. 取出玻璃升降器

2. 电动车窗的安装

电动车窗的安装顺序与拆卸顺序相反，在此不再赘述。

3. 电动车窗的检查

（1）电动车窗工作情况的检查　操作电动车窗开关，开启或关闭电动车窗，车窗应能够正常上升和下降，在上升和下降过程中应工作平稳，无异响和卡滞现象，车窗玻璃无歪斜现象。

（2）检查电动车窗电动机　使用数字万用表欧姆挡测量电动机的电阻值，正常值为 3Ω 左右。

（3）检查电动车窗开关　传统型电动车窗控制一般为五线制，各端子说明如下：

根据电路图，使用万用表导通挡测量电动机供电端子、车窗开关控制端子和车窗开关供电端子的导通情况。

▲检查电动车窗电动机

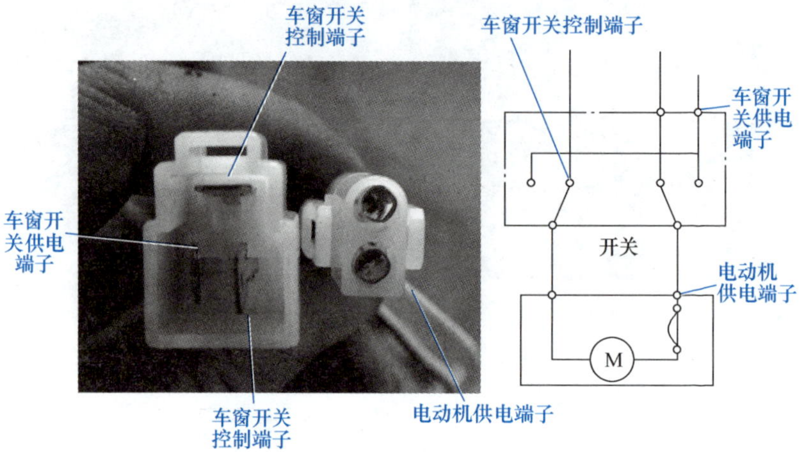

▲各端子

当不按开关时，电动供电线的两个端子分别与车窗开关控制端子导通；按下车窗开关，一个电机供电线端子将与车窗开关供电端子导通；反向按下开关，则另一电动机供电端子与车窗开关供电端子导通，证明开关正常。

三、典型电动车窗控制电路

电动车窗控制电路主要由电源、易熔线、断路器、主继电器、开关及指示灯等组成。电动车窗的控制电路按照其控制原理和电路结构的不同可以分为传统型电路和总线型电路。

1. 丰田轿车传统型电动车窗控制电路

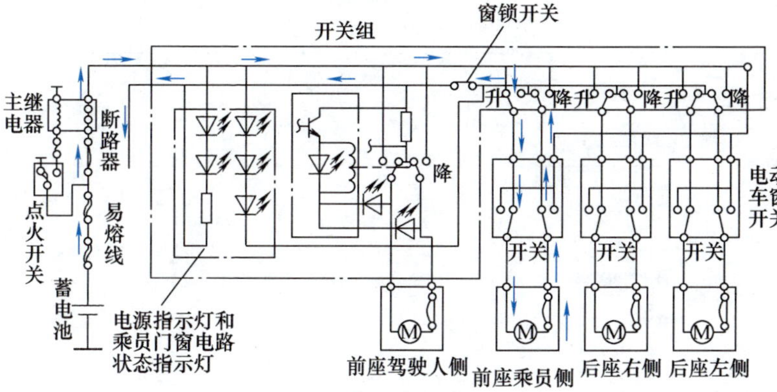

▲丰田轿车传统型电动车窗控制电路

接通点火开关后，主继电器闭合，接通电动车窗供电电路，驾驶人侧车窗开关可以控制其他三个车窗的升降，各车门车窗开关也可单独控制。当前座乘员（副驾驶位置）按下车窗开关升起车窗时，电路工作过程如上图中箭头方向所示，该侧车窗升起。如果在车窗升起或降落的过程中，出现卡滞过载现象，则车窗电动机内部的断路器将会断开。当驾驶人操作驾驶人侧的闭锁开关断开时，其他车窗将无法工作。

2. 大众轿车总线型电动车窗控制电路（参见 226 页和 227 页电路图）

各车门控制单元之间以及与车身控制单元 J519 之间通过 LIN 总线通信，统一受车身控制单元 J519 控制，可以实现锁车自动升窗功能。驾驶人侧车门上安装有主控开关，通过 LIN 总线传输信息，实现对其他各个车窗玻璃的升降控制。各车门上设置有分控开关，如控制电路（二）中的 E107，该开关向车门控制单元提供负触发信号。

四、电动车窗常见故障的诊断与排除

1. 电动车窗不工作故障的排除

（1）故障现象　无论按下主控开关还是分控开关，电动车窗都不工作。

（2）故障原因及排除方法　如果所有电动车窗都不能工作，则应重点检查熔丝、继电器盒、电动车窗供电电路和搭铁电路是否故障。

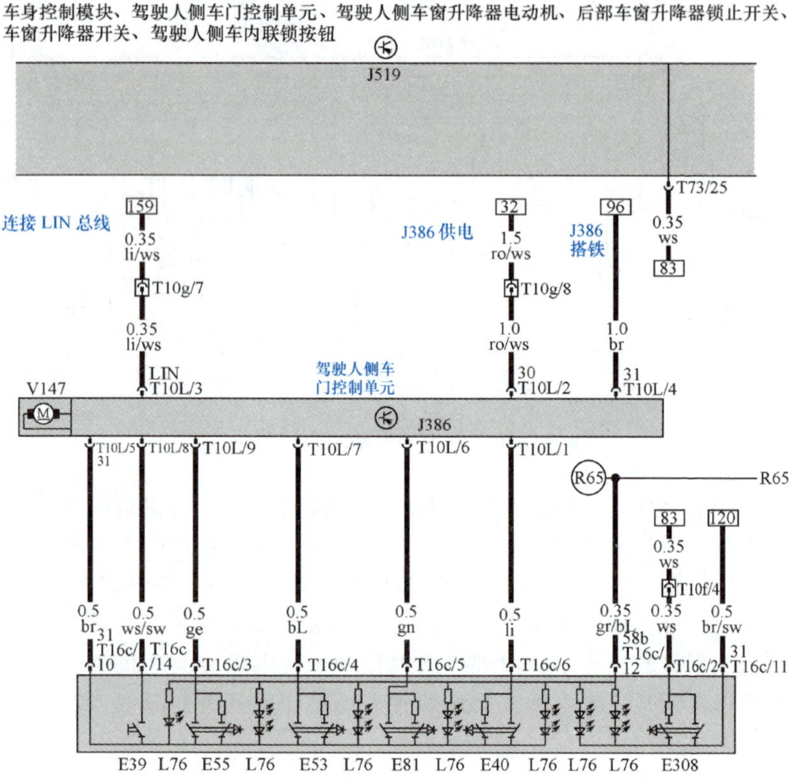

▲大众轿车总线型电动车窗控制电路（一）

E39—后部车窗升降器锁止开关　E40—左前车窗升降器开关　E53—驾驶人侧车门内的左后车窗升降器开关　E55—驾驶人侧车门内的右后车窗升降器开关　E81—驾驶人侧车门内的右前车窗升降器开关　E308—驾驶人侧车内联锁按钮　J386—驾驶人侧车门控制单元　J519—车身控制模块，在仪表板左侧下方　L76—按钮照明　T10f—10 芯白色插头连接，在左 A 柱下部 2 号位　T10g—10芯黑色插头连接，在左 A 柱下部 1 号位　T10L—10 芯灰色插头连接　T16c—16 芯棕色插头连接　T73—73 芯黑色插头连接　V147—驾驶人侧车窗升降器电动机　(R65)—驾驶人侧车门拉线线束中的正极连接（58）

ws—白色　sw—黑色　ro—红色　br—褐色　gn—绿色　bL—蓝色

gr—灰色　li—淡紫色　ge—黄色

车身控制模块、副驾驶人侧车门控制单元、副驾驶人侧车窗升降器电动机、副驾驶人侧车门中的车窗升降器开关

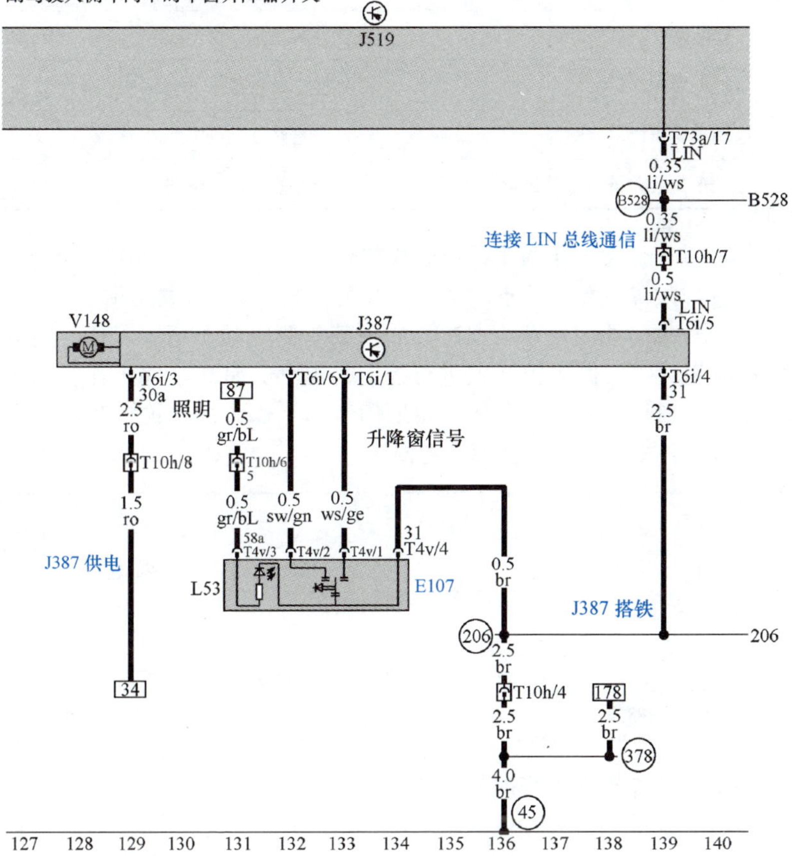

▲大众轿车总线型电动车窗控制电路（二）

E107—副驾驶人侧车门中的车窗升降器开关　J387—副驾驶人侧车门控制单元　J519—车身控制模块，在仪表板左侧下方　L53—照明灯泡/车窗升降器开关　T4v—4 芯黑色插头连接　T6i—6 芯黑色插头连接　T10h—10 芯黑色插头连接，在右 A 柱下部 3 号位　T73a—73 芯白色插头连接　V148—副驾驶人侧车窗升降器电动机　㊺—接地点，在仪表板中部空调器右侧支架上　(206)—副驾驶人侧车门电缆线束中的接地连接　(378)—主线束中的接地连接 13　(B528)—主线束中的连接 1（LIN 总线）

故障原因	排除方法
熔丝断路	更换熔丝
主继电器损坏	更换主继电器
电动车窗供电电路故障	检查并修复供电电路
电动车窗公共搭铁电路故障	检查并修复搭铁电路

2. 某一侧电动车窗不工作故障的排除

（1）故障现象　按下电动车窗开关，电动车窗不能升降。

（2）故障原因及排除方法　如果某一侧电动车窗不工作，则应尝试使用驾驶人侧主控开关进行控制，观察其是否能够工作。如果能工作，则是分控开关损坏；如果仍然不工作，则应检查其电路和电动机是否损坏，以及开关是否损坏。

故障原因	排除方法
电动车窗熔丝损坏	更换熔丝
分控开关损坏	更换分控开关
电动机损坏	更换电动机
电动车窗电路故障	检查并修复供电电路和搭铁电路

3. 电动车窗工作异响故障的排除

（1）故障现象　按下电动车窗开关，电动车窗升降时出现异响。

（2）故障原因及排除方法　电动车窗因升降器老化磨损而出现运行阻力过大或者异响故障。

故障原因	排除方法
安装电动车窗时未调整好	按照维修手册要求重新安装
玻璃升降器损坏	更换玻璃升降器
电动机及其传动齿轮损坏	更换电动机或升降器总成
玻璃滑动槽损坏	更换玻璃滑动槽

技能 58　电动座椅的检查

为了提高驾乘人员的乘坐舒适性，减轻驾乘人员的疲劳感，可对座椅的高低、靠背倾角、头枕位置等进行调整。很多车型采用机械方式调节，但这种方式可调整的项目少，较费力；中高级轿车上均采用电动座椅，并带有座椅位置记忆功能。

一、电动座椅的组成

1. 直流电动机

电动座椅使用双向直流电动机，通过对电流方向进行控制，可实现两个运动方向的调整。使用三个电动机的电动座椅，可以实现座椅前倾、后倾和前后移动，在直流电动机内部安装有断路器，以防止过载时烧坏直流电动机和电路。

2. 传动机构

电动座椅的传动机构主要由变速器、联轴器组成。其中，变速器主要采用蜗杆副结构，其作用是把直流电动机产生的旋转运动转变为直线运动。

▲直流电动机（三个电动机）

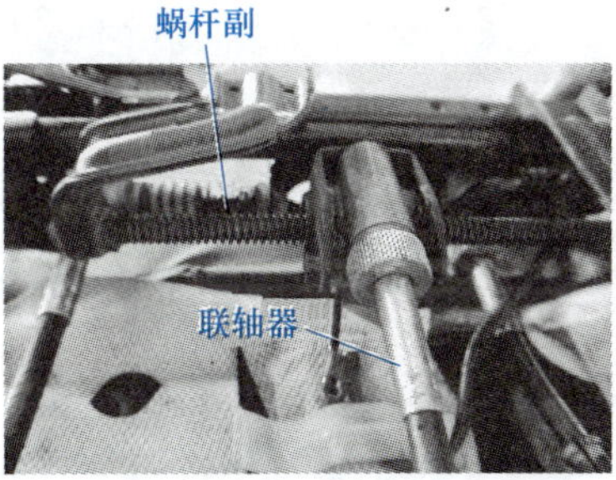

▲传动机构

3. 电动座椅开关

通过操作电动座椅开关（参见下页图）实现座椅位置的调节。

二、典型电动座椅控制电路

四方向调节电动座椅具有腰垫调节功能，可根据需要调节的位置控制相应开关动作，开关可以改变电动机电流的方向，实现座椅

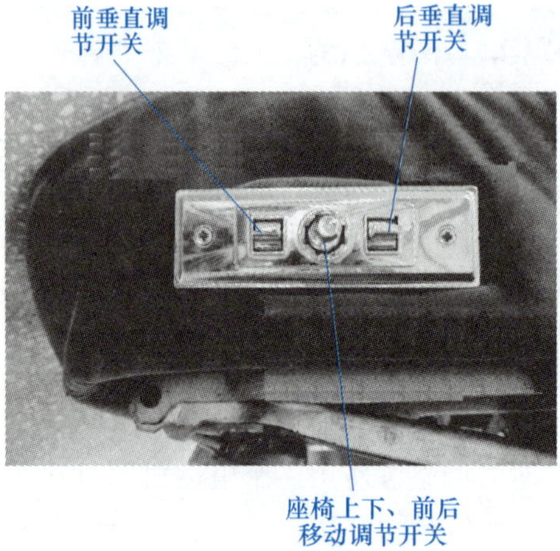

▲电动座椅开关

位置的移动改变。

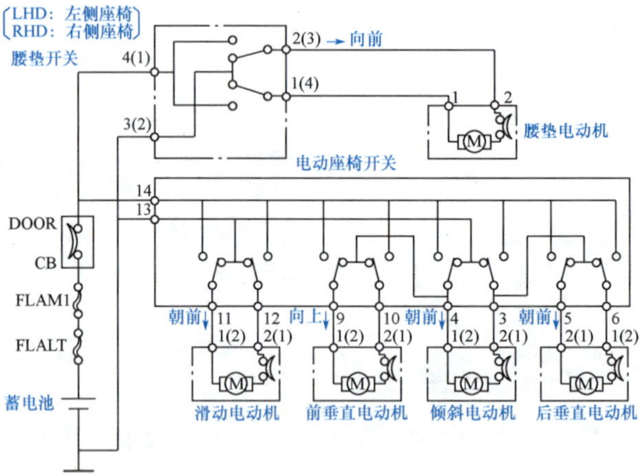

▲四方向调节电动座椅控制电路

三、电动座椅的检查

1. 座椅电动机的检查

使用万用表欧姆挡测量电动机电阻值，正常值应在3Ω左右。

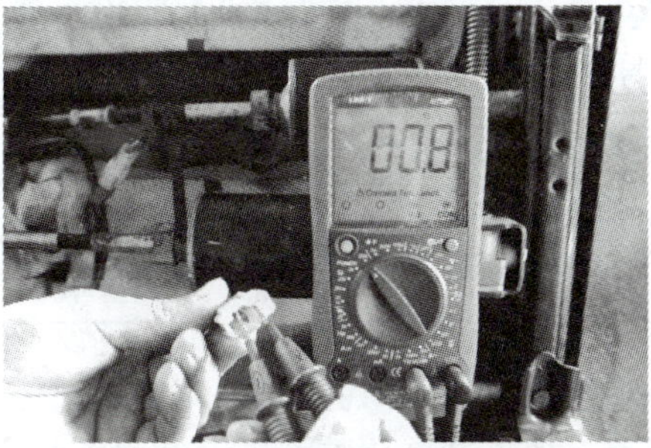

▲座椅电动机的检查

2. 座椅供电电压和接地的检查

打开点火开关，根据电路图检查电动座椅的供电电压是否正常，正常值为 12V 左右；使用万用表导通挡，一端测量接地线，另一端与蓄电池负极（车身接地）连接，检查接地是否正常，正常应导通。

3. 机械传动机构的检查

目视检查蜗杆副机构是否损坏，传动机构是否变形，铰接点是否损坏。

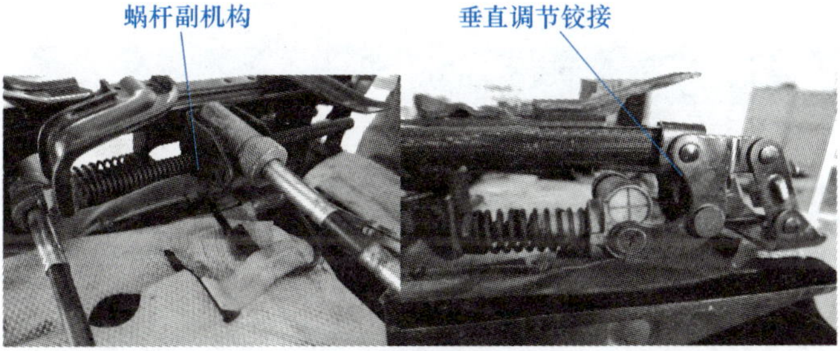

▲机械传动机构的检查

四、电动座椅常见故障的诊断与排除

1. 电动座椅不工作故障的排除

（1）故障现象　无论操作哪一个调整开关，电动座椅都不工作。

（2）故障原因及排除方法　如果操作所有开关电动座椅都不能工作，则应重点检查熔丝、继电器，检查电动座椅的供电电路和接地电路是否故障。

故障原因	排除方法
熔丝断路	更换熔丝
主继电器损坏	更换主继电器
电动座椅供电电路故障	检查并修复供电电路
电动座椅接地电路故障	检查并修复搭铁电路

2. 操作某一调整开关时电动机不工作故障的排除

（1）故障现象　按下某一调整开关，电动座椅不工作，而操作其他调整开关时能正常工作。

（2）故障原因及排除方法　如果操作某调整开关时电动机不工作，而操作其他调整开关时可以工作，则应检查开关盒电动机是否正常。

故障原因	排除方法
电动座椅开关损坏	更换电动座椅开关
调整电动机或其电路损坏	修复电路或更换电动机

技能59　汽车中央门锁与防盗装置的检查

一、中央门锁

1. 中央门锁的作用

为了提高汽车使用的便利性和汽车行车的安全性，现代轿车均安装有中央控制门锁。驾驶人通过操作车内开关或使用遥控器（车外门把手遥控按钮）锁住（开启）驾驶人侧的车门时，其他车门也同时锁住（开启）；当汽车行驶速度到达设定速度时，门锁控制器或车身控制单元可以自动使各个车门自行锁上，防止车内乘员误操作车门把手而导致车门打开，出现意外事故。另外，各车门也可以通过车门内侧上的开关或拉钮，单独开启或锁住。

2. 中央门锁的结构

汽车中央门锁主要由门锁开关、门锁执行机构和门锁控制器组成。

名称	图　示	说　明
门锁开关		门锁开关由总开关和分开关组成。总开关装在驾驶人侧的车门上，驾驶人操纵总开关可将全车所有车门锁住或打开；分开关装在其他各个车门上，可单独控制一个车门
门锁执行机构		中控锁执行机构用于执行驾驶人的指令，将门锁锁止或开启。门锁执行机构有电磁式、直流电动机式和永磁电动机式 3 种驱动方式，都是通过改变极性来转换运动方向，从而执行锁门或开门动作的。现代轿车较常用的是直流电动机式，它通过直流电动机转动，并经传动装置（有螺杆传动、齿条传动和直齿轮传动）将动力传给门锁锁扣，使门锁锁扣开启或锁止
门锁控制器	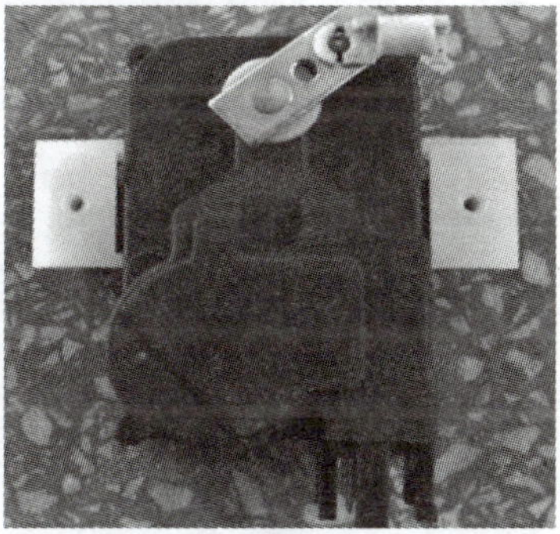	门锁控制器是为门锁执行机构提供锁止/开启脉冲电流的控制装置。无论何种门锁执行机构，都通过改变执行机构通电电流方向控制连杆左右移动，实现门锁的锁止和开启。图中所示为捷达轿车门锁控制器。有些高级轿车将门锁控制器集成到 BCM 车身控制单元中进行集中控制

3. 中央门锁的遥控控制原理

中央门锁的无线遥控功能是指不使用钥匙开锁，便可远距离开门和锁门。其优点是可实现开锁和闭锁的远距离操控。遥控的基本原理是：驾驶人按下遥控器，遥控器便发射电波信号至车身控制单元或车锁控制器，车身控制单元或车锁控制器对信号进行辨别和身份验证，再由该系统的执行器（电动机或电磁线圈）执行开闭锁动作。

4. 典型中央门锁控制电路

（1）大众捷达轿车中央门锁控制电路　2007 年款捷达轿车的中

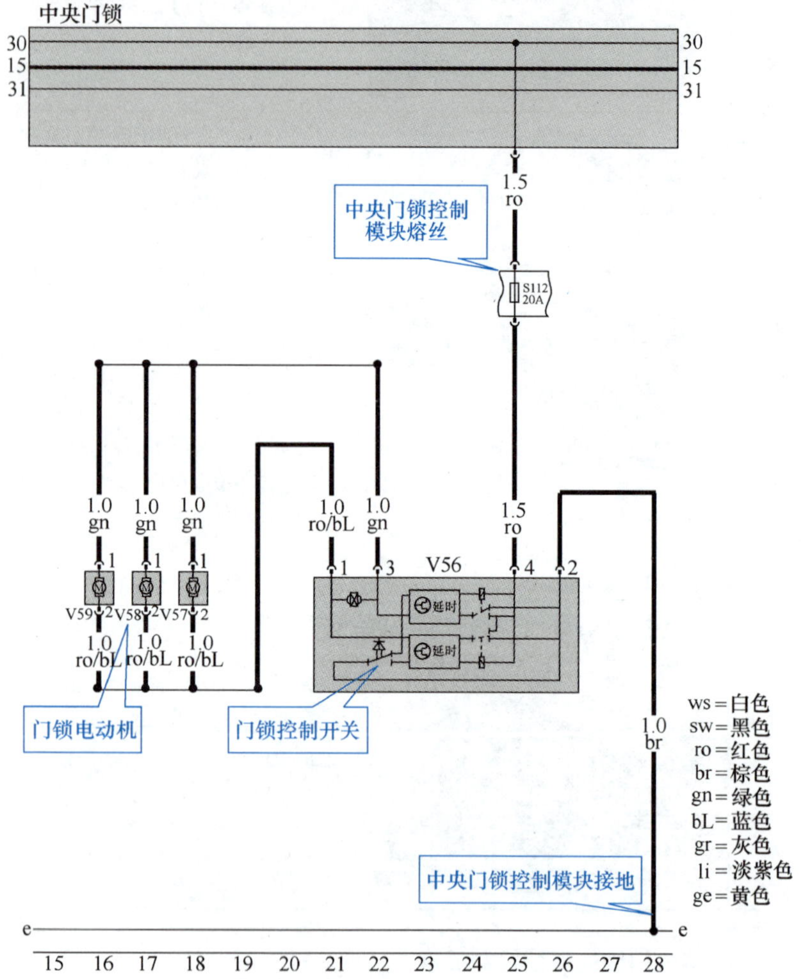

▲2007 年款捷达轿车中央门锁控制电路

央门锁是晶体管控制式，V56 是中央门锁控制模块，驾驶人通过钥匙操作门锁控制开关，控制开锁和闭锁继电器工作。继电器可以实现门锁电动机供电电流方向的改变，从而实现开锁和闭锁。在控制开关和继电器之间设置有延时电路，可以控制门锁电动机的供电时间。

（2）丰田卡罗拉轿车中央门锁控制电路　丰田卡罗拉轿车中央门锁由主车身 ECU 集中控制，该车可以通过三种方式对中央门锁进行控制，分别是遥控控制、主驾驶人侧车内门锁开关控制、主驾驶侧钥匙（车外钥匙开锁开关）控制，无论钥匙开锁开关还是位于电动车窗主控开关上的门锁开关，都是向车身 ECU 提供负触发信号而完成控制的，在门锁电机内设置有门锁位置开关，用于判断门锁电动机的状态。

5. 中央门锁电动机的检查（以丰田卡罗拉轿车为例）

1）中央门锁功能的检查：分别使用主驾驶侧门锁开关、钥匙和遥控器进行开锁和闭锁操作，所有门锁应能正常开启和关闭。

2）根据电路图（见下页图），使用万用表导通挡对车内门锁开关、钥匙开关和门锁位置开关进行检查，拔下驾驶人侧门锁总成上的插头进行检查，使用钥匙开锁和闭锁，9-7 端子、10-7 端子应分别导通，否则说明开关损坏；检查门锁位置开关，解锁时应导通，闭锁时应不导通。拆卸驾驶人电动车窗主开关总成，拔下线束插头，测量电动车窗开关侧的线束端子，按下解锁 2-1 端子，应导通，按下闭锁 1-9 端子，应导通，否则说明开关损坏。

3）检测门锁电动机：使用万用表 200Ω 挡测量门锁电动机电阻值，正常值为 3Ω 左右。

二、汽车防盗系统

1. 汽车防盗装置的作用和组成

汽车防盗系统的作用是防止未授权人进入车内，防止破坏或非法搬运汽车，防止汽车被非法开走和车内物品丢失。汽车防盗系统一般由防盗报警解除操作装置、控制装置和执行机构组成。

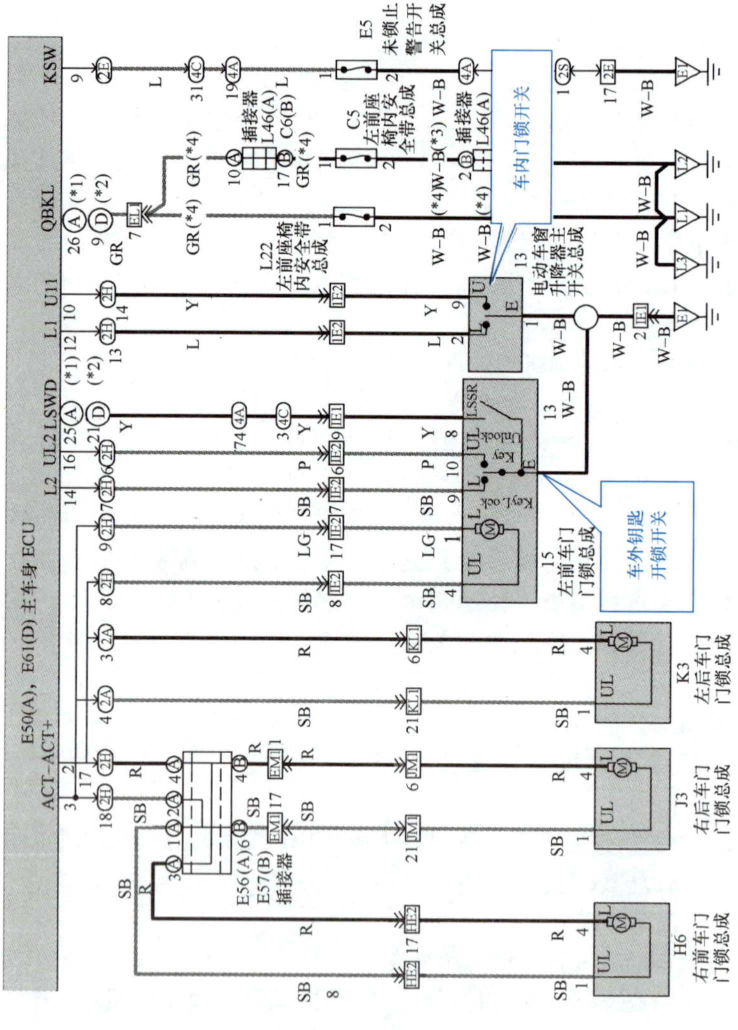

▲丰田卡罗拉轿车中央门锁控制电路

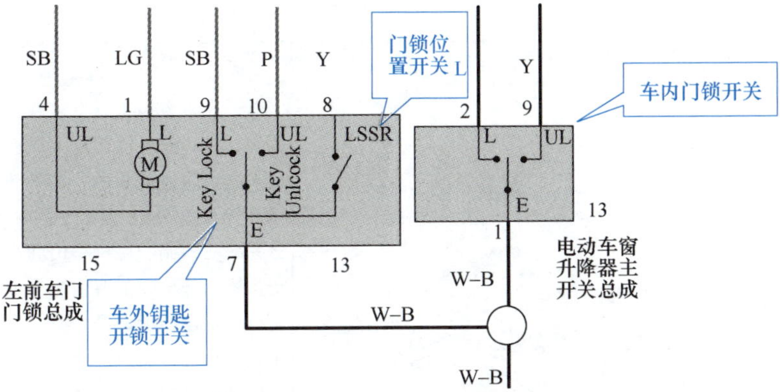

▲丰田卡罗拉车内门锁开关、钥匙开关和门锁开关的检查

▲检测门锁电动机（丰田卡罗拉）

2. 汽车防盗装置的类型

名称	图　　示	说　　明
机械式防盗装置	 	机械式防盗锁是早期的汽车防盗装置。它主要靠机械的方法锁住变速挡、转向盘等来达到防盗的目的，如变速杆锁（锁住变速杆使其不能移动）、转向盘锁（也叫拐杖锁，挂在转向盘与离合器踏板之间）、轮胎锁（固定住轮胎）等

（续）

名称	图示	说明
电子式防盗装置	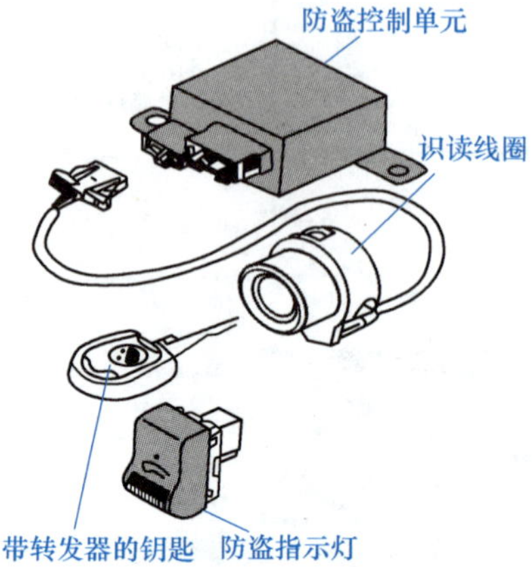	电子式防盗装置具有声音报警等功能，通过锁定点火或起动来达到防盗的目的。电子防盗装置设计先进、结构复杂，分为起动控制、遥控车门和报警系统三部分，主要由防盗控制单元识读线圈、警告灯、汽车钥匙等元件组成。点火钥匙和信号发生器制成一体，当钥匙处于接通位置时，防起动装置向钥匙接收器发出电信号，信号接收器随即通过防起动装置向控制单元发送密码信号以供识读。车门控制和报警系统制成一体，报警系统在关闭点火开关、拔下钥匙并锁定车门和行李箱等后自动进入警戒状态，若车门或发动机盖被强行打开，则报警系统会自动报警
芯片式防盗装置	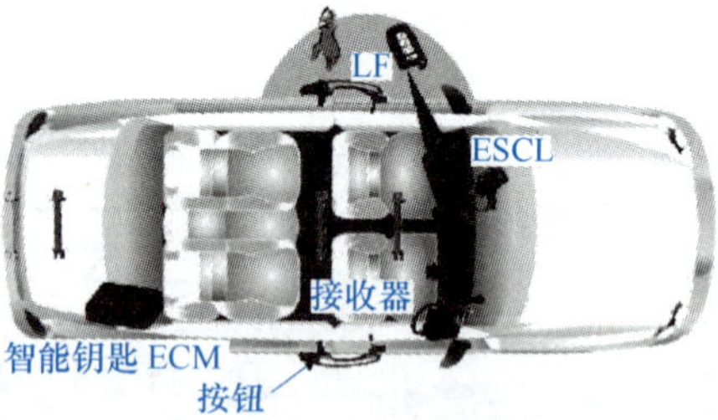	芯片式防盗装置除了具有电子式防盗装置的优点外，还能使驾驶人使用更方便，防盗能力更强。驾驶人只需携带防盗钥匙接近汽车，在一定距离内，便可通过按钮或按键来开启车门，再起动发动机时也无需插入钥匙，芯片钥匙通过身份验证后便可起动
网络式防盗装置	网络式防盗装置突破了距离的限制，覆盖范围广，可用于被盗车辆的追踪侦查，可全天候应用，监测定位精度高。GPS 防盗技术可以说是一场技术革命，它一改传统防盗器的被动、孤立无助的被动式服务，能为车主提供全方位的主动式服务，是目前其他类型防盗系统所不能比的	

3. 典型汽车防盗装置简介

（1）大众轿车防盗系统简述　大众轿车防盗系统由带转发器的钥匙、识读线圈、防盗控制单元（ECU）和防盗指示灯组成。

1）带转发器的钥匙。每把钥匙都有棒状转发器，内含运算芯片和一个细小电磁线圈。在该系统工作期间，该线圈与点火锁中的识读线圈以感应的方式进行通信，以便在转发器运算芯片与防盗控制单元之间传输各种信息。

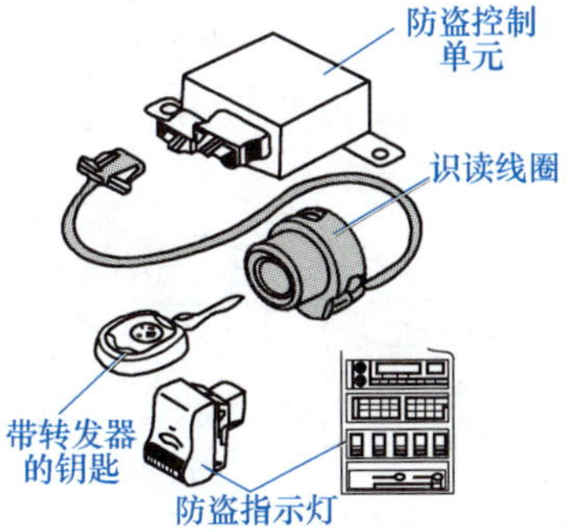

▲大众轿车防盗系统

2）识读线圈。识读线圈也叫收发线圈，安装在点火锁芯上，通过导线与防盗控制单元相连，作为防盗控制单元的负载，担负着防盗控制单元与转发器之间信号及能量的传输任务。

3）防盗控制单元。防盗控制单元是一个包括微处理器的电子控制器，在点火开关接通时，用于系统密码运算、比较，并控制整个系统的通信，包括与转发器、发动机电控单元的通信，同时还可以与诊断仪进行通信。

汽车出厂匹配后，防盗系统控制单元便存储了该车发动机电控单元的识别密码以及 3 把钥匙中转发器的识别密码，同时每个转发器也存储了相应的防盗控制单元的有关信息。将钥匙插入点火锁芯并接通点火开关时，防盗控制单元首先通过锁芯上的识读线圈将随机数据传输给钥匙中的转发器，经特定运算后，转发器将结果反馈给控制器，控制器将其与控制单元中存储的识别密码相比较，若密码吻合，系统即认定该钥匙为合法钥匙。防盗控制单元还要对发动机电控单元进行识别。只有钥匙（转发器）、发动机电控单元的密码都吻合时，防盗控制单元才允许发动机电控单元工作。

大众汽车防盗系统已经历经了四代的发展，将独立的防盗控制单元集成到仪表控制单元中，并要求在匹配钥匙和更换控制单元时进行在线密码匹配。

（2）智能钥匙防盗系统简介　智能钥匙的功能如下：

1）无钥匙进入功能：当靠近车体时，驾驶人按下钥匙上的按键或将手按下车门把手上的微动按键，车门自动解锁（闭锁时与此相反），并解除防盗警戒状态，同时转向灯闪烁2次。

2）一键起动功能：驾驶人进入车内，如果想要起动发动机，则需踏下制动踏板或离合器踏板，按下一键起动按钮，此时智能钥匙控制单元会通过车内天线发送认证信号，在认证通过后便可起动发动机。

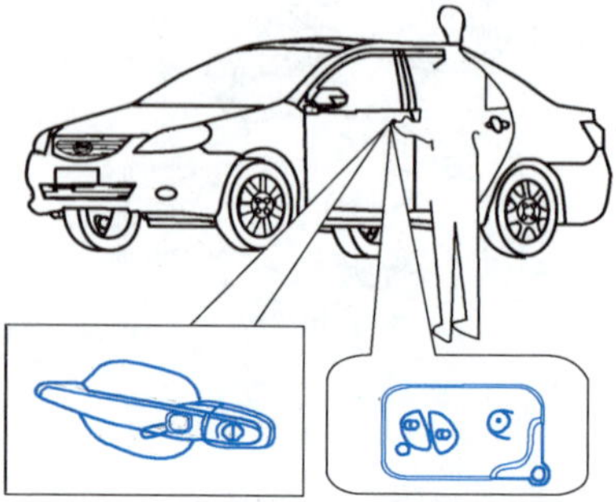

▲无钥匙进入功能

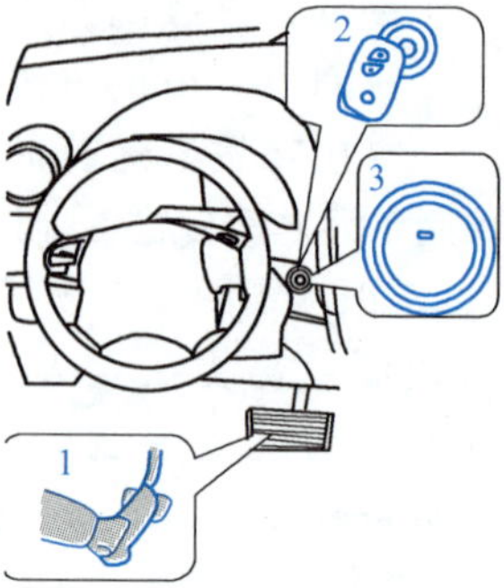

▲一键起动功能

在不踏下离合器踏板和制动踏板时按下一键起动按钮，可以实现OFF-ACC-ON电源模式的切换，在任一电源模式下踏下制动踏板或离合器踏板都可起动发动机。

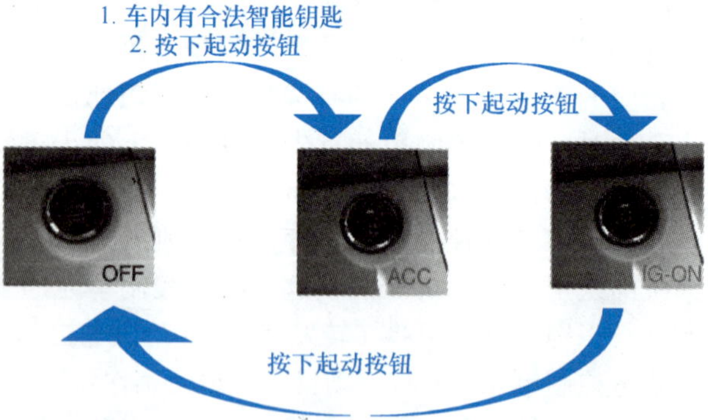

▲OFF-ACC-ON电源模式的切换

3）寻车功能：按下按键，转向灯闪烁、电喇叭鸣叫，若车辆检测到开门信号或钥匙信号，则自动终止寻车功能。

第 10 章

空调系统的维修

技能 60　认识空调系统的类型和工作原理

1. 空调系统的作用

汽车空调系统的作用是调节车厢内的空气，使车厢内的空气湿度、温度、空气流速和空气洁净度均达到人体舒适的状态，并通过去除风窗玻璃上的雾、冰雪和霜，来保证驾驶人和乘员的视野，从而达到安全驾车、舒适乘车的目的。

2. 汽车空调的类型

（1）根据控制方式的不同分类

1）手动空调：需要驾驶人操作按钮或拨杆进行调节，如调节风速、温度和内外循环等。

2）自动空调：仅需要输入需要的温度，空调系统便会自动完成调节。当然，自动空调也可以进行手动控制。

▲手动空调

▲自动空调

（2）根据空调系统的动力来源不同分类

1）独立动力源空调：此种空调系统有专门的动力源来实现空气的调节，如第二台发动机。

2）非独立动力源空调：直接利用发动机作为动力源。

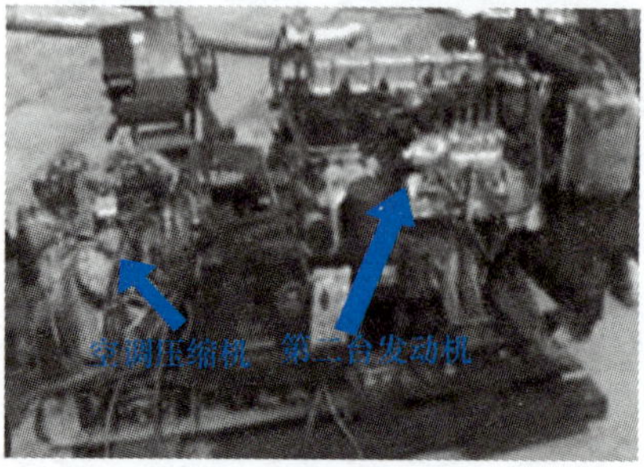

▲独立动力源空调

▲非独立动力源空调

3. 空调系统的组成及工作原理

汽车空调系统主要由制冷系统、取暖装置、通风装置、空气净化过滤装置和空调控制系统组成。

制冷系统和取暖装置：夏季车内降温由制冷系统完成；冬季汽车利用其发动机的余热提高车内温度，一般发动机冷却液作为暖气的热源。

通风装置：向车内提供温度适宜的清洁空气，通过改变风向、空气混合比例和空气来源来实现。

空气净化过滤装置：过滤掉粉尘、杂质，并对有害气体进行净化，杀灭空气中的有害细菌和霉菌。

空调控制系统：对制冷系统和加热系统进行控制，调节车内的温度、空气流速和空气流向，并对车内空气进行净化、加湿等操作，为驾驶人和乘客提供舒适的乘坐环境。

（1）制冷系统的组成及工作原理

1）制冷系统的组成。制冷系统主要由空调压缩机、冷凝器、储液干燥罐、膨胀阀、蒸发器组成，各部分之间通过铝管与耐高压橡胶软管连接成一个密闭的系统。制冷系统工作时，制冷剂在这样一个密闭的系统中以不同的状态存在，并循环流动。

① 压缩机：制动系统的心脏，实现高低压的转换和制冷剂的循环。其按照结构的不同分为往复活塞式、斜盘式、叶片式，在轿车上最为常用是斜盘式。

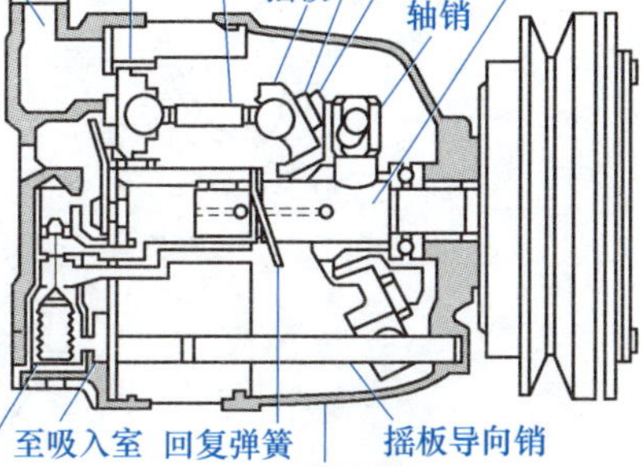

▲压缩机的结构

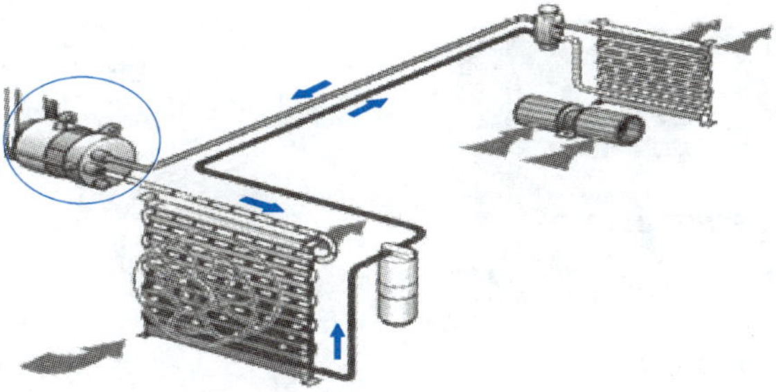

▲压缩机的位置

当主轴转动时，通过斜盘的带动，把主轴的旋转运动转变为活塞的往复运动。以斜盘主轴为中心，在同一圆周上均匀分布着几个活塞，每个活塞做双向运动，将制冷剂气体吸入，同时又把制冷剂排出送入冷凝器。

② 冷凝器：通过散热，将压缩机送来的高温高压制冷剂气体的热量传给周围空气，从而使制冷剂气体变成制冷剂液体。

③ 膨胀阀：膨胀阀是一种节流装置。由于车厢内的制冷负荷和发动机转速都在时刻变化，因此需要对制冷剂循环流量进行调整。膨胀阀可以根据蒸发器的出口温度，自动调节进入蒸发器内的制冷剂流量。

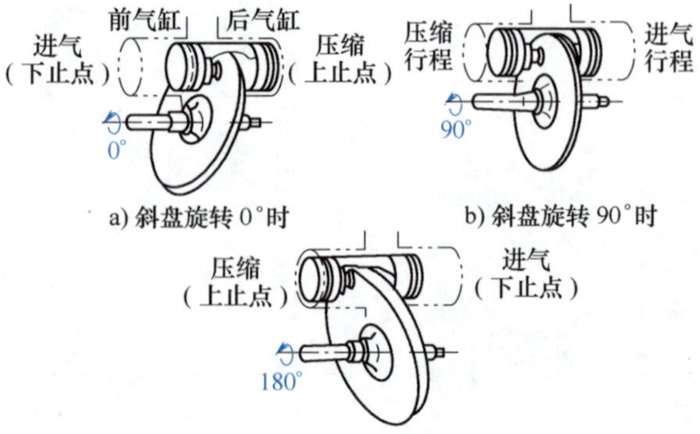

a) 斜盘旋转 0°时　b) 斜盘旋转 90°时

c) 斜盘旋转 180°时

▲压缩机的工作过程

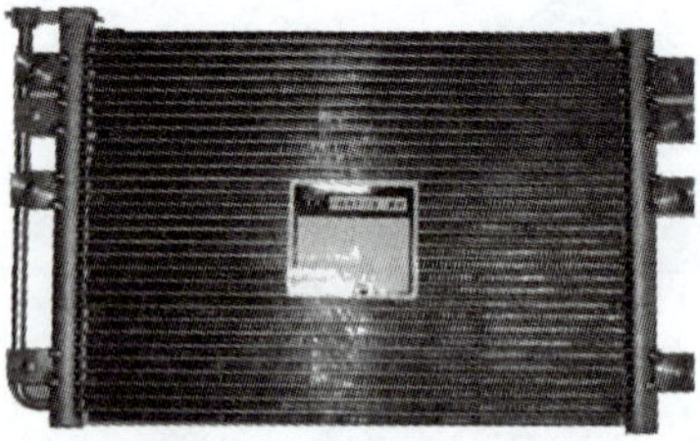

▲冷凝器

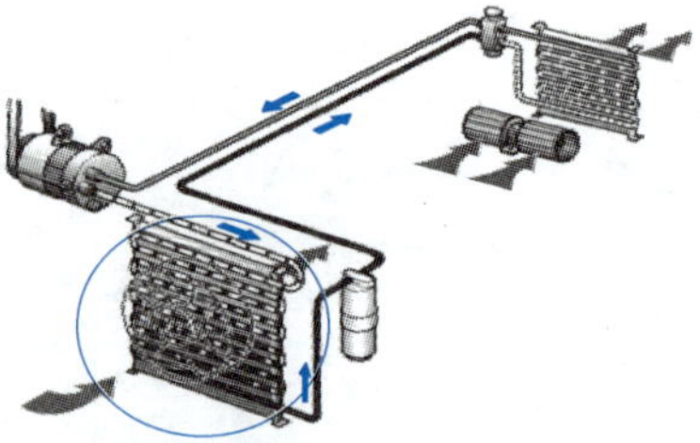

▲冷凝器的位置

▲内平衡式膨胀阀

▲外平衡式 H 型膨胀阀

工作原理：感温包安装在蒸发器出口，感受出口温度，膜片上方为感应温度产生的感应压力，膜片下方为蒸发器进口压力及弹簧压力，如果车内温度下降，则蒸发器出口过热度变小，感温包温度

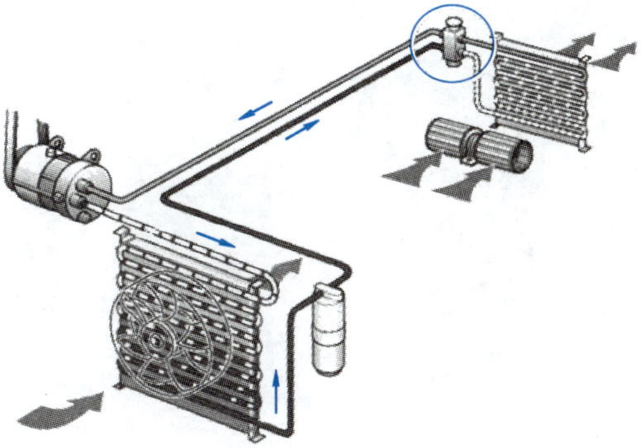

▲膨胀阀的位置

下降，相应感应压力下降，此时膨胀阀开启度变小，如果车内温度升高，则按照相反过程工作。

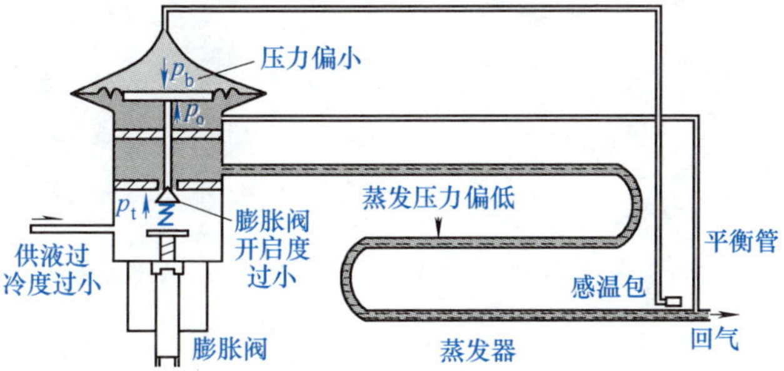

▲外平衡式膨胀阀的工作原理

④ 储液干燥罐：储存制冷剂，并可减少制冷剂流动时的波动，对系统中的水分和杂质进行干燥和过滤。

⑤ 蒸发器：将节流、降压后的液态和气态混合物的制冷剂在蒸发器中汽化，通过吸收蒸发器周围空气的热量来降低车内环境温度。

⑥ 空调管路：汽车空调部件分散安装在汽车的各部位，如压缩机安装在发动机上，蒸发器安装在驾驶室内，冷凝器安装在散热器框架上。由于在发动机工作时会产生振动，因此汽车空调系统必须使用橡胶软管连接。

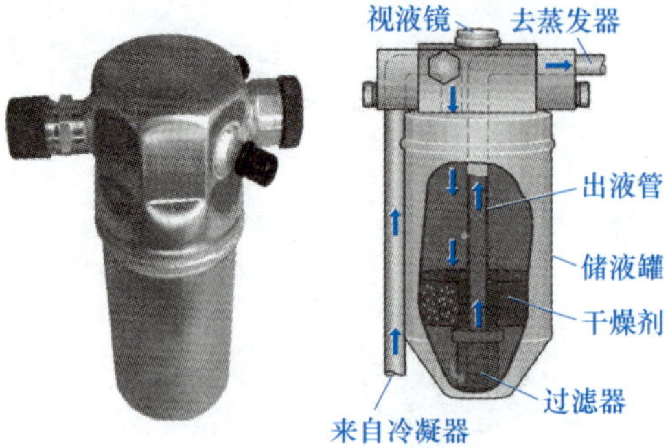

▲储液干燥罐的结构

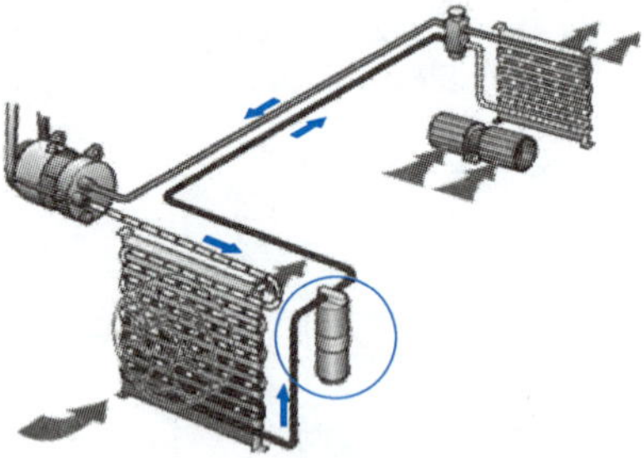

▲储液干燥罐的位置

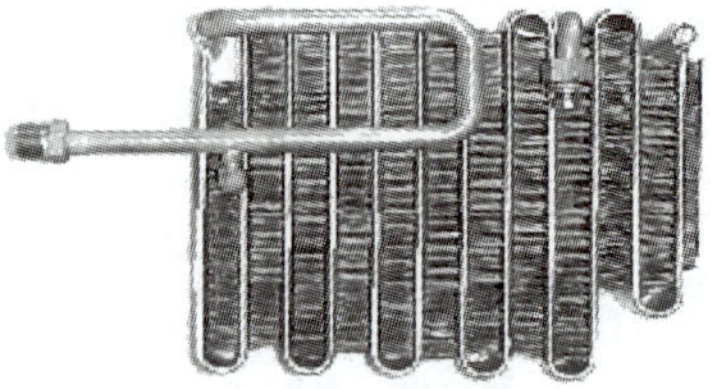

▲蒸发器

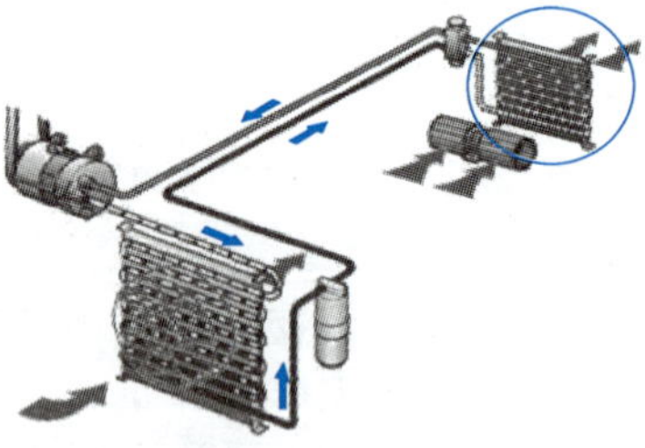

▲蒸发器的位置

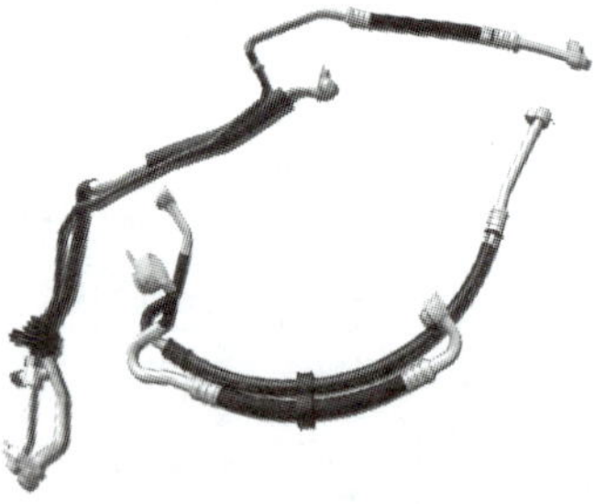

▲空调管路

2）空调制冷系统的工作原理：将酒精涂在皮肤上，酒精很快挥发，此时皮肤会感到丝丝凉意，说明液体变成气体是需要吸热的。汽车空调制冷系统就是通过不断地实现制冷剂状态的改变，不断地完成这样的循环，来降低车内的温度的。汽车制冷系统每一个循环共有四个基本过程，分别是压缩过程、冷凝放热过程、节流膨胀过程、蒸发吸热过程。在这样一个循环过程中，制冷系统通过消耗发动机一定的动力，将制冷剂由气态变为液态，然后再将液态制冷剂变为气态制冷剂，吸收外部热量来实现制冷。

① 压缩过程：压缩机吸入蒸发器出口处的低温低压制冷剂气体（压力为 147kPa，温度为 0℃），将其压缩成高温高压制冷剂气体（压力为 1470kPa，温度为 70 ~ 80℃），随后排出压缩机，通过连接管路送至冷凝器。

② 冷凝放热过程：高温高压制冷剂气体进入冷凝器后迅速放热，将热量通过空气散发到大气当中，随后冷凝成中温高压的制冷剂液体（温度为 40 ~ 50℃）。

③ 节流膨胀过程：中温高压的制冷剂液体通过膨胀阀后，因膨胀阀的节流作用而使体积迅速变大，导致制冷剂液体的压力和温度迅速下降，制冷剂以细小液体状喷出膨胀阀。

④ 蒸发冷却过程：雾状制冷剂进入蒸发器，此时制冷剂的沸点远远低于蒸发器的温度，液滴状制冷剂蒸发为气态，在由液态变为气态的过程中吸收周围的大量热量，随后低温低压的制冷剂气体又吸入压缩机实现下一个循环。

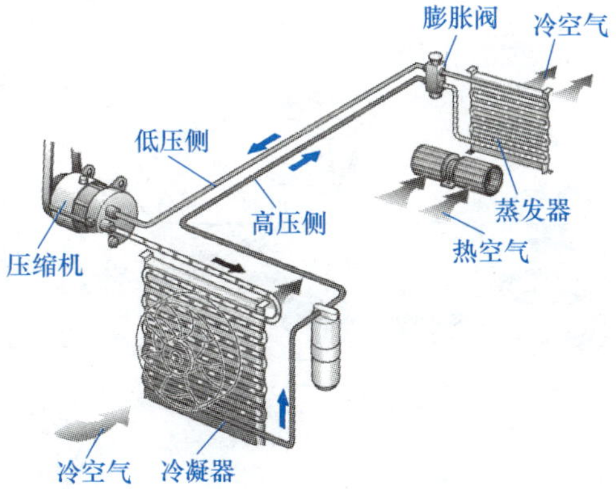

▲蒸发冷却过程

（2）汽车空调的采暖系统　根据热源的不同可以分为发动机冷

却液式、燃料燃烧式、发动机排气加热式。大型客车采用的是燃料燃烧式，现代轿车采用的是发动机冷却液式。

汽车空调采暖系统一般由加热器芯（暖风芯）、水管路、水阀等组成。气缸体出来的热的冷却液，分流一部分进入加热器芯（暖风芯），再利用鼓风机强迫冷空气通过加热器芯（暖风芯），被加热后的空气送入车厢，用来取暖或进行风窗玻璃除霜。

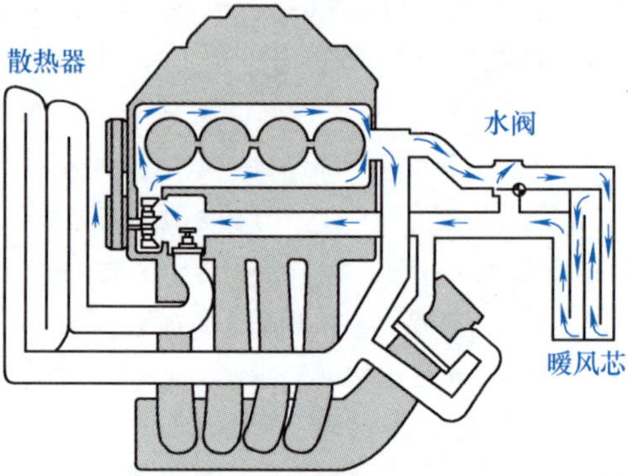

▲汽车空调采暖系统

其工作原理为：将车内或车外的空气输送到热交换器（暖风水箱），吸收热源的热量，提高空气的温度后，将热空气送入车内，实现温度控制和除霜。

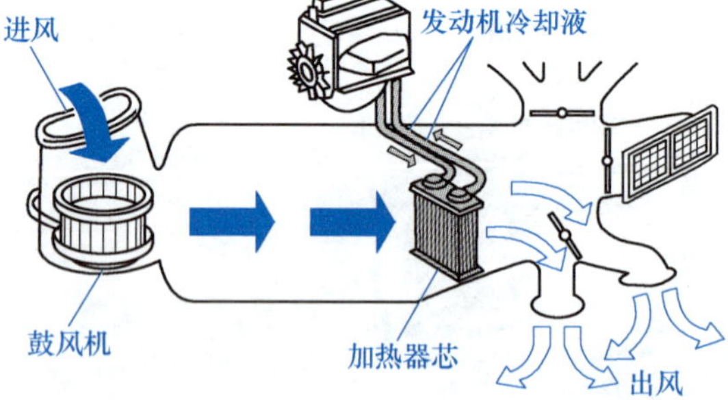

▲汽车空调采暖系统工作原理

（3）汽车空调通风装置　通风装置可分为自然通风装置和强制

通风装置。

1）自然通风装置：利用车身结构，在车身的壁面开设有进、出风口，进风口设置在仪表板前部右侧，出风口设置在车身尾部。汽车行驶时会产生风压，自然通风装置利用此压力可将空气引入车内，换气后排出车外。

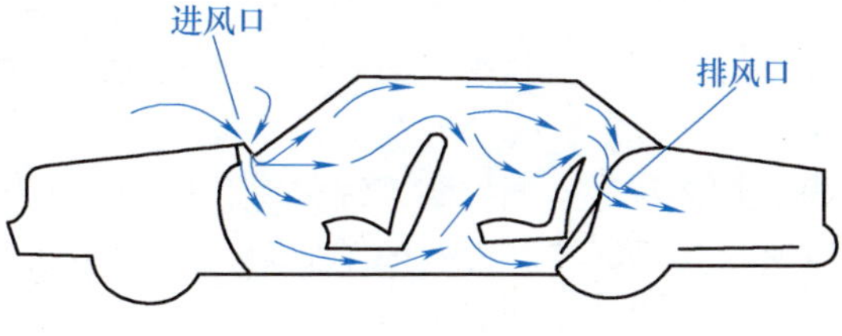

▲自然通风

2）强制通风装置：利用鼓风机将空气引入车内，并在仪表板上设置有出风口，驾驶人可以根据需要自行选择出风位置。

汽车空调的强制通风系统由控制空气内外循环风门、冷热空气混合风门、空气分配风门、鼓风机及其伺服机构组成。

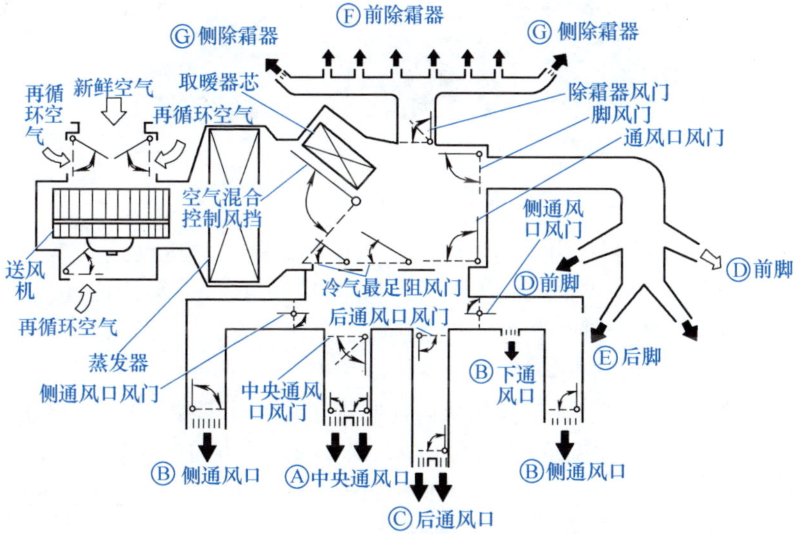

▲汽车空调的强制通风系统

① 空气内外循环风门：用于切换车内空气循环或车外新鲜空气进入车内。

② 冷热空气混合风门：控制冷暖空气的比例，从而调节温度。

③ 空气分配风门：改变空气风向，实现取暖制冷及风窗玻璃除雾除霜。当驾驶人取暖时，送风门让空气经仪表板底部送出，吹向乘员的脚部；当驾驶人选择冷气时，送风门让空气经仪表板送风口送出，吹向乘员的头部；当驾驶人选择除雾除霜时，送风门让空气从仪表板前端和仪表板侧出风口送出。

（4）空调控制系统　空调控制系统实现对车内空气温度的调节，控制风量、风速。其根据控制方式的不同可以分为手动控制（手动空调）和自动控制（自动空调）两种。

1）手动空调

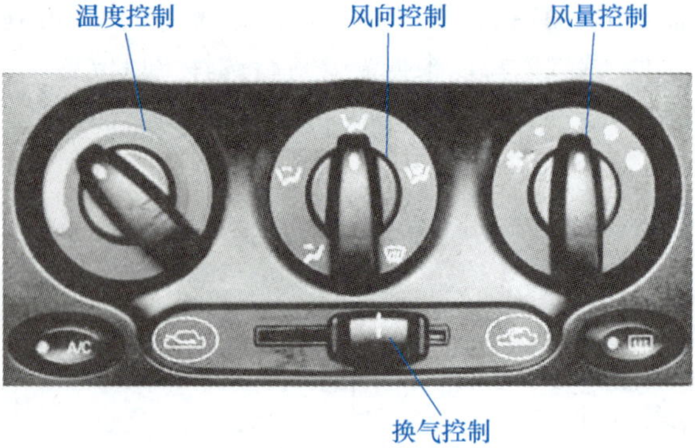

▲手动空调控制面板

① 温度控制：用于切换车内空气循环或使车外空气进入车内。当车外空气污染或希望快速取暖、制冷时，可选择内循环位置，将开关推向右侧；如果想使车外的新鲜空气进入车内，则可将开关推向左侧。

② 风向控制：通过操作风向控制旋钮，使面部控制门、底部控制门、除雾除霜控制门开启或关闭，来实现送风方向的控制。

③ 风量控制：通过操作风量旋钮控制风量的大小；通过变换挡位选择风量，挡位越高，风量越大。

④ 换气控制：用于切换车内空气循环或使车外空气进入车内。

当车外空气污染或希望快速取暖、制冷时，可选择内循环位置，将开关推向右侧；如果想使车外的新鲜空气进入车内，则可将开关推向左侧。

2）自动空调

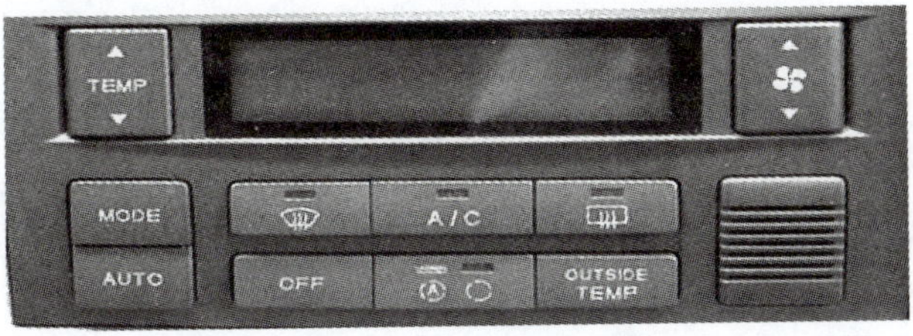

▲自动空调控制面板

按　键	图　示	功　　能
温度调节按键		温度调节，向上按设定温度值增加，向下按设定温度值减少
出风口模式		出风口模式选择，每按一次，送风口位置变化一次，并显示在液晶屏幕上
鼓风机		鼓风机转速调节，向上按转速增加，向下按转速减少
前风窗除霜除雾		前风窗玻璃除霜除雾，按下后送风位置发生改变，空气吹向前风窗玻璃
后风窗除霜		后风窗玻璃除霜，按下后后风窗玻璃加热器工作
关闭键		关闭空调系统，按下“AUTO”或温度键后空调起动
空调开关	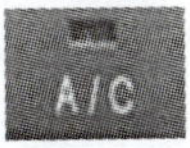	压缩机开关，按下后指示灯点亮，压缩机工作

（续）

按　键	图　示	功　能
自动模式按键		自动模式，按下后 ECU 通过计算控制执行器动作，使室内温度保持在驾驶人设定的水平上
循环模式按键		内外循环模式选择开关，左侧指示灯点亮为自动模式，右侧指示灯点亮为内循环，指示灯均不亮为外循环模式
室外温度显示按键		按下后液晶显示屏显示室外温度值
室内温度传感器		室内温度传感器安装位置

4. 汽车空调的自动控制

自动空调是在手动空调的基础上发展起来的，通过安装传感器、

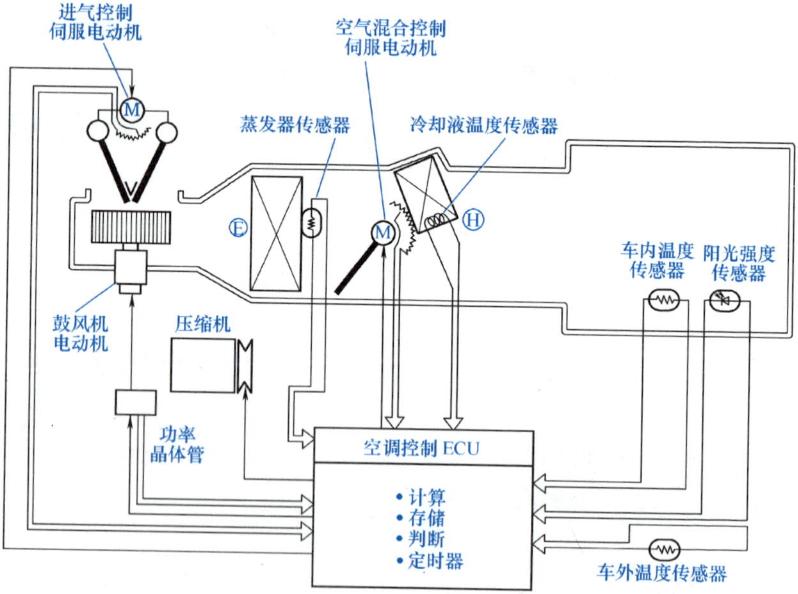

▲自动空调系统

执行器和控制单元，来实现智能控制。ECU 收集各传感器的信息，并根据驾驶人的操作进行计算后，单个或集中控制执行器动作，实现空气循环控制、温度控制、风量控制和风向控制。自动空调还具备自我诊断的功能，以便于对传感器、执行器进行检测。自动空调由传感器、执行器和 ECU 三部分组成。

（1）传感器

1）车内温度传感器。车内温度传感器一般安装在空调控制面板上或顶灯控制开关旁，多采用电动机吸入式空气型，内部有一个负温度系数热敏电阻。当车内温度改变时，热敏电阻阻值也发生改变，将这个变化的信号值传给 ECU，用于计算室内温度值。

2）车外温度传感器。车外温度传感器一般安装在前保险杠右下方，冷凝器旁边，其工作原理与室内温度传感器相同，向 ECU 提供室外温度值。

3）蒸发器温度传感器。该传感器安装在蒸发器表面，用以检测蒸发器的温度，防止蒸发器表面结霜。当蒸发器温度改变时，传感器电阻值也发生改变，并向 ECU 输送信号。

4）阳光强度传感器。该传感器安装在前风窗玻璃下方，仪表板的上方，将阳光照射的强度转变成电信号，传送给 ECU。

5）压缩机转速传感器。该传感器安装在空调压缩机上，用于检测压缩机转速，从而判断压缩机是否锁住，以及工作后是否存在打滑现象。

6）冷却液温度传感器。该传感器安装在发动机冷却液回路上，检测发动机冷却液温度，用于散热器风扇的控制。这个传感器与发动机 ECU 共享冷却液温度信号。

（2）执行器

1）进气控制伺服电动机。该电动机控制空调的送风方式，电动机转子的转动时可以带动风门转动。该电动机内装有电位计，用于向 ECU 提供风门位置信号，也可用于电动机故障的诊断。

2）空气混合控制伺服电动机。在进行温度调解时，ECU 控制该电动机转动，改变空气混合风门的位置，从而改变送风温度值。当然，ECU 的控制是通过计算后执行的。该电动机内也安装有电位计，用于向 ECU 反馈位置信息，并可以判断电动机是否有故障。

3）风门位置伺服电动机。当驾驶人操作送风模式按键时，ECU 控制电动机动作，将送风风门转到相应位置上。该电动机内也安装有电位计，用于向 ECU 反馈位置信息，并可以判断电动机是否有故障。

4）鼓风机转速调节。通过操作空调控制面板上的风速调节按键，ECU 改变风机转速。

以上功能均可以实现单独手动控制。当按下“AUTO”键时，ECU 会收集各传感器提供的信号，根据驾驶人设定的温度数值，自动的调节内外循环、送风位置、送风温度和鼓风机转速。

5）电磁离合器接受 ECU 的指令，控制压缩机的停止或工作。

（3）空调 ECU　空调 ECU 与空调操作面板制作成一体，面板前部是操作按键，面板后部则是 ECU。ECU 对各传感器输入的信号和驾驶人操作按键输入的指令进行分析、比较、计算，发出指令，控制各个执行器动作，使车内温度、送气位置、送气风速和空气循环模式发生改变，实现驾驶人的设定目标，简化了操作。当驾驶人选择“AUTO”模式时，驾驶人只需要调节温度值，其他控制项目均由 ECU 自行控制，如循环模式、送风速度、送风位置等。

技能 61　汽车空调系统控制电路分析

1. 大众捷达轿车空调系统控制电路分析

（1）鼓风机工作过程分析　鼓风机开关 E9（见下页图）共有四个挡位，每个挡位电动机串联的电阻值不同，对应四个鼓风机转速。鼓风机的供电来至 X 线，在发动机起动时，点火开关盒卸荷继电器使此供电消失，主要为了保证有限的蓄电池电力驱动起动机。鼓风机 V1 的接地点在左前翼子板上，接地标号为 G8。为了避免蒸发器结霜，开空调时先开鼓风机，打开鼓风机后通过 T6/5 给空调控制开关一个鼓风机开启信号。

（2）空调控制开关　如果需要切换内外循环，驾驶人可按下空

鼓风机、鼓风机开关、调速电阻、温度开关、空调内循环风扇

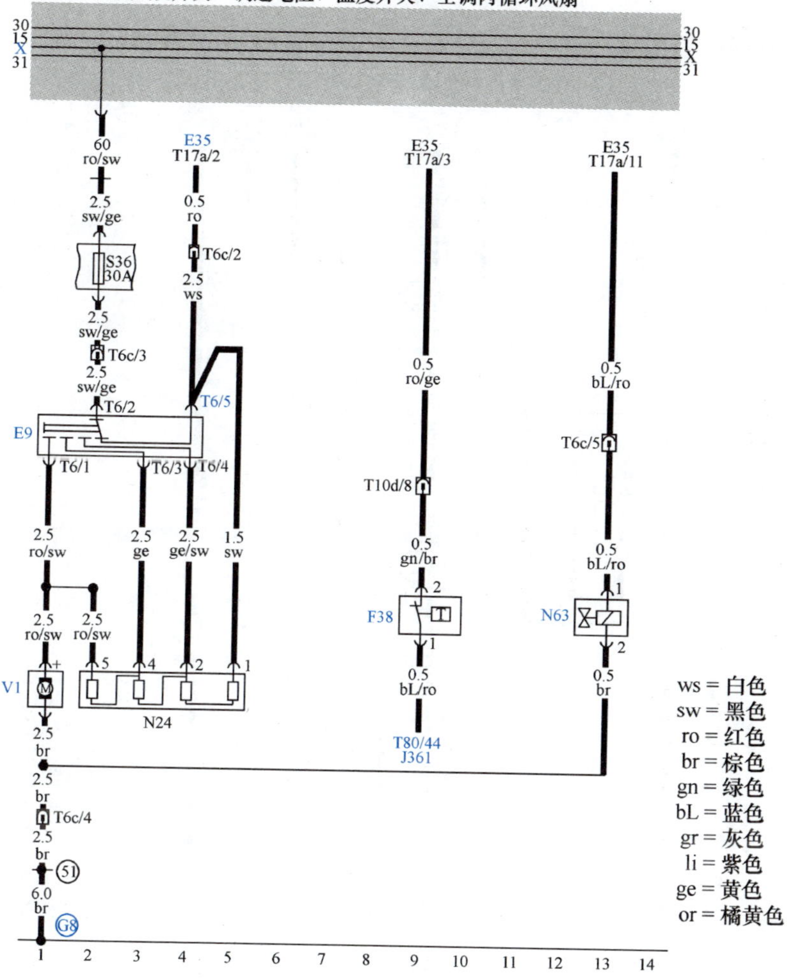

▲大众捷达轿车空调系统控制电路（一）

E9—鼓风机开关　E35—空调控制开关　F38—温度开关　J361—Simos 发动机控制单元　S36—熔丝盒上的熔丝 36　N24—调速电阻　N63—空调内循环风扇　V1—鼓风机　T6—6孔插头　T6c—6 孔棕色插头，在继电器支架上　T10d—10孔红色插头，在继电器支架上　T17a—17 孔插头连接　T80—80 孔黑色插头连接　⑤①—接地连接点，在车身线束内　Ⓖ⑧—接地线，在左前翼子板（A 柱）下

高低压传感器、空调控制单元、双温开关、散热器风扇、电磁离合器

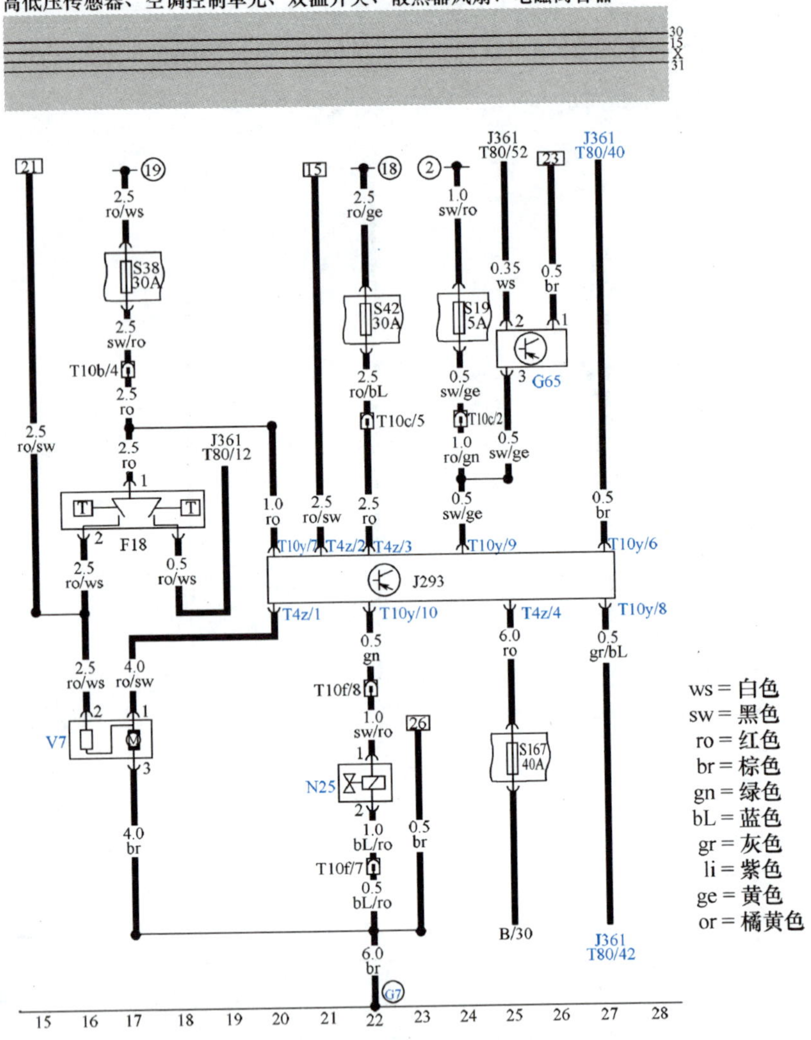

▲大众捷达轿车空调系统控制电路（二）

B—起动机　F18—双温开关　G65—高低压传感器　J293—冷却风扇控制单元　J361—Simos发动机控制单元　N25—电磁离合器　V7—散热器风扇　T4z—4孔插头，插接空调控制单元　T10b—10孔棕色插头，在继电器支架上　T10c—10孔黑色插头，在继电器支架上　T10y—10孔插头　T10f—10孔对接插头　②—正极连接（15），在车身线束内　⑲—正极连接，在车身线束内　⑱—螺栓联接（30），在继电器支架上　Ⓖ7—接地点，在前流水槽左侧

调面板上的内外循环开关进行切换，空调控制开关E35为内循环电动机N63供电。在驾驶人打开鼓风机后，空调控制开关接受到鼓风机信号。驾驶人按下空调AC开关，如果此时室外温度开关F38测得室外温度在5℃以上，则通过T80/44给发动机控制单元J361提供空调开启请求信号。

（3）空调压缩机起停和风扇控制　在驾驶人开启鼓风机后，鼓风机开关E9为空调开关E35提供可以开启信号。当驾驶人按下空调AC开关时，如果室外温度在5℃以上，则室外温度开关F38闭合，空调请求信号通过空调开关的T17a/3端子和室外温度开关F38，输送给发动机控制单元J361的T80/44端子。G65是空调压力传感器，向发动机ECU提供空调系统压力信号。如果压力值在正常范围内（压力值200kPa以上），则发动机控制单元J361通过T80/40输出低电位控制信号，该信号经过导线到达风扇控制单元J293的T10Y/6端子，J293通过T10Y/10端子向空调电磁离合器N25供电，通过T4Z/2端子，经过导线（地址码15～21）为冷却风扇V7供电，经过降压电阻后风扇以低速运转。如果压力传感器输送给发动机控制单元J361的压力值低于200kPa或超过3200kPa，压缩机停止工作。当压力传感器输送给发动机控制单元J361的压力值达到1600kPa时，发动机控制单元J361通过端子T80/42，经过导线到达J293风扇控制单元T10Y/8端子，向风扇控制单元J293提供一个低电位信号，风扇控制单元J293通过T4Z/1端子经过导线向风扇V7供电，风扇V7高速旋转。T10Y/7为风扇高速继电器供电端子，T4Z/4为风扇高速供电端子，T4Z/3为风扇低速电磁离合器供电端子，T10Y/9为风扇低速电磁离合器-继电器供电端子。

（4）冷却风扇的控制　温控开关检测到冷却液温度到达95℃时，左侧开关闭合，风扇低速旋转；当冷却液温度到达105℃时，向发动机控制单元J361提供高冷却液温度信号，发动机控制单元J361通过端子T80/42，经过导线到达风扇控制单元J293的T10Y/8端子，向风扇控制单元J293提供一个低电位信号，风扇控制单元J293通过T4Z/1端子，经过导线向风扇V7供电，风扇V7高速旋转。

2. 大众新宝来轿车空调控制电路分析

（1）空调继电器工作过程　在起动发动机后，电流通过卸荷继电器 J59、SC40 给自动空调控制单元 J255 供电；蓄电池通过 SC3 到达主供电继电器 J317，为主供电继电器供电（1/30 插脚位置），同时通过 SC3，经过 SC13 熔丝给 J255（T20/16 插脚位置）供电（不受发动机点火开关控制）；打开点火开关（D15）电流通过 SC4 到达 J255（T20/20 插脚位置），给 J255 供电。空调继电器 J22 的电磁线圈由主供电继电器 J317 供电（2/87 插脚位置），并经过熔丝 SC21 为空调继电器 J22 电磁线圈供电，同时也为空调高压传感器 G65 供电，由发动机控制单元来控制电磁线圈的搭铁，决定空调继电器是否工作。在发动机控制单元提供接地信号后，触电开关闭合，主供电继电器 J317（2/87 插脚位置）通过熔丝 SC27 到达空调继电器 J22（2/30 插脚位置），为空调继电器提供工作电压，此时电流经过电磁离合器 N25 后搭铁，空调电磁离合器工作，压缩机开始运转。

（2）控制过程　在发动机运转后，驾驶人打开空调开关 E30，此时会给空调控制单元一个请求信号。

1）自动控制模式：控制单元会根据室外温度来决定是否起动空调压缩机。如果室外温度在 5℃以上，控制单元会根据室外温度传感器信号、高压传感器 G65 信号、日照光电传感器 G107 信号、仪表板温度传感器 G56 信号、新鲜空气进气道温度传感器 G89 信号、蒸发器出口温度传感器 G263 信号，进行综合分析、计算，得出控制目标值，通过控制脚部与除霜风门电动机 V85、中央风门伺服电动机 V70、温度翻板伺服电动机 V68、新鲜空气风门和循环空气风门伺服电动机 V154、鼓风机 V2，来实现自动控制。

2）手动控制模式：驾驶人也可以根据需要进行手动控制，可以分别调整鼓风机转速、各风门的位置、温度的高低、内外循环模式等。

无论是自动控制模式还是手动控制模式，如果后风窗玻璃上有霜，驾驶人可以单独按下可加热后风窗开关 E230，此时该操作的信号便通过舒适便捷系统 CAN 总线传输给车身控制模块 J519，由该模块控制后风窗玻璃加热丝，进行加热除霜。

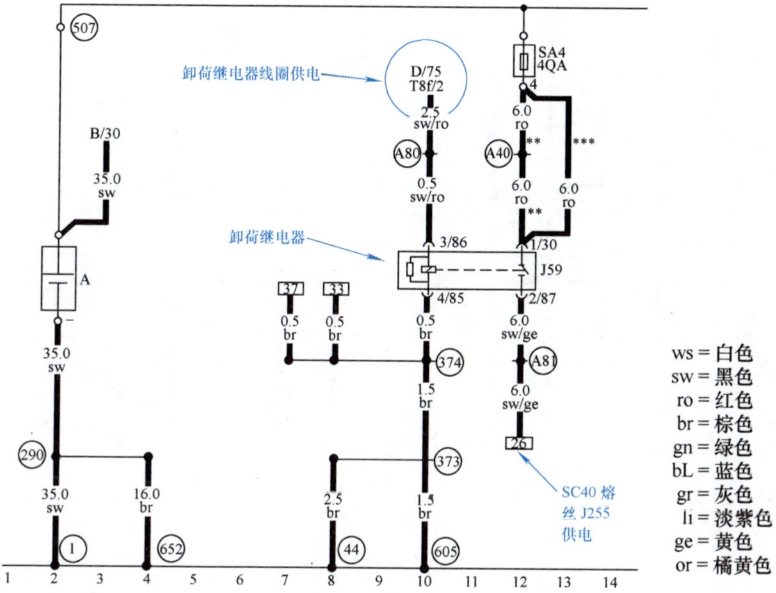

▲大众新宝来轿车空调控制电路

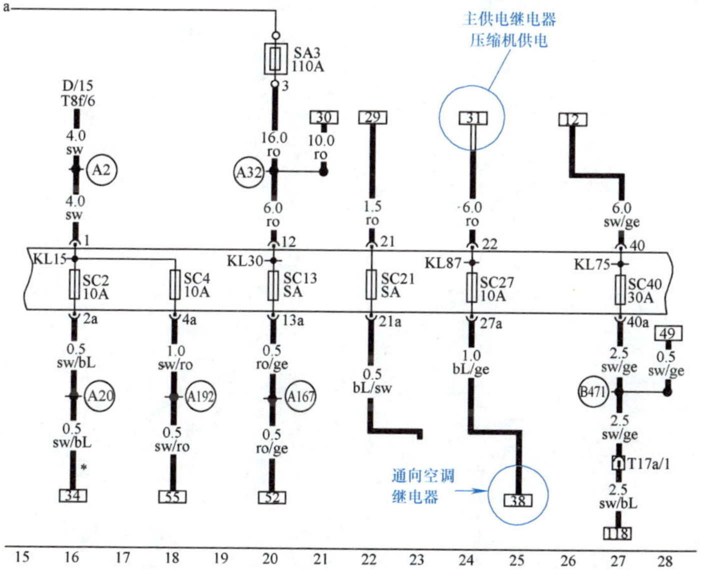

▲大众新宝来轿车空调控制电路（续）

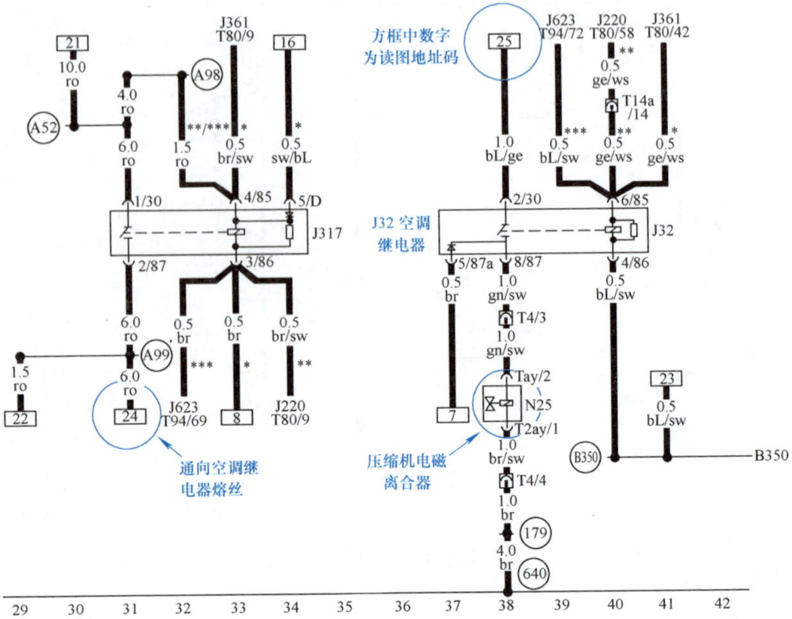

▲大众新宝来轿车空调控制电路（续）

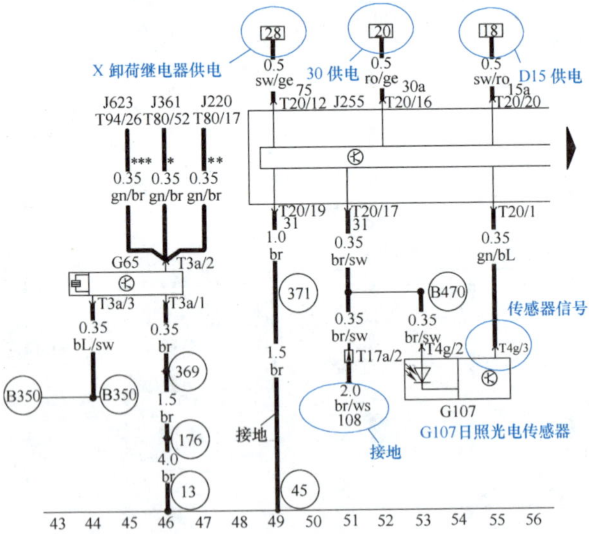

▲大众新宝来轿车空调控制电路（续）

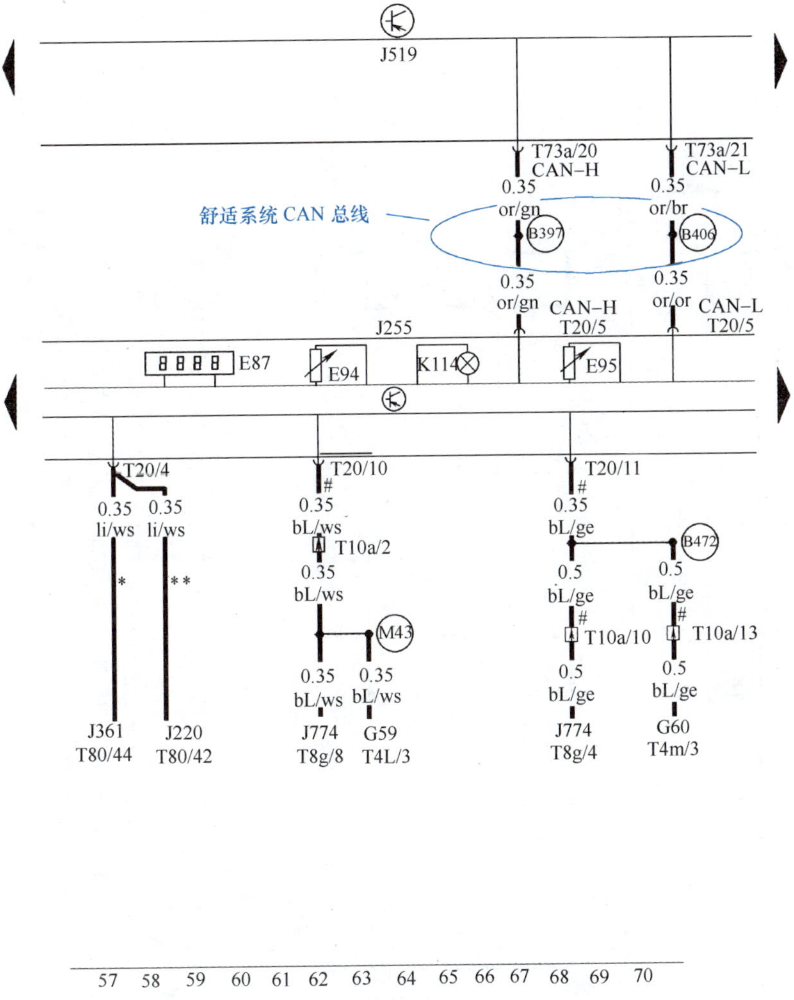

▲大众新宝来轿车空调控制电路（续）

E87—空调操作显示单元　E94—驾驶人座椅加热调节器
E95—驾驶人座椅加热调节器　G59、G60—驾驶人、副驾驶人座椅加热温度传感器　J361—SIMOS 控制单元
J220—Motronic 控制单元　J774—座椅加热控制单元

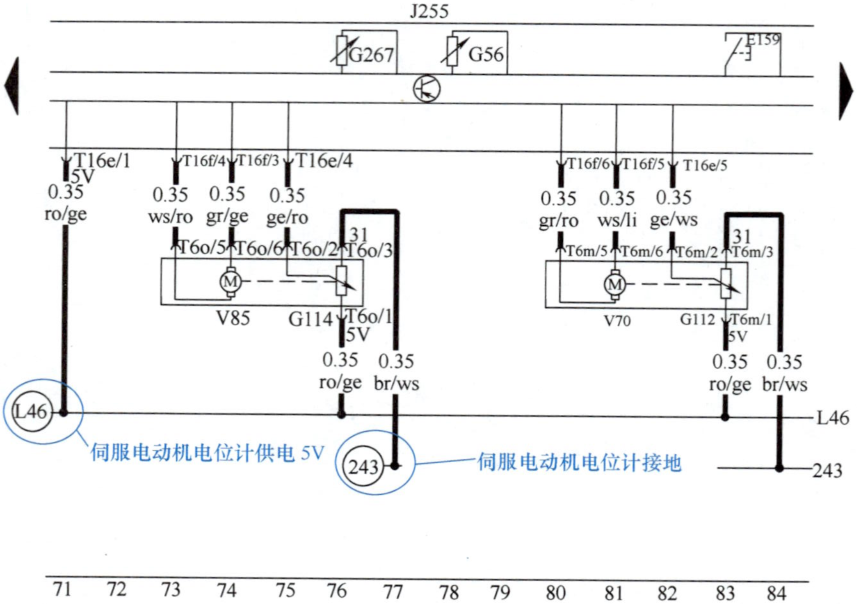

▲大众新宝来轿车空调控制电路（续）

V85—脚部与除霜风门伺服电动机　G267—温度选择转钮电位计

G56—仪表板温度传感器　E159—新鲜空气和空气内循环风门开关

V70—中央风门伺服电动机

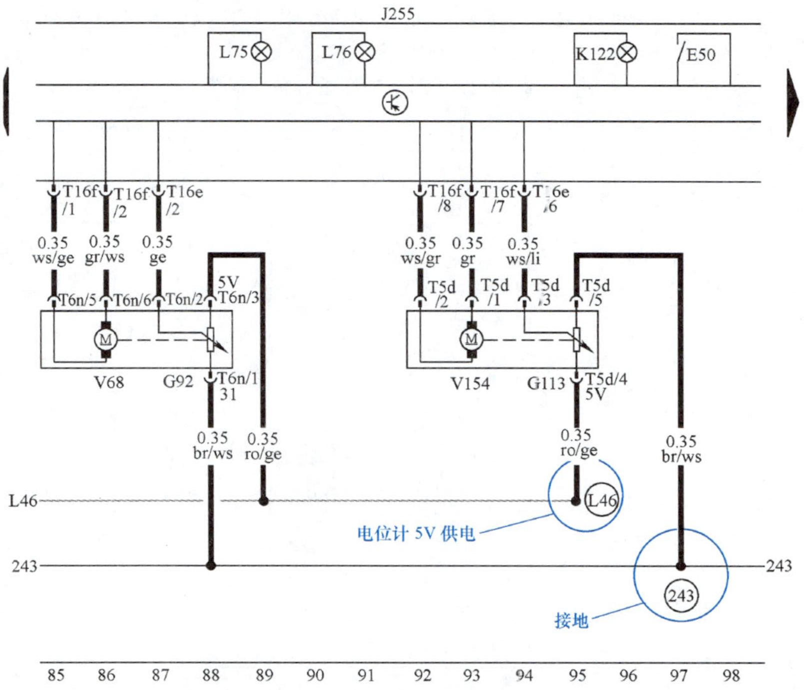

▲大众新宝来轿车空调控制电路（续）

V68—温度翻板伺服电动机　G92—电位计　V154—新鲜空气风门和循环空气风门伺服电动机　G113—电位计　L75—数字式显示器照明　L76—按钮照明　K122—可加热风窗玻璃指示灯　E50—除霜运行开关

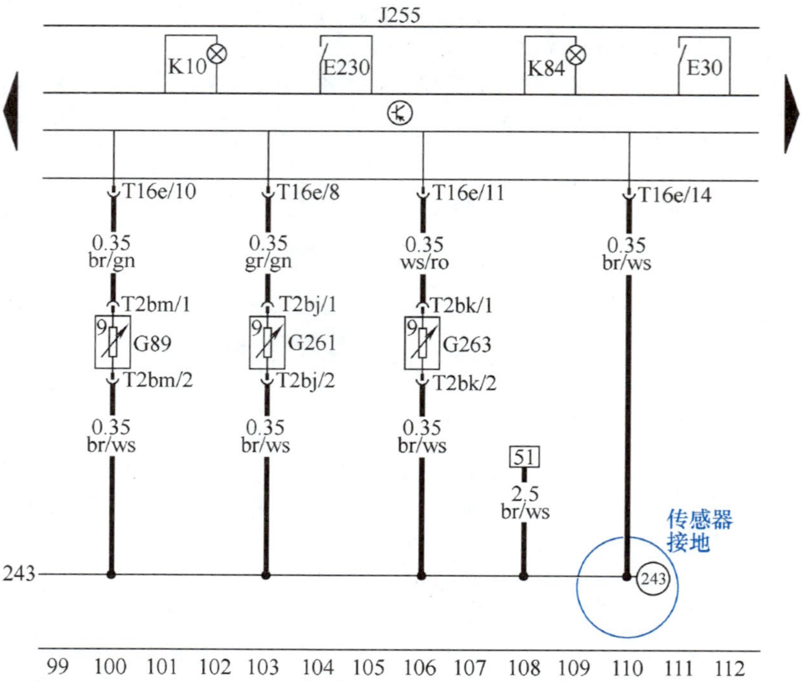

▲大众新宝来轿车空调控制电路（续）

K10—可加热后风窗玻璃指示灯　E230—可加热后风窗玻璃开关　K84—空调器指示灯　E30—空调器开关　G89—新鲜空气进气道温度传感器　G261—左侧脚部空间出风口温度传感器　G263—蒸发器出口温度传感器　J255—自动空调控制单元

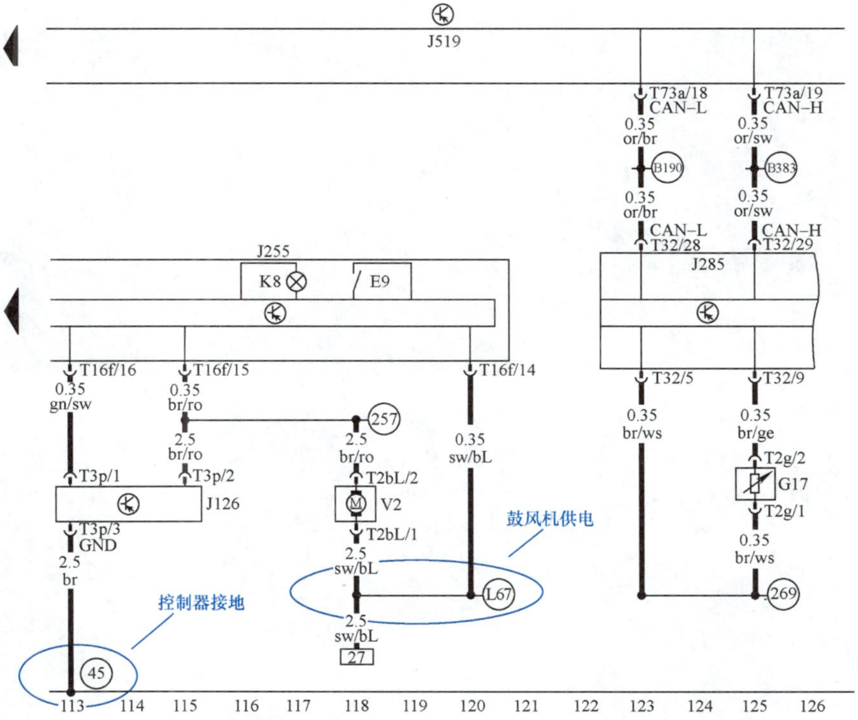

▲大众新宝来轿车空调控制电路（续）

K8—新鲜空气鼓风机指示灯　E9—新鲜空气鼓风机开关　V2—鼓风机　J126—鼓风机控制单元

技能 62　空调系统主要零部件的检查

1. 空调压缩机的检查

(1) 空调压缩机的拆卸

1. 旋松发电机调整臂紧固螺栓

2. 逆时针方向旋松传动带张紧臂调整螺栓

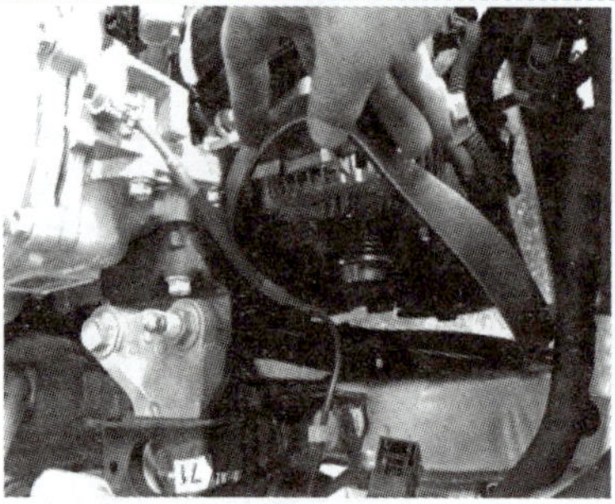

3. 取下传动带

4. 拆下低压管、高压管固定螺栓，将制冷剂放出（合理回收，避免污染环境）

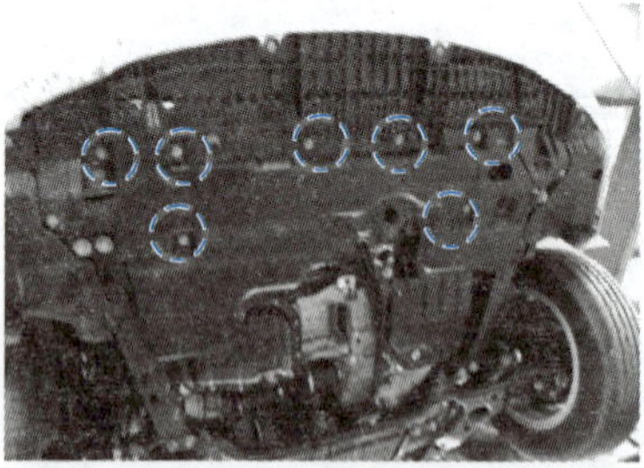

5. 拆下塑料护板固定螺栓和卡扣，取下护板

6. 拆下压缩机电磁阀插头

7. 拆下压缩机固定螺栓，共四颗

8. 取下压缩机总成

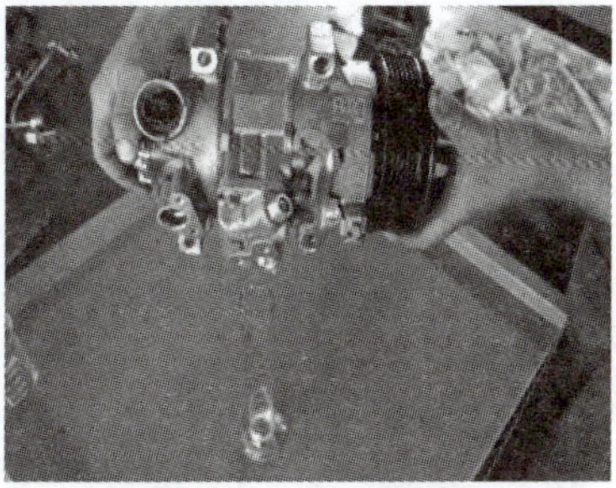

9. 将压缩机内的冷冻机油排到量筒中

装复：因安装过程较为简单，在此不再赘述

安装低压管和高压管时应更换 O 形密封圈，并在 O 形密封圈上涂抹适量冷冻机油。安装传动带后应将张紧力调整到规定值

注意：发电机固定螺栓的拧紧力矩为 20N·m；低压管固定螺栓的拧紧力矩为 9.8N·m；高压管固定螺栓的拧紧力矩为 9.8N·m

（2）空调压缩机的分解检查

1. 拆下驱动盘固定螺栓，取下驱动盘

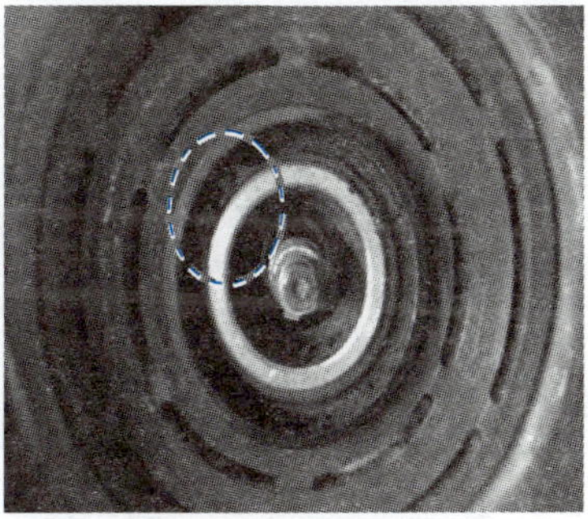

2. 拆卸带轮限位卡簧

3. 取下卡簧

4. 拆下驱动带轮

5. 拆下电磁离合器线圈卡簧

6. 取下电磁线圈总成

7. 拆下进气口、排气口固定盖板，共四颗内六角圆柱头螺栓

8. 拆下前缸盖固定长螺栓

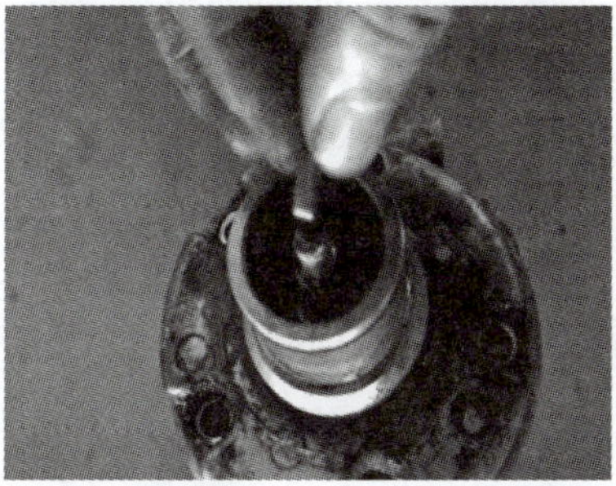

9. 取出半圆键

10. 拆下前缸盖

11. 拆下前阀板支承架

12. 取下前阀板定位销钉

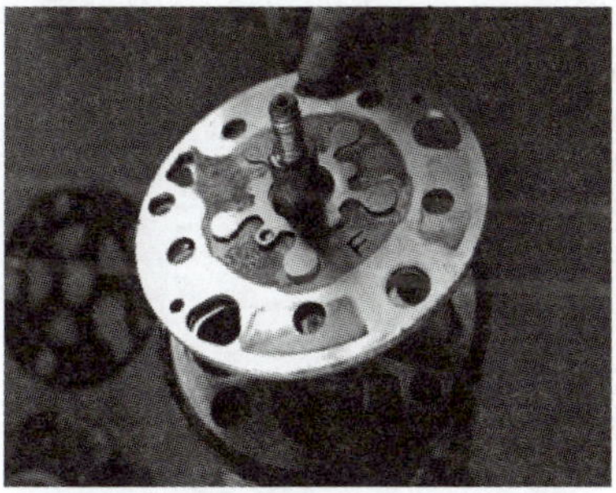

13. 取下前阀板总成

14. 取下后缸盖

15. 取下后阀板支承架

16. 取下后阀板定位销钉

17. 取下后阀板

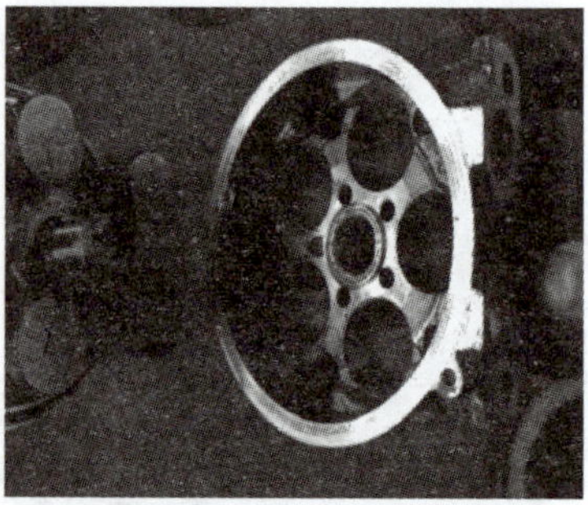

18. 向后缓慢拉出并取下后缸体

19. 取下滚针轴承，并将活塞斜盘总成从前缸体中取出

20. 压缩机分解完毕

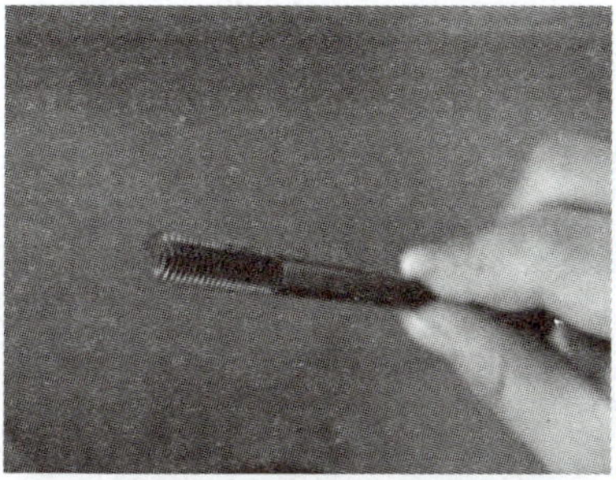

21. 检查固定长螺栓，螺纹应无损坏

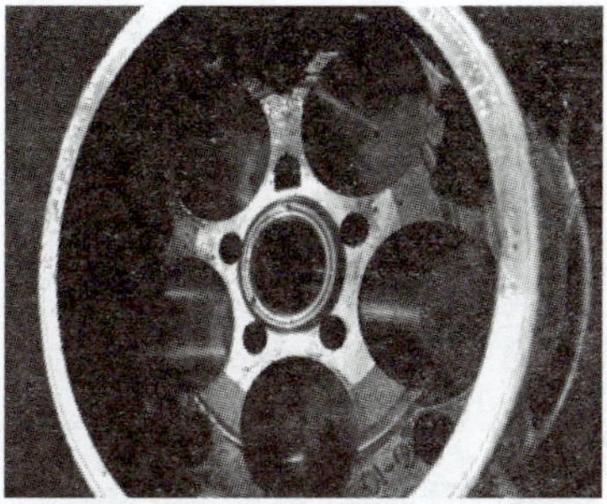

22. 检查气缸内是否存在明显的磨损和划痕，若损坏，则应更换压缩机；检查内滚针轴承，若损坏，则更换内滚针轴承

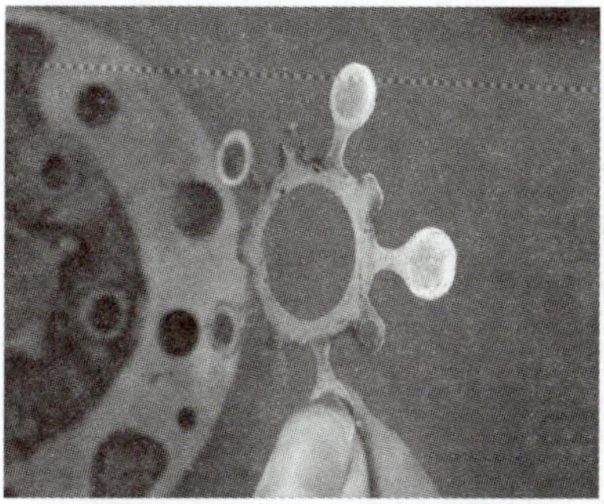

23. 检查排气阀片是否明显磨损或变形，若磨损或变形，则应更换阀板总成

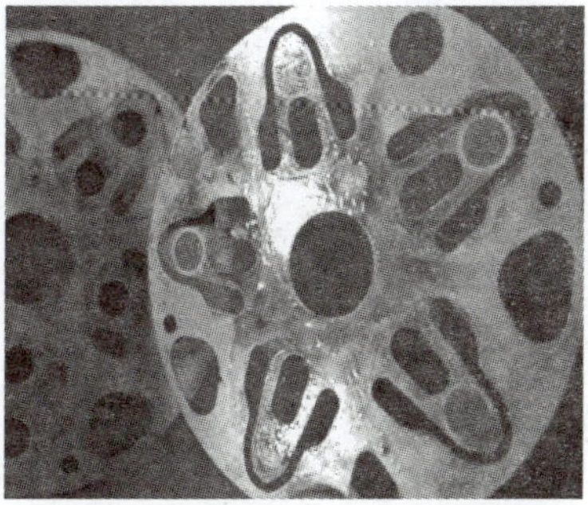

24. 检查吸气阀片是否明显磨损或变形，若磨损或变形，则应更换阀板总成

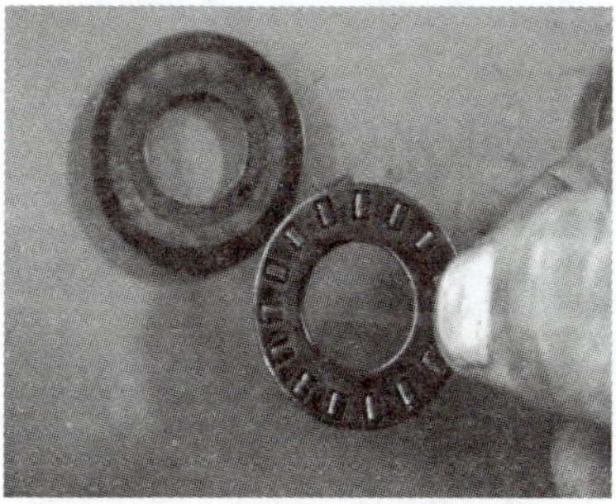

25. 检查滚针轴承是否磨损，若磨损，则更换滚针轴承

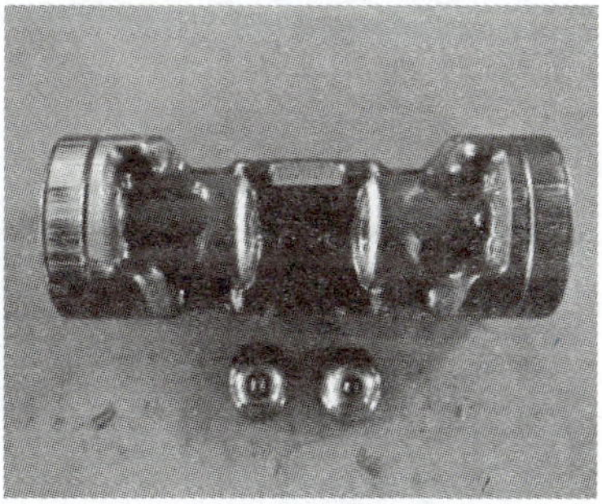

26. 检查活塞和半球是否有明显磨损，若磨损，则更换压缩机总成

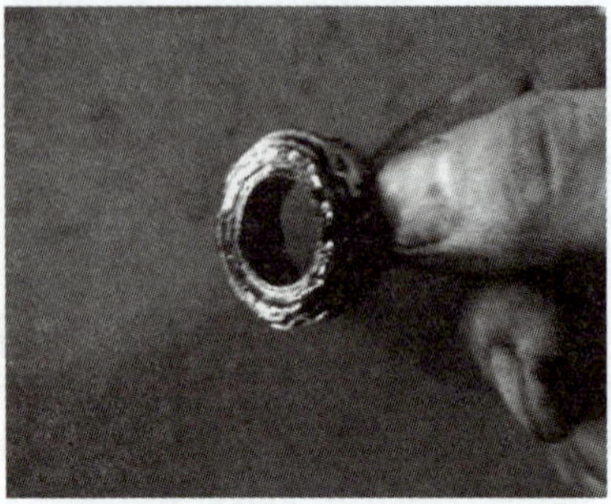

27. 检查轴封是否有明显磨损，弹簧是否折断变形，若有，则更换轴封或弹簧

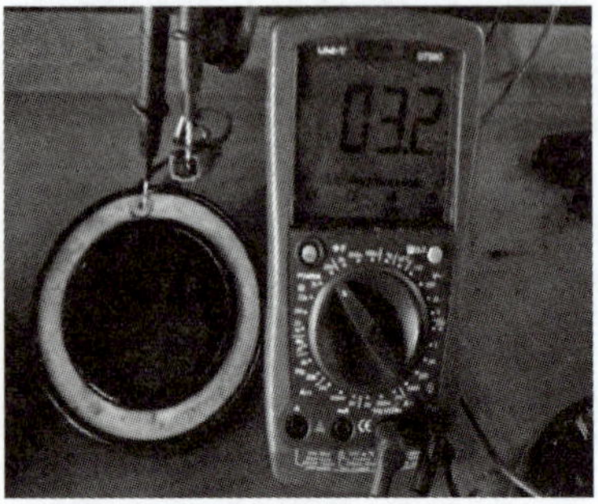

28. 检查电磁离合器线圈阻值，正常值为3Ω左右，若出现短路或短路现象，则更换电磁离合器线圈

(3) 空调压缩机的安装　空调压缩机的安装顺序与分解顺序相反，在此不再赘述，但应注意以下几点：

1）固定长螺栓按照规定力矩拧紧，拧紧力矩为35N · m。

2）更换所有密封圈。

3）安装活塞斜盘总成及内部部件时应涂抹适量冷冻机油，并注意其安装位置。

4）驱动盘固定螺栓按照规定力矩拧紧，拧紧力矩为30N · m。

5）进、排气口固定盖板螺栓拧紧力矩为20N · m。

6）安装前应清洁所有零部件。

2. 冷凝器的检查

冷凝器的拆装与检查过程较为简单，不再赘述，但应注意以下几点：

1）散热器支架拧紧力矩为15N · m。

2）安装冷凝器高低压管路时，应更换O形密封圈，并涂抹适量冷冻机油。

3）安装冷凝器时不要碰伤散热片。

3. 蒸发器的检查

拆检蒸发器时需将车辆仪表板拆除，并分解空调箱总成，因各车辆拆卸仪表板差异较大，在此不再讲解。

蒸发器表面不得有脏污、灰尘和杂质；检查蒸发器各接口处是否有明显的油污，如果有，则应进一步检查是否有裂纹和泄漏，出现裂纹时可补焊，裂纹较大时应更换蒸发器。

4. 鼓风机的检查

检查鼓风机的电阻值；检查鼓风机的运转情况，给鼓风机提供 12V 蓄电池电压，使其运转，检查运转是否平稳，是否有噪声，若有，则更换鼓风机。

▲蒸发器

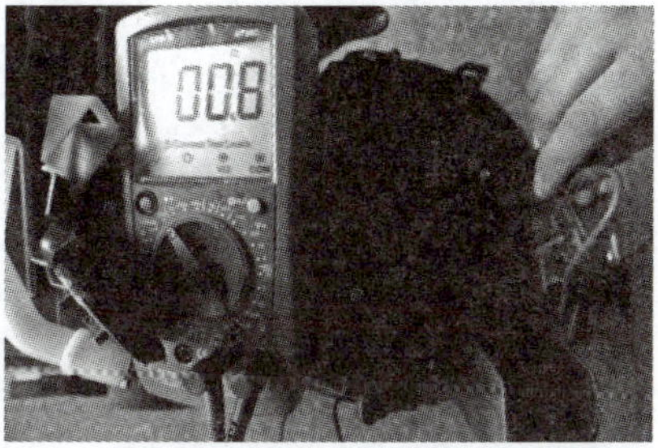

▲检查鼓风机的电阻值

5. 伺服电动机及风门工作情况的检查

操纵空气混合风门，观察其位置变化是否准确；操纵送风位置，调整风门，观察其位置变化是否准确；操纵内外循环风门，观察其位置变化是否准确。对于自动空调系统，由于其空气混合、送风口位置、内外循环均为电动机伺服机构，因此可对电动机的电阻进行测量，也可以通电测试其动作是否准确。

▲伺服电动机及风门工作情况的检查

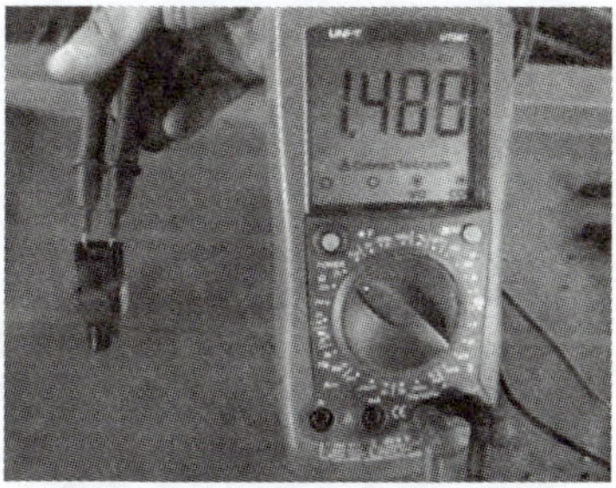

▲室外环境温度传感器的检查

6. 传感器的检查

（1）室外环境温度传感器的检查　检查其电阻值是否正常，其电阻值随着环境温度的变化而变化，室外温度在25℃时其电阻值一般为1.6～1.8kΩ。

（2）高低压传感器的检查　检查高低压传感器的供电电压，正常值为5V；检查高低压传感器的接地电阻值，正常电阻值小于1Ω；检查传感器的信号电压，正常工作电压为0.7～4.8V。

（3）蒸发器温度传感器的检查　检查其电阻值是否正常，其电阻值随着环境温度的变化而变化，室外温度在25℃时其电阻值一般为1.38～1.64kΩ。

▲高低压传感器的检查

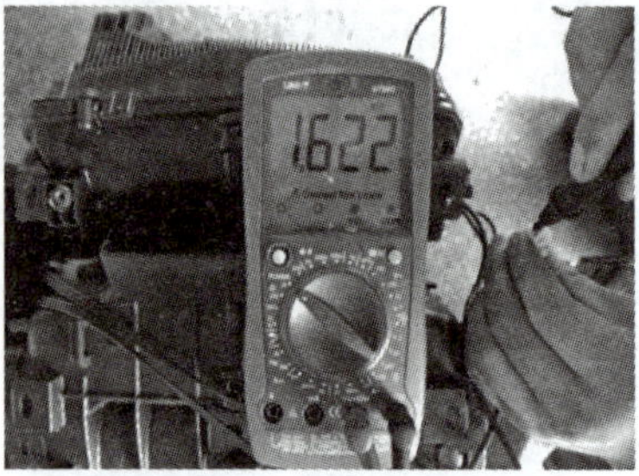

▲蒸发器温度传感器的检查

技能63　空调系统的维护

一、汽车空调系统维护所需的工具和设备

维修工具、设备图示	说　明
1. 卤素检漏灯 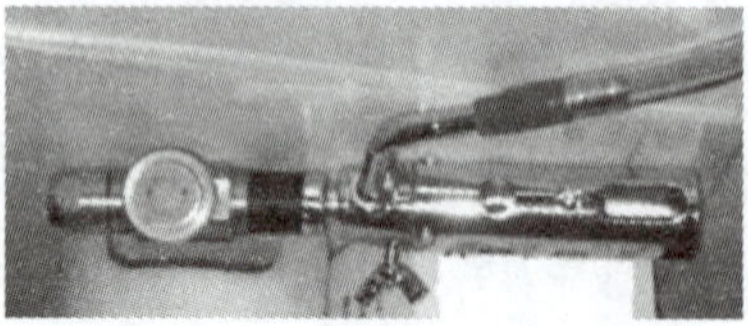	一种丙烷（或酒精）气体燃烧喷灯，利用制冷剂气体进入喷灯的吸入管子内会使喷灯火焰颜色发生变化这一特性来判断泄漏部位和泄漏程度，一般出现蓝色时为轻微泄漏，出现绿色时为严重泄漏

（续）

维修工具、设备图示	说　　明
2. 电子检漏计 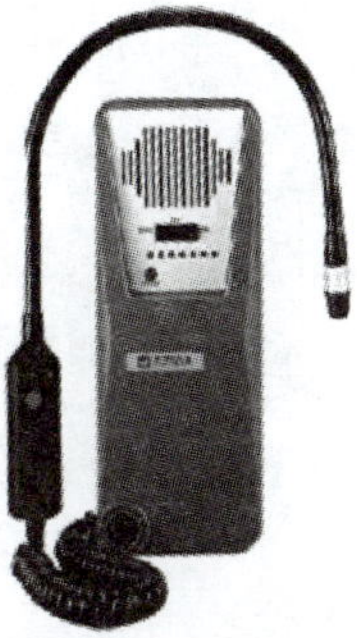	检漏仪检测到制冷剂泄漏时会发出警报。使用时应注意，如果空间内存在维修后泄漏的制冷剂，则应将制冷剂先吹净后再检查。对于不同类型的制冷剂，应选用对应型号的检漏仪，如检测 R12 的仪器是无法检测 R134A 的，除非是通用型的检漏仪
3. 真空泵 	安装、检修空调制冷系统时，空气会进入制冷系统中，这些空气中会含有一定量的水蒸气，当制冷系统工作时，水蒸气结冰，会导致制冷系统膨胀阀堵塞，高压侧压力升高，不能正常制冷。因此，在加注制冷剂前，需对制冷系统抽真空，以排除空气和水分
4. 歧管压力表（空调系统压力检测表） 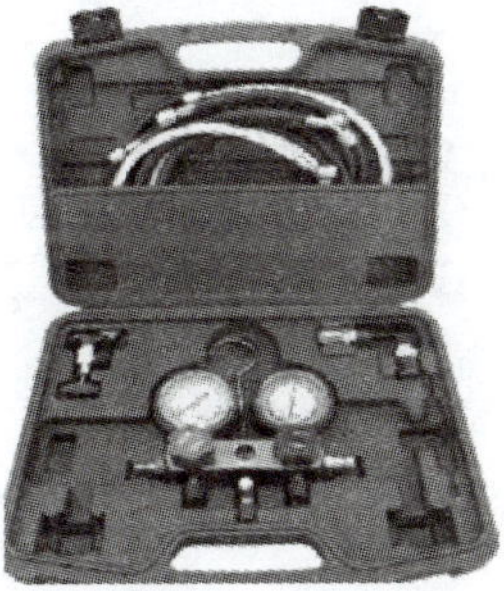	由高压表（红色）、高压手动阀（高压阀下方）、低压表（蓝色）、低压手动阀（低压阀下方）、连接管路和连接阀门组成，用于制冷系统压力的检测、制冷剂的加注、冷冻油的加注，也可作为制冷系统抽真空的连接管路

（续）

维修工具、设备图示	说　明
5. 制冷剂罐注入阀（开瓶器） 	为便于维修汽车空调系统，制冷剂的生产厂家制造了一种小罐装制冷剂（一般为250g），要想将制冷剂加入制冷系统，只有使用注入阀才能配套开罐
6. 冷媒回收机 	用于制冷剂的回收和储存，也可用于制冷系统压力的检测、制冷系统抽真空、制冷剂的加注
7. 氮气罐 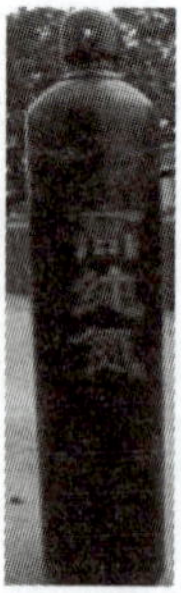	由于工业氮气无腐蚀性、无水分且价格便宜，因此可将其按照规定压力注入制冷系统，用于空调系统检漏

空调系统维护的注意事项：

1）维护作业环境要求：维修空调时要确保环境清洁，并注意防潮，一定要防止污物、水分、灰尘等进入空调管路和压缩机等各零部件内，以免引起堵塞。在拆卸空调管路前或分解压缩机前，应将周围环境清理干净，同时要注意避免在雨天维修。

2）制冷剂的使用要求：维修空调时需要排放和加注制冷剂，在保存和搬运制冷剂时，应按要求存放，严禁直接加热制冷剂罐或将制冷剂罐放在40℃的热水中，避免爆裂。加注制冷剂时，一定要根据具体系统要求选择，切不可将不同型号的制冷剂混加，也不可随意改动制冷剂型号。加注制冷剂时，应注意带好护目镜，以免制冷剂喷出冻伤眼睛。

3）制冷系统的拆装操作：拆卸管道时，应立即将管道接头封住，以免外界的灰尘和湿气进入；拆卸压缩机时，应该在安装时更换所有的密封装置。安装管路时应确保牢固可靠，拧紧管路时应按照规定力矩进行，以免损害密封装置和螺纹。

4）发动机运转时，并且空调制冷系统工作时，切不可打开歧管压力表的高压阀让制冷剂流入制冷剂罐中，以免压力过高引起制冷剂罐爆炸。在进行低压侧加注时，不要将制冷剂罐倒置，以防压缩机出现液击而损害压缩机。

二、空调系统维护的内容

汽车空调系统维护的主要内容是空调制冷系统检漏。汽车空调制冷系统检漏的方法有：充氮气压力检漏法、充制冷剂检漏法、系统抽真空检漏法、外观检查检漏法，其中使用较多的是充氮气压力检漏法和系统抽真空检漏法。

（1）系统抽真空检漏　制冷系统抽真空的目的是排除制冷系统中的空气和水分。它是制冷系统维护中一项重要的程序，当制冷系统泄漏或者系统更换部件时，一部分空气会进入制冷系统，这部分空气中还有一定量的水分，如果不将其排出，那么制冷系统工作时这部分水分便会结冰形成冰堵，最终导致制冷效果下降或者不制冷。系统抽真空检漏步骤如下：

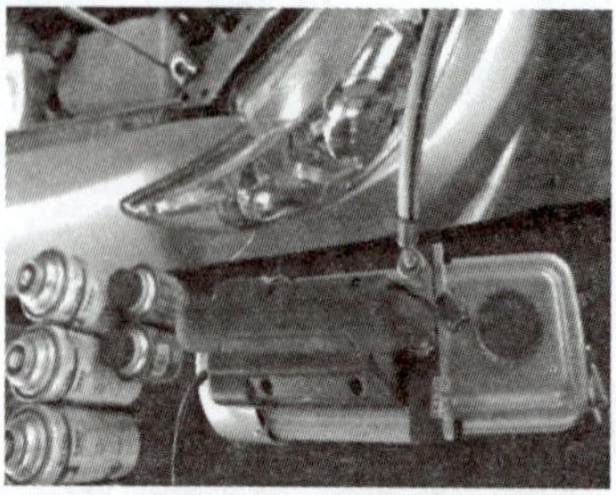

1. 将歧管压力表的高压管和低压管分别与制冷管路上的高、低压接口连接，将中间软管与真空泵连接

2. 打开真空泵后，打开高压手动阀、手动低压阀，对系统抽真空，抽至98kPa左右

3. 关闭手动高压阀、手动低压阀，关闭真空泵，观察压力表指示压力值是否回升，若回升，则表明系统泄漏，需要检漏

4. 观察10min，若系统压力无变化，则应继续抽真空30min

5. 先关闭手动高、低压阀，然后关闭真空泵，避免空气进入制冷系统

6. 观察歧管压力表压力值是否变化，若无变化，则说明无泄漏；若压力降低，则应使用检漏仪检查泄漏处并进行维修

（2）向制冷系统充入氮气　在系统抽完真空后向制冷系统充入氮气，充入压力一般为1.5MPa。在系统达到规定压力后，将肥皂水喷涂在制冷系统的各连接处，尤其是振动比较大的位置和管路检修接口，仔细观察有无泄漏现象，如果泄漏，便会有连续的气泡出现，泄漏比较严重时还会有轻微响声和比较大的气泡出现。发现泄漏处后，用记号笔作出记号，便于检修。对泄漏处维修完毕后，仍然需要复检，直到确保无泄漏为止。无氮气时，也可使用空气打压检测。

（3）充制冷剂检漏　向系统内充入制冷剂，使制冷系统压力达到0.1～0.2MPa。充氟利昂检漏应在系统抽真空后进行。充制冷剂检漏的步骤如下：

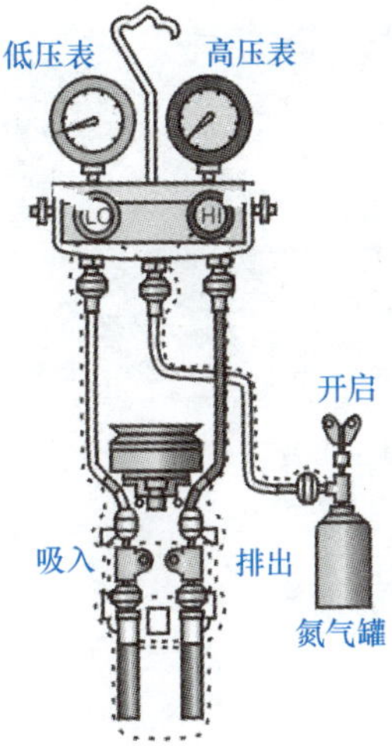

▲向制冷系统充入氮气

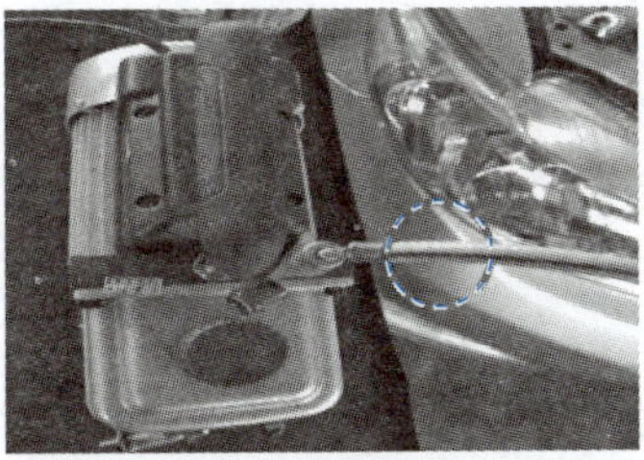

1. 安装并连接好歧管压力表，连接好真空泵

2. 打开真空泵后，打开高压手动阀、手动低压阀，对系统抽真空，抽至98kPa左右

3. 关闭手动高压阀、手动低压阀，关闭真空泵

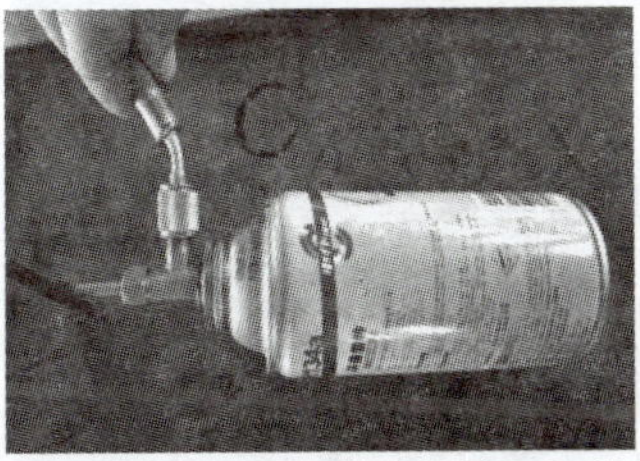

4. 取下真空泵中间连接软管，换接上制冷剂罐，稍微打开注入阀，并按下中间连接软管上的放气阀，排放3s左右，然后打开手动高压阀和手动低压阀，打开注入阀，直到系统压力达到0.1MPa

5. 关闭手动高压阀、手动低压阀、制冷剂罐注入阀，保持1h以上

6. 观察歧管压力表压力值是否变化，若无变化，则说明无泄漏；若压力降低，则应使用检漏仪检查泄漏处并进行维修

（4）高压端制冷剂的加注

1）系统抽真空后，关闭手动高、低压阀，关闭真空泵并将其取下。

2）将歧管压力表中间软管通过注入阀与制冷剂罐连接，打开制冷剂注入阀，按下歧管压力表中间软管排气阀，排出中间软管中的空气。

3）打开手动高压阀，将制冷剂罐倒置，以便制冷剂以液态进入系统。

4）从高压侧加注规定量的制冷剂，然后关闭制冷剂手动高压阀，拆下注入阀和制冷剂罐。

注意事项

1）高压端加注时，切不可起动发动机。

2）不要打开手动低压阀，以避免出现液击。

（5）低压端制冷剂的加注

1. 系统抽真空后，关闭手动高、低压阀，关闭真空泵并将其取下

2. 将歧管压力表中间软管通过注入阀与制冷剂罐连接，打开制冷剂注入阀

3. 按下歧管压力表中间软管排气阀，排出中间软管中的空气

4. 打开手动低压阀，将制冷剂罐正常放置，让制冷剂以气态进入系统，当系统压力达到0.4MPa时，关闭手动低压阀

5. 起动发动机，打开空调制冷系统，并将鼓风机开至最大，将温度调至最冷，使发动机转速提高至1500r/min，打开手动低压阀让制冷剂继续进入系统

6. 向系统内加注规定量的制冷剂，观察视液窗有无气泡，制冷剂是否过量；观察歧管压力表的压力值，低压侧压力应为0.147～0.192MPa，高压侧压力应为1.37～1.67MPa

7. 充注完毕后，关闭手动高、低压阀和注入阀，使发动机停止运转，卸下歧管压力表

注意事项

1）确保制冷罐直立，防止制冷剂液体进入系统，对压缩机造成损伤。

2）充入到规定量后，关闭低压侧手动阀，再关闭制冷剂注入阀。

3）不要充注过多的制冷剂，否则会引起轴承和皮带的故障。

（6）冷冻机油的加注　汽车空调制冷系统冷冻机油消耗得非常

少，一般两年更换一次即可。加注时应注意选用同一型号的冷冻机油，并按照厂家要求的数量加注。每次空调系统全新加注制冷剂时，均应补充一定量的冷冻机油，一般为20mL。如果系统出现了严重泄漏，则应适当多补充冷冻机油，具体视情而定。

▼机油加入量

更换的零部件	冷凝器	蒸发器	储液干燥罐	制冷剂管路
冷冻机油加入量/mL	40	40	10	10

制冷系统更换压缩机时，全新的压缩机内部已经充入额定量的冷冻机油，直接安装将导致机油量过多，因此需要排油。排出冷冻机油量的计算方法为

排出冷冻机油量 = 制冷系统额定油量 − 旧压缩机排出的机油量 − 旧压缩机内残余的机油量

如果制冷系统更换压缩机，并对整个系统进行清洗，那么压缩机无需排油，可以直接使用。

抽真空加注方法如下：

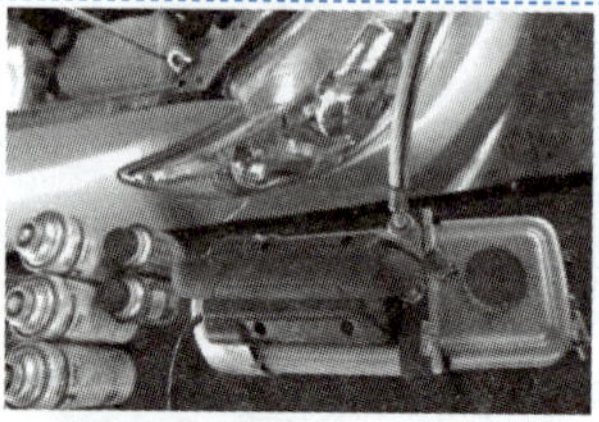

1. 系统抽真空后，关闭手动高，低压阀和真空泵

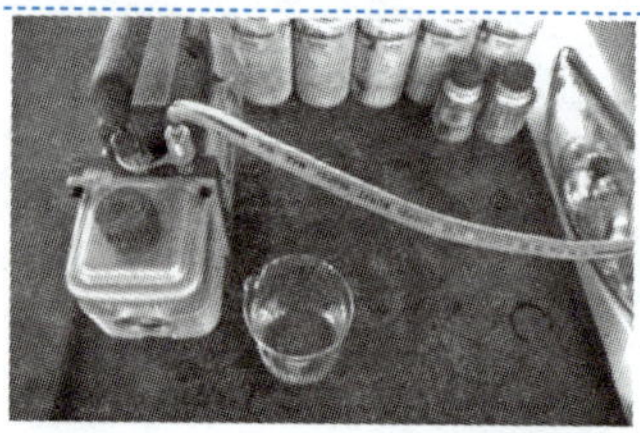

2. 选用一个有刻度的量筒，盛放冷冻机油

3. 将连接在歧管压力表上的低压软管拆下，将其插入量筒中

4. 开启真空泵，打开手动高压阀，冷冻机油便从压缩机的低压侧进入压缩机中，达到规定量后，关闭真空泵，关闭手动高压阀

5. 将低压软管重新连接，开启真空泵，打开手动高、低压阀，继续抽真空至达到要求的压力值

注意事项

1）如果将制冷剂排入大气中，则在拆卸管路时应缓慢，避免压力高时喷出过多的冷冻机油。

2）必须选用厂家要求的冷冻油，严格按照加注量加注。

3）冷冻机油不可长时间与空气接触，否则会吸入水分。

技能64 空调系统常见故障的诊断与排除

汽车空调系统能否正常工作，将受到发动机、电路控制、传感器信息等多种因素的影响。空调系统的常见故障有无暖气或暖气不足、空调系统噪声过大、无冷气、冷气时有时无。

一、无暖气或暖气不足

1. 故障现象

起动发动机后开启暖风，感觉出风口无暖气或暖气温度很低。

2. 故障原因及排除方法

故障原因	排除方法
发动机冷却液温度过低	暖机后使用
鼓风机损坏及其控制电路损坏	更换或修复鼓风机，排除控制电路故障
空气混合风门控制机构损坏或空气混合伺服电动机损坏	更换空气混合风门控制机构或更换空气混合伺服电动机
暖风加热水管开关未打开或伺服电动机（真空马达）损坏	检查热水管开关，检查或更换伺服电动机
节温器损坏	更换节温器
暖风散热器（热交换芯）堵塞	清洗或更换暖风散热器（热交换芯）

二、空调制冷系统有噪声

1. 故障现象

在起动发动机后，开启空调制冷系统有噪声。

2. 故障原因及排除方法

故障原因	排除方法
鼓风机损坏	更换鼓风机
空调压缩机电磁离合器打滑	检查、更换电磁离合器
空调压缩机传动带松动、老化或张紧力过大	调整传动带张紧度，检查、更换传动带
冷冻机油过多或过少	检查、调整冷冻机油数量
压缩机内部损坏	更换压缩机
制冷剂加注量过多	重新加注至规定量
压缩机固定螺栓松动或制冷管路与其他部件振动摩擦	检查制冷管路，检查、紧固压缩机

三、空调制冷系统不工作，完全没有冷气

1. 故障现象

起动发动机后开启空调制冷系统，但空调制冷系统不工作，完全没有冷气。

2. 故障原因及排除方法

故障原因	排除方法
空调熔丝或继电器损坏	更换熔丝或空调继电器
制冷剂泄漏	检查并重新加注制冷剂
空调控制电路故障	检查、排除控制电路故障
空调开关损坏	更换空调开关
鼓风机开关损坏	更换鼓风机开关
空调控制器或空调控制单元损坏	更换空调控制器或空调控制单元
压缩机传动带打滑或断裂	检查、调整压缩机传动带张紧力或更换压缩机传动带

（续）

故障原因	排除方法
压缩机内部气阀损坏	更换压缩机
室外温度开关损坏	检查并更换温度开关
电磁离合器打滑或损坏	检查、更换电磁离合器
高低压传感器损坏	检查、更换高低压传感器
储液干燥罐堵塞	检查、更换储液干燥罐
膨胀阀卡滞损坏	检查、更换膨胀阀
冷凝器外部脏污或内部堵塞	检查清洗冷凝器
蒸发器结霜或内部堵塞	检查蒸发器

四、空调制冷系统冷气时有时无

1. 故障现象

起动发动机后开启空调制冷系统，冷气时有时无。

2. 故障原因及排除方法

故障原因	排除方法
电磁离合器打滑或磨损严重	更换电磁离合器
继电器或电路接触不良	检查、维修电路或更换继电器
空调控制电路故障	检查、排除空调控制电路故障
膨胀阀冰堵	将制冷剂抽空，重新加注制冷剂
蒸发器温度开关损坏	检查、更换蒸发器温度开关
空调控制器损坏	更换空调控制器

典型故障案例分析

故障现象：空调出风口的冷风出风异常，时有时无。一辆上海通用别克轿车装有使用 R134a 制冷剂的全自动空调，在行驶过程中，空调出风口的冷风出风量逐渐减小，再过一段时间后又恢复正常，出现间歇性制冷的故障现象。

故障分析： 连接好空调歧管压力表，测试系统内的高、低压端压力，数值正常。利用车辆专用检测仪进行检测，无故障码存储，读取 ECU 内有关空调的数据（主要是空调压力信号），没有发现异常。开启冷气，观察压力表，发现低压侧的压力很低和高压侧的压力偏高，通过询问驾驶人得知，该车辆前两天维修过空调系统，因此怀疑制冷系统内有大量水分存在，导致冰堵。

故障诊断： 别克轿车装备的是变排量空调压缩机，在制冷的全过程中，压缩机始终是运转的。当空调系统工作时，空调控制系统不采集蒸发器出风口的温度信号，而是根据空调管路内压力的变化信号控制压缩机的制冷剂流量，进而自动调节出风口温度。制冷强度的调节完全依赖装在压缩机内部的压力调节阀。当空调管路内高压端的压力过高时，压力调节阀缩短压缩机内活塞的行程，以减小压缩比，这样就会降低制冷强度；当高压端压力下降到一定程度，低压端压力上升到一定程度时，压力调节阀则会增大活塞行程，以提高制冷强度。该车空调系统在加注制冷剂时有大量空气进入，并且湿气很大，导致空调制冷系统工作一段时间后，湿气在膨胀阀处结冰堵塞。用氮气清洗空调管路并抽真空，然后填充纯正的 R134a 制冷剂，再次开空调试验，故障排除。

故障排除总结： 在对空调系统加注制冷剂和更换部件后，一定要彻底抽真空，并注意观察真空表，不要以为抽真空时间足够就能够保证制冷系统正常工作，一旦系统泄漏就无法制冷。另外，在排除制冷系统故障时，一定要知道制冷系统能够正常工作的条件是什么，比如对蒸发器温度的要求、对室外环境温度的要求、对发动机冷却液温度的要求、对制冷系统压力的要求等。系统只有工作满足以上条件，才能正常工作。

第 11 章 典型车系电路图的识读

当汽车电气系统出现故障时，要求能够准确地分析故障原因，快速地查找到故障点。在检测与维修电气系统故障时，能够迅速、熟练地查阅汽车电路图是十分必要的。各国家车系的电路图各不相同，因篇幅有限，在此仅就大众车系和丰田车系进行介绍。

技能 65　大众车系电路图的识读

一、大众车系电路图的特点

1. 以中央配电盒为中心进行布置

大众汽车电器线路以中央配电盒为中心进行布置。中央配电盒前面安装有大部分继电器、熔丝，背面安装有各电气系统的插接器和插座。整个电路图也以中央配电盒为中心，从上至下分布。

2. 各电气系统电路均采用纵向排列方式，不交叉

这种纵向排列方式可以帮助读者迅速搞清楚电路关系。对于跨系统的电路，采用断线表示，即在断线上标示地址码，可以方便解决线路复杂交错的问题。例如，某一条电路的上半段在电路标号为116 的位置上，下半段在电路接续号为 147 的位置上，这时，在上半段电路的终止处画一个标有 147 的方格，在下半段电路的终止处的小方格中标有 116，通过 116 和 147 就可以将上、下半段电路连在一起了。

3. 整个电路从上至下布置，左右按照系统类型不同布置

电路图中最上方为中央配电盒，并在图中使用细线表明内部电路原理。当然，这个细线只是说明原理，而不是真实存在的。电路图中央布置有各元器件和线路，最下方则是搭铁连接位置和地址码。电路中从左至右为各系统电路，按照一定的次序分布，如蓄电池、

电源系统、起动系统等。

4. 电源共分为三种

在电路图的最上方标示中央配电盒处，有 30、15、X、31 这些数字和字母。其中，数字 30 代表来自蓄电池正极的供电线，不受任何开关控制，不论汽车停驶还是发动机已经熄火，都带电；数字 31 代表蓄电池负极搭铁线；数字 15 代表来自点火开关的点火供电线，在点火开关打开后系统带电，一般用于小负荷用电设备供电；X 代表受点火开关控制的大功率用电设备的供电线，通过控制卸荷继电器来实现此功能，在点火开关打开后，卸荷继电器工作，X 线带电，当发动机起动时断电。

5. 电路中使用特定的符号代表元器件和线路

J 代表控制单元或继电器，如车身控制单元 J519，仪表控制单元 J285，发动机控制单元 J236，卸荷继电器 J18；N 代表执行器，如第一缸喷油器 N30；S 代表熔丝等；E 代表开关，如鼓风机开关 E9，空调开关 E35。

二、大众车系电路图识读范例

1. 电路结构说明

电路图纵向布置，左右依次为各系统电路，从上至下为电路结构，说明如下：

1）最上端的四条横线为供电电源；中央电器、继电器和熔丝座用灰色区标出。

2）中间区域为连接导线、负载回路、电器元件。

3）下端为车辆接地导线，圆圈内的数字为接地点位置。

4）最下端为电路接地点编号，用于查找电路接点位置。

2. 电路代号说明

1——该部分为继电器与中央配电盒接线端子代号。“13”表示继电器板上该继电器插座的 13 号插孔，“30”表示继电器上的 30 号接线端子。

2——“J18”表示继电器名称，为 X 触点卸荷继电器，“J”一般表示继电器或者控制器。

3——该部分指示线路中断点。方框内数字 74 是地址码，该条线路与电路最下端的电路地址码 74 位置对应，并与线路地址码位置

鼓风机、鼓风机开关、调速电阻、温度开关、空调内循环风扇

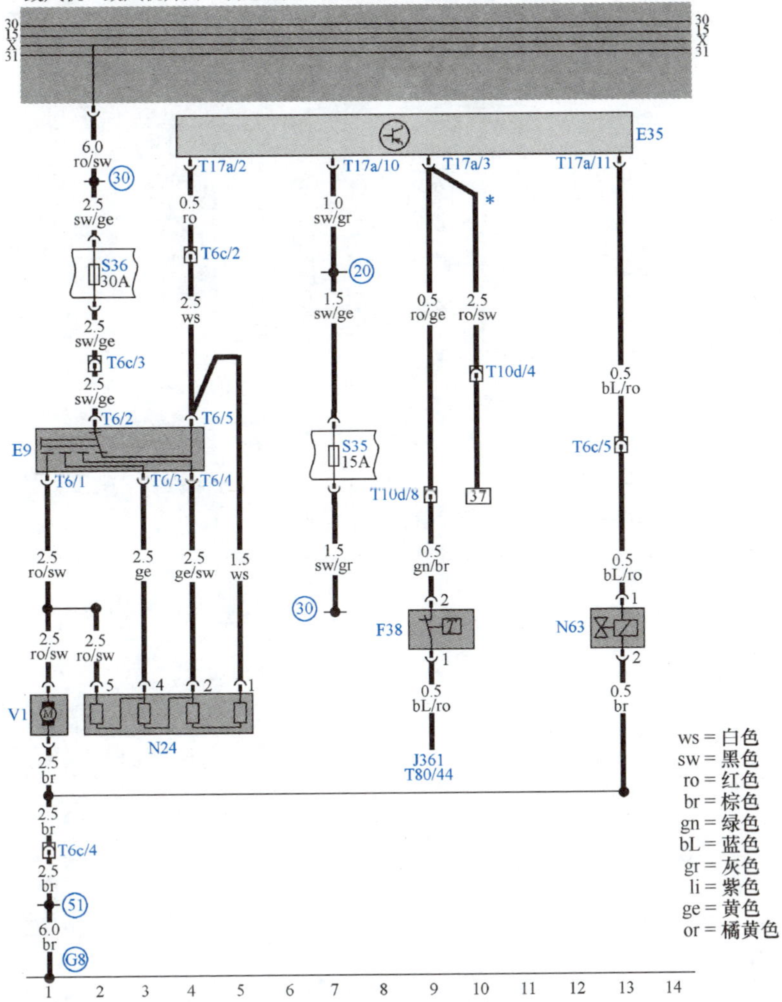

▲大众车系电路结构

E9—鼓风机开关　E35—空调控制开关　F38—温度开关　J361—Simos 发动机控制单元　S35—熔丝盒上的熔丝 35　S36—熔丝盒上的熔丝 36　N24—调速电阻　N63—空调内循环风扇　V1—鼓风机　T6—6 孔插头　T6c—6 孔棕色插头，在继电器支架上　T10d—10孔红色插头，在继电器支架上　T17a—17 孔插头连接　T80—80 孔黑色插头连接　⑳—正极连接，在车身线束中内　㉚—正极连接，在车身线束中内　㊶—接地连接点，在车身线束中内　Ⓖ8—接地线，在左前翼子板上（A 柱下）　*—仅限于柴油车

蓄电池、发电机、点火开关、X 卸荷继电器

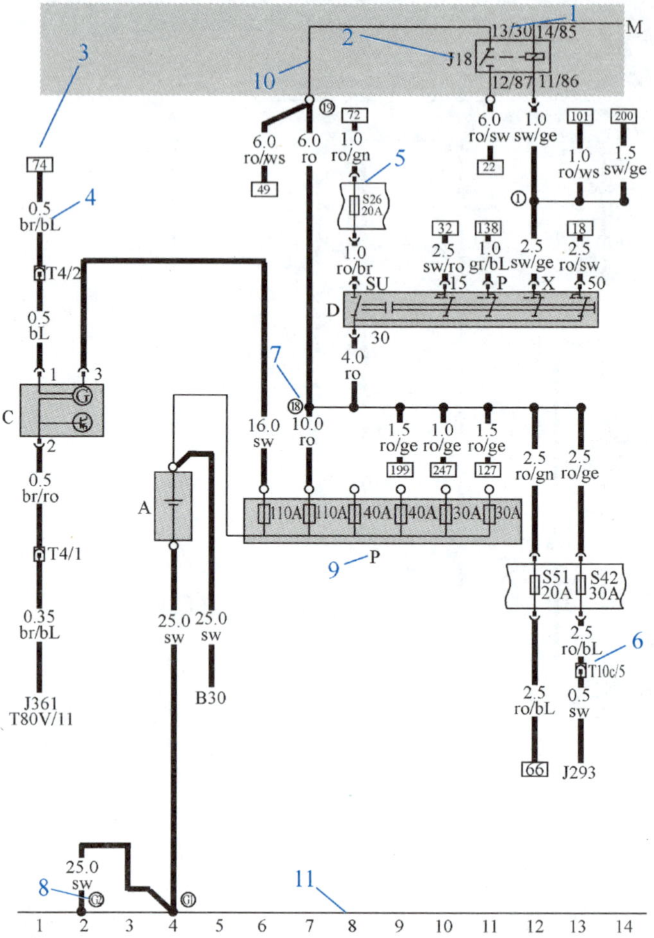

ws = 白色
sw = 黑色
ro = 红色
br = 棕色
gn = 绿色
bL = 蓝色
gr = 灰色
li = 紫色
ge = 黄色
or = 橘黄色

▲大众车系电路图

A—蓄电池　B—起动机　C—发电机　D—点火开关　J18—X 触点卸荷继电器　J293—冷却风扇控制单元　J361—Simos 发动机控制单元　P—主熔丝盒，位于蓄电池上方　S26—熔丝支架上的 26 号熔丝　S42—熔丝支架上的 42 号熔丝　S51—熔丝支架上的 51 号熔丝　T4—4 孔插头　T10c—10 黑色插头，在继电器支架上　T80—80 插头连接　①—连接，在车内线束内　⑱—螺栓联接（30），在继电器支架上　⑲—正极连接，在仪表线束内　Ⓖ1—接地点，蓄电池　Ⓖ2—接地线，变速器

74 有中断点，且与方框中数字是 1 的地址码对应，为同一条线路。

4——该部分表示导线的颜色与直径。上方数字为导线直径（$0.5mm^2$），下方英文字母表示线路颜色，在电路图中可以对照查找。

5——该部分为熔丝代号。“S26”表示中央配电盒上的第 26 号熔丝，其允许通过的最大电流为 20A。

6——该部分表示插接器，为黑色插头，位置在继电器支架上。“T10c/5”表示 10 针插接器 c 插头上的第 5 针接线端子。

7——该部分表示线路连接点。采用铰接或螺栓联接的方式进行连接的导线，通过该代号可以查找到该铰接位置。图中“18”表示螺栓联接（30），连接位置在继电器支架上，其中“30”表示 30 线。

8——该部分为搭铁点代号，在电路图下方可以查到该代号搭铁点在汽车上的位置。

9——该部分为元器件名称，“P”代表主熔丝盒，位于蓄电池上方。

10——该部分表示中央配电盒内部线路连接，使用细线表示。该细线并不是真实存在的，但其线路连接是存在的，只是便于表达内部原理。

11——该部分为线路地址码代号，用于中断点线路的查找。

技能 66　丰田车系电路图的识读

一、丰田车系电路图特点与电路结构

丰田车系电路图的特点是以单个系统电路结构为主，注重单个系统的完整性，对线路走向和线路位置有明确的标注，便于读者快速、准确地查找和进行原理分析，属于典型的电路原理图。识读丰田车系电路图时应以电源为起点，以接线盒或控制单元为中心，首先区分线路属于信号线路还是电源搭铁线路，再根据电路走向并结合电路工作原理加以分析，便可读懂该电路原理图。

在电路中设置有接线盒（J/B）和继电器盒（R/B），在电路标示上，接线盒印有阴影而继电器盒则没有；在功能上，接线盒具有线路连接和线路分组的功能，其上安装有继电器和熔丝，并组合在

电路板上；继电器盒结构与接线盒基本相同，区别在于不能在盒内进行线路的连接和分组。

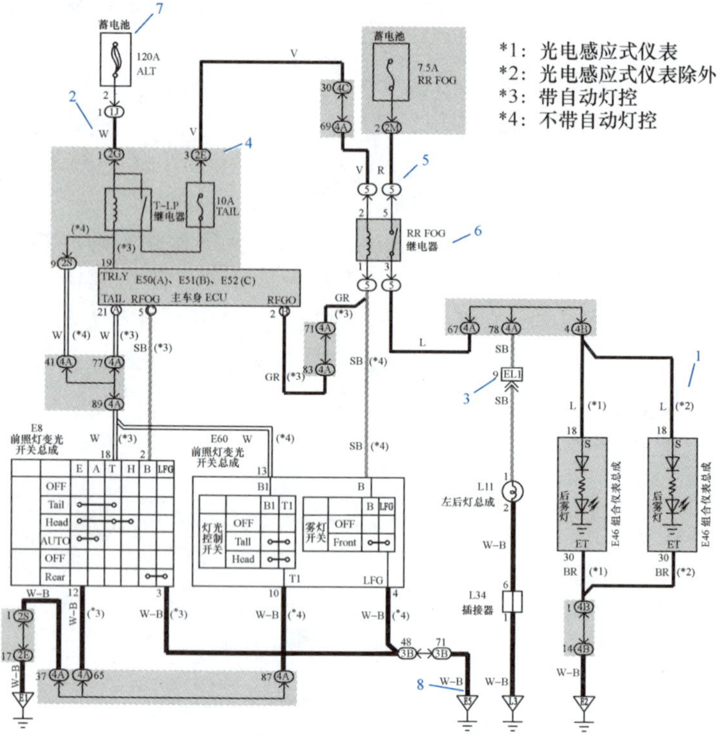

▲丰田车系电路图

二、丰田车系电路图识读范例

1——该部分使用括号表示同车型不同系列、不同发动机或不同技术条件时的不同配线和插接器。

2——该部分表示配线颜色，图中 W 表示白色。

3——该部分表示配线与配线之间的插接器，方框内表示插接器代号，方框外数字代表引脚编号，箭号表示插头一侧。

4——该部分表示接线盒代号，接线盒一般印上阴影以与继电器盒进行区分。圆圈内数字代表接线盒号码，圆圈内字母表示接线盒内插接器的代号，圆圈外数字代表配线在接线盒中的引脚位置。例如，2E 表示 2 号接线盒内 E 插接器的 3 号引脚位置。

5——该部分表示继电器盒代号，圆圈内数字代表继电器盒号码，圆圈外数字表示该插接器位置代码，不印阴影以区别于接线盒。

6——该部分表示元器件名称。

7——该部分表示熔丝，120A 代表允许通过的最大工作电流。

8——该部分表示搭铁点位置。

参 考 文 献

[1] 中国汽车维修行业协会. 电器维修技术（模块E）[M]. 北京：人民交通出版社，2008.

[2] 王运朋，叶恒秩. 丰田汽车电路图 [M]. 广州：广东科技出版社，2000.

[3] 付百学. 德国轿车空调维修手册 [M]. 北京：机械工业出版社，2002.

[4] 胡光辉. 汽车电器设备构造与维修 [M]. 北京：机械工业出版社，2006.

[5] 董宏国，廖苓平. 汽车电路分析 [M]. 北京：北京理工大学出版社，2005.